此书为上世纪中国从封建专制走向君主立宪、民主共和的全景图，也是中国宪政草创时期的客观描述，闪烁着国人追求民主之光芒，并闪耀着人性的光辉。

离离原上草

《书屋》编辑部 ◎ 编

湖南教育出版社

图书在版编目（CIP）数据

离离原上草/《书屋》编辑部编.——长沙：湖南教育出版社，2010.11
（书屋文丛）
ISBN 978-7-5355-7145-8

Ⅰ.①离… Ⅱ.①书… Ⅲ.①宪法—中国—文集②社会主义民主—中国—文集　Ⅳ.①D921.04-53②D62-53

中国版本图书馆CIP数据核字（2010）第207620号

离离原上草

《书屋》编辑部

责任编辑：刘文华
责任校对：胡长明

湖南教育出版社出版发行（长沙市韶山北路443号）
网　　址：http://www.hneph.com　　http://www.shoulai.cn
电子邮箱：228411705@qq.com
客　　服：电话 0731-85486742　　QQ 228411705
湖南省新华书店经销　　长沙化勘印刷有限公司印刷
718×1000　　16开　　印张：18.25　　字数：193200
2010年11月第1版　　2010年11月第1次印刷
ISBN 978-7-5355-7145-8
定价：39.50元
本书若有印刷、装订错误，可向承印厂调换

目 录

第一辑　开门见山还是山

- 001　一颗头颅与一场革命
  　　　——清末乱局中的端方之死
- 014　当红袁世凯
- 023　政治暗杀的另一层解读
- 037　"小道"，关乎国事
  　　　——以孙中山《民权初步》展开
- 047　国家建设视野下的清末宪政改革

第二辑　新名有循于旧名

- 057　反抗革命：晚清宪政改革再认识
- 082　在日光与夜色中间进击
- 092　革命哲学与宪政逻辑
  　　　——读《直面历史》
- 102　"非法之法"与威权社会
- 119　现代中国训政之路
- 134　宋教仁之后的民国宪政

离离原上草

第三辑　溯洄言之犹有病

- 145　清末民初社会和平转型的机会
- 158　七十年前的宪法讨论
- 174　制度转型视野中的民国初年
  　　　——读《袁氏当国》
- 180　君主立宪在近代中国何以不可能
  　　　——兼论中国专制政治传统的世俗性特点
- 196　抗战时期宪政运动与第三种力量
  　　　——读闻黎明《第三种力量与抗战时期的中国政治》

第四辑　隔有屏风难相见

- 205　1919：一个人和他的国家
- 225　我们的政治主张
  　　　——民国史上一次知识界的"参政"经历
- 239　生死关头：民主人士与土改运动
- 259　己轻群重复何言？

- 277　编后记

第一辑
开门见山还是山

一颗头颅与一场革命

——清末乱局中的端方之死

从王国维的一首悼亡诗说起

1912年,时为民国元年,在日本留学的王国维挥笔写下了一首悼亡诗《蜀道难》。起首即悲叹:"对案辍食惨不欢,请为君歌蜀道难",中间介绍这个死者:"开府河朔生名门,文章政事颇绝伦。早岁才名揭曼硕,中年书札赵王孙","开府此外无他娱,到处琳琅载后车"。描写其死难经过则曰:"提兵苦少贼苦多,纵使兵多且奈何。戏下自翻汉家帜,帐中骤听楚人歌。楚人三千公旧部,数月巴渝共辛苦。朝趋武帐呼元戎,暮叩辕门诟索房。"

王国维要悼念的,就是于一年前被刚刚覆灭的清王朝任命为督办粤汉、川汉铁路大

第一辑 开门见山还是山

臣,不久即死于兵变,连头颅也被士兵装在盒子里送往武昌请功的端方。从诗中可以看出,王国维对端方的评价很高,把他比拟为元代著名诗人、学者揭傒斯(字曼硕)和杰出书画家赵孟頫(赵为宋宗室之后,故称其为"赵王孙"),说他出身名门,文章政事绝伦,又好风雅,仕途之余唯嗜收藏书画古董。发动兵变、乱刀砍死端方的是随其入川弹压四川保路运动的湖北新军,而端方曾任湖北巡抚,所以,他所带的"楚人三千"实为其"旧部"。这些旧部早晨还到端方帐前拜问"元戎",晚上的时候,就骂他"索虏"(南北朝时南人叫北人为"索虏",清末汉人亦以此称满人)了。字里行间,透出王国维很深的感慨。

辛亥革命的"种族革命"成分极浓,入民国后的王国维为什么要悼念一个满人?

其实,他与端方的关系远远说不上深厚。王国维于清末受罗振玉之邀,曾执教于以紫阳书院为基础创办的江苏师范学堂,当时两江总督正是端方。我没有看到二人直接交往的文字资料,但考虑到王国维和提携他的罗振玉,与端方一样都对古器物有着相同的嗜好,而罗振玉一直又为端方所器重,所以从情理上讲这三人应该有学术切磋的机会。更重要的是,王国维毕生致力于文化和教育,而端方在两江总督任上,对江苏新式教育的发展起到了至关重要的作用,这想必也是王国维怀念端方的一个原因。

四川保路运动是点燃辛亥革命的导火索,由于鄂军被急征入川,导致武昌空虚,才有了武昌起义出人意料的成功,孙中山就说:"若没有四川保路同志会的起义,武昌革命或者还要迟一年半载的。"作为出面负责弹压"起义"的清廷大员端方,就这样以一个可笑的角色在历史中定型了。王国维居然为因对抗革命而丢了脑袋、丝毫不值得同情的端方写悼诗,未免太不合时宜。世人多谓王国维学问精深,而思想落伍,他在入民国后还悼念一个满洲贵族官僚,似乎又是一个表明其"思想落伍"的现成好例。

历史是不是这样?可还有一些异代人们意想不到的幽微之处?

才子、开明派、渐进改革者端方

端方,字午桥,号匋斋,满洲正白旗人。1861年(清咸丰十一年)出生于直隶(今河北丰润县)的一个满洲贵族家庭,1882年,二十一岁时中举,进入仕途。端方在政坛崭露头角始于戊戌年的百日维新,当时他被任命为作为新政内容之一而设立的农工商总局督办。维新失败,农工商总局被撤销,端方本人也几遭不测,但最终化险为夷。据说端方的脱险缘于他进呈了一首歌颂慈禧的《劝善歌》,"太后大悦,命天下张贴,京中呼为'升官保命歌'"。但实际上最根本的原因在于,端方不像康有为那般激进,对慈禧也非常尊重。认识到晚清中国必须变革,但又力主走渐进的道路,这是端方的一个显著特色。

端方成为晚清政治中的要角,则在庚子年中。这一年,在八国联军的进迫下,慈禧挟光绪从北京、山西一路跑到西安,而这时的端方正好代理陕西巡抚。关于端方的突然发迹,护驾入陕西,后被擢升为西安知府的川人胡延有《长安宫词》一百首,其中第七十九首和胡的自注有清楚的记载。诗是这样写的:"金殿留身日正中,安危重论徙薪功。退朝高敞蓬莱馆,旌节花开一品红。"原注中则写道:"陕西护抚臣端方当拳焰方张之

第一辑 开门见山还是山

际,懔遵谕旨,保护教堂最力。偶有乱民蠢动,立置重典,羽书下州县,责令谨守条约,保教安民,幕府草檄,手腕欲脱。虽指摘交乘,卒赖镇定之力,全境乂安,圣驾得以安然临幸者,端方之力也。两圣莅止,深契其能,擢任湖北巡抚,旋加头品顶戴尚书衔。"[1]从诗中可以看出,在义和团声势最盛而且得到朝廷支持的时候,端方即"保护教堂最力",从而保证了陕西全境的镇静,也使出逃的慈禧有了一处相对安全的避难所,同时又把自己送上了封疆大吏的位置。

"谨守条约,保教安民",这只是端方作为晚清重臣中开明派的一个方面,其对国内政治生态影响最大的则在发展文化教育和力主宪政上。端方历任湖北、湖南、江苏、直隶(今北京、河北、天津一带)等地的方面大员,在其任上,兴学育才始终是其重中之重,不论是推进留学事业,还是建立和完善现代教育体系,都堪称全国的模范。可惜,我们对那些被打上可笑印记的近代人物,向来只习惯于记住几条斩钉截铁的"判断",而忽视去搜寻原始的史料,所以端方在文化教育方面的开创性贡献一直不为人所熟知。直到 2007 年,南京大学出版社出版了张海林教授的大作《端方与清末新政》,这一情况才有所改观。张海林在书中列出了"端方在新政活动中的诸多'第一'",不妨引录几条以见端方在发展文化教育方面的成绩:1902 年,端方在湖北巡抚任上创立湖北幼稚园,此为中国历史上最早的现代幼儿园;1902 年,与湖广总督张之洞合奏清廷,建立湖北图书馆,此为湖北第一个现代公共图书馆;1905 年,在湖南巡抚任上开办湖南第一个公共图书馆,派出中国有史以来第一批女留学生二十人赴日本学习,举办湖南历史上首次体育运动会;1907 年,在两江总督任上,饬令南京各学堂举行运动会,此为南京历史上第一次全城学生运动会,又创办

江苏第一个现代公共图书馆,创办南京最早的官办外语学校;1908年,创办两江最早的法政学校、商业职业学校……[2]

端方本人博学能文,当时就有"旗下三才子"之一的美称。加上他重视文化教育,礼贤下士,故许多名流均乐为其所用,要么被延揽为幕下士,要么被他推举到实施新政的重要位置,如缪荃荪、李审言、况周颐、罗振玉,都是一时之选。《清史稿》中说:"端方性通脱,不拘小节。笃嗜金石书画,尤好客,建节江、鄂,燕集无虚日,一时文采几上毕、阮云。"把他比为清朝集显宦、宿儒于一身的两大代表毕沅、阮元,是并不夸张的。

端方在倡导宪政方面的言行,更有超越时代的意义。

清末五大臣出洋考察宪政,是当时中外舆论普遍关注的大事,后来却被妖魔化了。五大臣之出洋考察对中国社会的意义,其实从端方考察归来所著的两本书中就可以看得十分清楚。端方归国后整理出版了《欧美政治要义》和《列国政要》,介绍文明社会的政治学常识,很多论述均为开先河者。比如他分析臣民权利和义务,对"义务",仅用了一百多字论述,而在"臣民之权利自由"中,则以两千多字的篇幅浓墨铺陈,"人身之自由"、"家宅之安全"、"居住转移之自由"、"信书之秘密"、"所有权之保障"、"信教之自由"、"言论著作印行结社之自由"、"请愿之权利"、"裁判之公平"等,逐项列举无一遗漏,又痛论曰:"设立政府所以谋公共利益,保全国民之治安兴盛利乐,非为一人一家或一种人之幸福尊荣私利也",这在总是强调人民对政府负无尽义务的传统社会,真如电光石火。正如张海林教授所说:"如此系统地把欧美宪法中权利自由的条文译介过来,且公开出版,并上奏最高当局者,这在中国历史上还是第一次……只可惜过去治中国宪政史的学人完全忽略了端方和《欧美政治要义》的存在,把赞赏、译介、阐释、传播西方民主自由权利的功绩全部挂在了所谓'弃传统而不顾'的激进留学生或革命家身上。"[3]

端方是宪政救国论者，认为"中国非立宪不可"，但他同时又以日本立宪经过十多年预备期为例，称"速立宪又不可"，理由是，"中国数千年来一切制度文物虽有深固之基础，然求其与各立宪国相合之制度可以即取而用之者，实不甚多。苟不与以若干年之预备，而即贸然从事仿各国之宪法而制定颁布之，则上无此制度，下无此习惯，仍不知宪法为何物，而举国上下无奉行此宪法之能力，一旦得此，则将举国上下扰乱无章，如群儿之戏舞，国事紊乱不治且有甚于今日，是立宪不足以得安，而或反以得危矣"。充分显示了其渐进改革者的特色。今天回顾近代史，应该承认，实施宪政的确无法一蹴而就，需要一个为时不短的准备过程，而渐进改革也是代价最小的一条路径。

张海林教授的《端方与清末新政》主要取资于海外出版的端方文集和奏稿，不知何故，近代野史笔记中关于端方的材料均未采用。近人笔记中有一些对端方不利的说法，主要是称其"好货"。这一说法也许不是空穴来风，否则端方也玩不起古董。不过晚清官场贿赂公行，端方作为一个有特殊嗜好的封疆大吏，未能洁身自好并不意外，也不应影响到对其作为政治家大节的评价。

要命的铁路

1909年，四十八岁的两江总督端方被擢授直督总督。虽同为总督，但直隶总督在地方官员中排序第一，是所谓"疆臣之首"，端方眼看就将入阁为相参予枢要了,却突然遭遇了一场政坛滑铁卢。

此前一年,光绪和慈禧相继去世,1909年清廷要筹办慈禧梓宫移陵。作为直隶总督的端方被任命为"山陵大差",负责一切相关事宜。差事办完之后,李鸿章的孙子李国杰弹劾端方,说移陵过程中,有人持照相器具"沿途拍照,毫无忌惮,岂惟不敬,实系全无心肝……"又说风水墙内架设电线,"马上传递,未为不便,何必借行树为电杆,致蹈人臣不敬之诛",端方因此被革职。

照相、架设电线无非都是想借助现代技术,把差事办得漂亮点。端方丢官,实在是无妄之灾。当时《大公报》就发表评论进行了辛辣嘲讽:"自光学发明而后有照相机之作用,自电学发明而后有电线杆之设布,我国之有此等机械犹在近数十年,故关于此等犯罪律例上无明文也。今直督端方竟因此而蒙不敬之罪,殊属出人意料。由此推之,凡近来以摄影为纪念,以电机通言语者皆以不敬待之耳,否则何解于端方之革职?"端方解职由津晋京,天津官、绅、商、学各界特在车站搭棚恭送,《申报》报道称"商学各界在车站送行者不下数千人,皆有依依不舍之意"。

荒唐故事的背后是权力的争斗。据说李国杰找端方茬子的目的原就很不单纯,他曾以"侄国杰"的身份向"午帅年伯大人"致函一封,为自己和他人向两江总督任上的端方求过官职,而端方承允之后未曾践诺。加之端方升迁过速,又锋芒毕露,难免为人所忌。

罢官后两年,即1911年5月,因著名洋务派、时任邮传部尚书盛宣怀的推荐,端方被清廷起用为督办粤汉、川汉铁路大臣。端方的起复,野史上说是他不甘寂寞、多方运动的结果,而从他在私信中多次流露对这一任命的迷茫情绪看,这种说法并不可信。

第一辑 开门见山还是山

清廷之所以相中端方，实因为愈演愈烈的铁路风潮集中于南方，而"端方曾任湘、鄂两省督抚，两省士民甚有感情，若令其前去，善为劝导，必能弭祸无形"。端方在湘、鄂两省督抚任上，确与地方绅民关系不错，但问题在于，如果某件事情牵涉利益甚巨，则感情云云往往又是靠不住的。而铁路风潮正是牵涉利益甚巨的一件麻烦事。

铁路风潮起因于盛宣怀主持的铁路国有政策。自甲午战争以后，清末的铁路政策经历了合股官办、商办与路权国有三个阶段。盛宣怀力推的铁路国有，是在合股官办、商办这两种办法均遭遇严重挫折后一种自然的政策转向。清政府认为，铁路路权收归国有，由国家统一筹划，向西方银行借款，并聘请外国工程技术人员来建造铁路，铁路建设才会取得成效，而南方各省相当多的绅商则主张继续由民间自办，这样就产生了碰撞。过去我们习惯于把清政府的做法称为"卖国"，把以"商路亡，中国亡"为号召鼓动风潮的人们称为"爱国者"，未免忽略了情绪化的东西下面掩藏着的利益考量。

铁路风潮牵涉多省，为什么唯独四川闹得最凶？原来，湖北、湖南两地商人投入到铁路民营公司的股份，清政府都如数偿还，而四川公司亏空的三百万元，盛宣怀却拒绝补偿。盛宣怀拒绝的原因在于，四川公司的亏损，是其卷入了1910年世界性的橡胶投机生意，遭遇失败。盛宣怀说：全国老百姓交到国库的钱，怎么能为民营公司自己经营不善而买单？

关于"保路运动"，大陆学者萧功秦先生在《清末"保路运动"的再反思》一文中有深入的分析。而美国学者周锡瑞更早有精辟论断，他在《改良与革命：辛亥革命在两湖》一书中说了这样一段意味深长的话：

那些钱庄倒闭时,钱丢了,而中央政府拒绝补偿四川公司那些股份。假如政府偿还了那些在投机中损失的钱的话,四川绅士是可以保持沉默的。他们的抗议文件,就隐隐包含了这个意思。自然,四川的抗议是在爱国主义和反对外债的辞藻中暗示出来的。不出所料,在湖南和湖北也听到了类似的辞藻,但是在后面这两个省内,没有人丢失一文钱财,辞藻还是辞藻,并未见诸行动。[4]

四川发起保路运动的绅商们,他们将自己的策略归纳为两句毫不含糊的话,即"以索还用款为归宿,以反对国有为手段",这颇有些像今日的"嘴里是主义,心里是生意"。有自己的利益诉求很正常,但可怕的地方在于,他们为了自己的利益,打着让人热血沸腾的冠冕旗号,裹挟了大量"不明真相的群众",使社会局势严重失控。

端方对保路运动爆发后的复杂局面是有清醒认识的。他在出发前和赴川途中,曾多次谏言,要求朝廷废除国有政策,以免刺激众怒,引发全面骚乱。一路上,他走走停停迟迟其行,显示了他对自己和国家命运的茫然。他也知道危机迫在眉睫,并力图用清廷官员罕有的柔软身段将其化解。随端方入川的幕僚后来向朝廷报告:"此行端故督上体朝廷德意,下念民生困苦,虽带有鄂军两标护行,实不主剿办宗旨。沿途皆由端故守竭诚演说,日行百余里,道路崎岖,宿于牛栏豕圈之间,寝食俱废。然遇村屯乡镇人烟稠密匪徒麇集之区,犹作舌敝唇焦口讲指划,务使川民皆感朝廷恩惠,解散胁从……是以每到一邑或一州一镇,人民皆备极欢迎,结彩舆前有如山积。"端方家丁也向朝廷报告:"沿途饮食,并无菜蔬可食,每饭只有白饭咸菜。沿途所住之房即系养猪堆粪之屋,即钦差亦系此等之

房。行至两三月均如是……到一处即鸣锣集众,寻一处宽敞庙所,六大人(端方之弟端锦)前往演说……各界感情殷殷。"[5]他又根据地方人士的申诉,向朝廷电奏:"查得川中罢市罢课,不戕官吏,不劫仓库,绝非逆党勾结为乱……人民因蒲殿俊、罗纶等被拘赴辕请释,统领田征葵擅行枪毙街正、商民数十人,附近居民闻知,遂首裹白巾奔赴城下求情,又为枪毙数十人,以致众情愤激,……"电文中的倾向性是很明显的,他希望借此取得和绅民谅解的动机跃然纸上。

在革命风暴已经席卷而来的时候,作为负责弹压动乱的清廷大员,端方要面对的危机既是他个人的,也是清政府的。为了化解这两个层面的危机,可以说端方也竭尽了所能。但该来的还是来了。

1911年11月13日,端方带领湖北新军抵达四川资州,在资州盘桓了十余日,他显然已陷入彷徨不定的困境。这时,武昌起义的消息传来,军心愈发动摇。据随同其入川的一位新军士兵回忆:"端方为稳定军心,极力笼络部下:有的士兵生病了,端方派其弟到军营问候;有的士兵亡故了,端方修书哀悼;沿途官民送吃送喝的劳军,端方做出先尝毒的姿态。甚至有的士兵受不了跋涉之苦,端方竟然下令雇轿抬着他。"尽管如此,兵变还是发生了。端方和他那曾经留学日本研究铁路的弟弟端锦均被杀害。

裹上华丽外衣的暴力

杀死满人、清廷大员端方,在当时的语境中,当然是值得喝彩的革命行动。可惜,寻绎史料,又有一些意外的东西。

关于端方之死,梁溪坐观老人《清代野记》是这样叙述的,"时统兵者一为曾广大,一为邓某,皆端任鄂督时所拔之士也,于端皆有师生谊。又有营官董海澜者,四川人,亦鄂之学生……当时广大禁兵毋暴动……至十月朔,端行有日矣,布告军士谓已遣人至成都银行借四万两发本月之饷,并为众军办归装,众怒稍息。至初五日,端束装待发,众以银未至阻其行,并要挟书券,端与之。至初七日黎明,银犹未至,众谓诳我,于是董海澜倡议入行馆,驱端至侧屋云:'我辈将假尔室开会议。'兵入室,遍搜行箧,无所得,即欲杀端,曾广大乃宣言曰:'端某非诳人者,彼欲行即听其行,何必杀,如赞成者举手。'乃举者仅少数,曾又再劝,兵皆汹汹,谓曾有异志,当先杀之,曾乃不敢言,大哭出。谓端曰:'曾某不能保护,罪万死,然迫于众,实无可解免矣。'其时兵皆举铳待发,曾亟止之曰:'此中尚有汉同胞无数,若满人不过端兄弟二人耳,何为玉石不分耶!'众乃逼端至行馆大门一小屋中,乱刃交下。其弟端锦大骂,迫之跪,不屈,亦乱刃而死,皆断其首。曾广大备棺敛之,欲敛其元,众曰:'是将函至武昌者,不得敛也'……初八日,成都借银至,已无及矣。"[6]

除了《清代野记》,像上海《字林报》等外国在华媒体当时也有类似的记载。这提醒我们,对掩饰暴力的那件华丽外衣,需要认真审视。

发动兵变的人没有得到他们想要的银子,为了自己利益的最大化,只好在端方的脑袋上打主意了。他们将端方和端锦的头颅盛在匣中,浸以煤油,使其不腐,回鄂时沿途示众,最后又呈送武昌军政府的黎元洪,以此作为在未来政权中分一杯羹的奇功。

端方的被杀引起了英国《泰晤士报》著名记者莫理循的注意,他向报社报告:"端方在中国享有广泛的威信。他是满人,但属于满人中之佼佼

第一辑 开门见山还是山

者……野蛮杀害端方,引起人们普遍的谴责。"[7]现在当然无法确知,莫理循所谓"普遍谴责"的情绪是否属实,但几乎可以肯定,至少在像王国维这样的旧派知识分子那里,类似事件的一再发生,会严重影响他们对一场革命的观感。

"革命不是请客吃饭",但这并不意味着革命中的任何暴力都能自动享有道德非议的豁免权,尤其是,当经历了一个个痛苦动荡的时代之后,我们也许会发现,所谓"历史必然性"往往等于什么都没说,在很多时候,暴力实际上并无必要。

可以认定,端方就是死在了毫无必要的暴力中。为什么说杀死端方毫无必要?首先,因其开明派的身份和在西方人士心目中的地位,杀死他不会给革命增添任何荣誉;其次,在资州如惊弓之鸟的端方,既无意愿也无能力对革命采取对抗行动,于革命党人来说完全不存在威胁,野史中说,他甚至向乱兵表白自己并非满人,希望幸免的心理可见一斑。端方之所以不得不死,只与兵变者隐秘的内心有关,而和所谓爱国、革命等宏大符号关系甚微。

端方死了,曾为其门下士的湖南人左全孝在祭文中抒发了他的不平和困惑,"谓天道有知耶,神奸巨蠹多无恙,而持公理、重民权,首倡宪政如我公者,独罔善其终!"至于今人,评价一个历史人物自然可以超越这种师生的私情,只需要追问一个简单的问题了:对我们这个国家来说,到底是端方,还是采取了"革命行动"、杀死端方的"爱国者"更有实质性的贡献?

和历史上许多革命一样,辛亥革命的领导者和组织者中,的确有不少真诚的理想主义者,然而不能否认,一旦革命的飓风飙起,或主动参与,或被动裹挟进来的,并非都是天使。这也是辛亥革命成功之后,国家却长期陷入兵连祸结悲剧的一大关键。革命不一定要与道德亦步亦趋,但不受道德约束、全然失去敬畏的革命,终究会将人性之恶全部诱发出来。民国后中国社会的乱象,在端方之死的事件中已初现端倪。

读了上面的文章,我们当能明白,诗人气质浓郁的王国维为端方这样一个人物写一首悼诗,实为情理之中的自然之举。后来王国维自沉,原因众说纷纭,不论真实情况为何,其入民国后的情感和倾向,在他悼端方的诗中,其实早已透露无遗了。

参考书目:

〔1〕见《清宫词》,北京古籍出版社1986年版。

〔2〕〔3〕〔5〕见张海林著《端方与清末新政》,南京大学出版社2007年版。

〔4〕见(美)周锡瑞著:《改良与革命:辛亥革命在两湖》,中华书局1982年版。

〔6〕见梁溪坐观老人著:《清代野记》,山西古籍出版社1996年版。

〔7〕见骆惠敏编:《清末民初政情内幕:〈泰晤士报〉驻北京记者、袁世凯政治顾问莫里循书信集》,知识出版社1986年版。

(**黄　波** 文,原载《书屋》2009年第9期)

第一辑 开门见山还是山

当红袁世凯

1884年,在李鸿章的一份述职报告中,有一段对袁世凯的评价,说他"胆略兼优,能知大体……足智多谋,两次勘定朝鲜变乱,厥功甚伟"[1]。获此殊荣时,袁世凯年仅二十五岁。此后,李鸿章对袁世凯一度给予积极举荐和重用,彰显出其惜才的一面。1901年11月,当李鸿章天年即尽的时候,慈禧问谁能接他的班,他指定了袁世凯。从这年起,袁世凯逐步走向清廷政坛的前台,并在短短的五六年内,一跃成为晚清一时无二、举足轻重的政治家。

到1906年前后,袁世凯不但控制着北洋集团所拥有的中国惟一一支十万大军的近代化武装力量,而且他自己还取得了身兼八大臣的特别的政治地位。这八大臣分别是:参预政务大臣、督办山海关内外铁路大臣、督办政务大臣、直隶总督兼北洋大臣、督办天津至镇江铁路大臣、督办商务大臣、督办邮政大臣、会办练兵大臣。到这节骨眼上,清廷之"一切要政,惟袁之建言是听"了。

袁世凯走向晚清乃至民初的政治前台,尚无实据证明,在他的仕途中,有什么奴颜婢膝似的买官、贿官之行为,凭的完全是个人实力和举世公认的军事、政治方面的才干。国内对袁世凯的赞誉(主要来自维新派)先不说,就是当时悄然崛起的西方大国美国,对袁世凯也是盛赞有加。1908年6月14日,美国记者托马斯·F.米拉德在他的《清国铁腕袁世凯采访录》中开篇就说:"在西方人的眼里,长期以来代表大清国形象的,只是从四万万芸芸众生中站出来而非常突出和确定的几个人而已。正是这些人扮演着重要的角色,或许能够开辟出一条道路,以迎来一个新中国的诞生。……袁世凯是这些人物中非常突出的一位,他也确实在这些趋向进步的高层官员中被认为第一。"[2]所以,即使后来他荣登中华民国总统的宝座,也绝非简单地如一般常识所说的窃国。历史表明,袁世凯的上台,国际国内形势、人心思定以及南北合作等因素,均起了重要作用。至于袁世凯"成了神仙想升天"(当了总统想皇上)的倒行逆施,又在另当别论之中,本文重在言说当红的袁世凯。

回溯至1879年,正是二十岁的袁世凯第二次乡试名落孙山的一年。他因此愤而投笔从戎,还给自己找了个妥帖的理由:"大丈夫当效命疆场,安内攘外,(岂能)久困笔砚间,自误光阴!"随后就去了山东烟台,在他嗣父故交淮军"庆"字营吴长庆麾下,任营务处帮办一职。随军入朝不久,即赶上朝鲜政变,袁世凯又出任前敌营务总理。任上一年,袁世凯果断干练地处理实际事务的才能,为他赢得较高声誉,连朝鲜国王都要亲自请他"代韩练兵"。1884年,吴长庆因故内调回国,袁世凯接替了驻朝

第一辑 开门见山还是山

"庆"字军的统率权,仅年余,便获得"知兵"美誉。李鸿章在述职报告中对袁世凯的高度评价就来自这里。两年后,在李鸿章的大力举荐下,袁世凯终奉旨"以知府分发"并"赏加三品衔",其平步青云的速度,史无前例。当时的袁世凯仅二十七岁。此后,袁世凯以清朝大臣身份,驻朝长达十年之久,直至1895年中日甲午战起,他才奉命回国。

中日甲午战争,中国的战败,促使袁世凯致力于陆军军制学的研究。"在战后很长的一段时间里,自东北前线返京的袁世凯就居在北京的嵩云草堂。摒绝杂物,邀集同志,潜心搜集、整理、翻译了各类西方军事著作……"[3]袁世凯此举,在朝野上下引起强烈反响,以致"人皆未见,目为奇书"。"联系自甲午中日开战以来袁世凯对于中国传统军制所提出的强烈批评,及其'凡所建白,均料事如神',使袁世凯一时成了众人瞩目的当代'军事奇材'"[4]。众望所归,袁世凯被当时(1895年11月)的督办政务大臣们一致举荐为练兵大臣。就这样,袁世凯在天津小站组建了帝国惟一一支"装备完善"的陆军部队,名曰"北洋新军"。袁世凯正是靠这支军队树立起了他在政府(包括国内各派势力)及列强面前的崇高威望,也由此奠定了他牢固的政治基础。

在清末政治舞台上红极一时的袁世凯,使皇室大为不安。袁毕竟是汉人——而让汉人掌握着如此强大的一支军队,在满清史上绝无仅有。1907年,皇室为"裁抑"袁世凯及其北洋势力,免去了袁的直隶总督兼北洋大臣一职,内调军机处"主持枢垣各政"。这不但没削弱袁世凯的势力,相反,袁还利用在军机处工作的机会,加快了他的政治理想——立宪政治的步伐。"果然,自1908年军机重组之后,清政府的《资政院章程》、《钦定宪法大纲》等一系列立宪文件相继颁发,从中央到地方的各级立宪机构相继设立,清廷立宪政治的步伐明显加快。袁世凯也由此获得中国资产阶级立宪派的好感,他们在袁世凯的身上寄托着中国实行立宪政治的希望"[5]。

袁世凯的立宪主张并非一帆风顺,甚至早为他的政治夙敌载沣所不快。1906年,以袁世凯为首的立宪派提出一项改革方案,即《新官制改革案》,其核心内容是:取消军机处,设立责任内阁制。内阁制主要仿照立宪国的成例,使"立法、司法、行政各有责任,互不统属",也就是通常意义上的三权分立。在政务处的一次立宪讨论会上,当袁世凯提出这一议案时,"醇王(载沣)闻言益怒,强词驳诘,不胜,即出手枪,拟向余(袁世凯)放射"[6]。真还可以说,为追求三权分立的政治理想,袁世凯在当时是冒了生命危险的。这时,我们还看不出袁世凯有何不良动机(如皇帝梦),因为著名的清末五大臣赴欧美考察宪政,就是他力促而成的。这说明,此时期的袁世凯,其政治思想是足以为人所称道的。

从载沣过激的行为可以看出,当时的袁世凯被定为满清皇室的头号政治对手。历史证明,在清末的宪政运动中,袁世凯确为当时地方官僚中"最为激进"的立宪势力的代表人物。他很早便指出,要挽救国家,"别无良策,仍不外赶紧认真预备立宪一法,若仍悠忽因循,则国势日倾,主权日削……"[7]袁世凯的立宪主张得到了相当一批地方实力派的支持,这也"使得袁世凯本人在当时的民族资产阶级上层中树立了良好的印象",并获巨大支持。以当时的情况来看,"在晚清的统治层内部,还没有哪一位官员能像袁世凯那样,在如此短的时间内,为改良争取到这样多的东西"[8]。

在这次立宪会上,因未能要了袁世凯的命,载沣一直耿耿于怀。1908

第一辑 开门见山还是山

年11月14日、15日,光绪皇帝和慈禧太后相继死去,载沣摇身一变,成了新皇帝(溥仪)的爹爹,且握监国摄政王的大权,他第一个目标就是要灭掉不同政见者总首领袁世凯。他本想置袁世凯于死地,可他错估了自己的能量;于是,杀不了袁世凯,就只好求其次,撤消袁的一切职务。后又以袁世凯的党羽为目标,将他们一个一个从重要位置上摘拔下来,企图以皇族势力取代袁氏势力。但载沣所做的这一切,在袁世凯及北洋势力面前,总显得那么苍白无力。因为在"北洋军中,自统制以下的各级军官都是袁世凯一手提拔的,非袁不从。满族亲贵们既然无法彻底地更换这一庞大集团的下层,其对于集团上层的局部人事调整也就变得毫无意义了"[9]。

进而,我们看到这样一种奇特的政治现象:一个以"布衣"、"野老"隐居在河南漳德洹上村的袁世凯,却牢牢地控制着北洋的几万精兵和全国政局。当时的洹上村,实际成了中国的政治"中心",这里专门设有电报房,随时保持着与全国乃至世界各地的信息联络,袁世凯每天上午都要花上一两个小时来处理"公务"。北洋各路将领还随时赴洹上村,向袁世凯请示汇报,甚至一些朝野要人、外国使节也常常到洹上村来拜望袁世凯,聆听他的政见,这使人想起当年李鸿章在天津办公的情景。外国使节在前往北京之前,都要去天津逗留几天,以专程拜访在那里的李鸿章。因为那一时期的大清政策,也只有李鸿章摸得上头绪,有定准,说了算。这一点,袁世凯很像发现他的伯乐李鸿章。

袁世凯在漳德息影林泉三年间,仍通过各种渠道尽力地建立与革命党人的联系,并因此在相当一批的革命党人尤其是年轻人中建立了极好的印象:"时留东学生之归国者,必绕道谒袁……其私邸中谈宴游观,无不座客常满",有的还"谊若父子"[10]。"在宣统纪元以后的许多记载中,我们的确常常可以发现袁世凯靠着'金钱蒸发之力'帮助革命党人揭竿的例子",如1908年4月,袁世凯就曾资助过同盟会在云南河口的一次起义。"客观上,袁世凯对于革命所持的这种暧昧态度,使相当的革命党人对其产生好感。因此,在辛亥革命爆发之后的南北谈判期间,颇有声势的临时大总统'非袁莫属'的呼声有很大一部分就来自于革命党人的内部各派"[11]。

1911年10月10日,武昌起义爆发,中国出现混乱局面。"一位西方记者莫里循在与友人谈到这一时期的中国政局时断言:袁世凯是皇室的惟一希望,在中国有好声誉,在外国有好名声,是惟一可以从动乱中恢复秩序的人。同期的《泰晤士报》直接刊文,公开提出要清廷召回袁世凯,而且声称:只有他,才是能够挽救时局的惟一人物。……辛亥革命前夕,清皇室载涛、载洵等人赴欧洲考察,曾受到欧洲帝国主义列强的一致责问:中国至今奈何不用袁世凯?在列强的心目中,处于'世界最伟大的政治家之列'的袁世凯不但关系着中国政局的稳定,而且这种稳定也关系着他们各自在中国和远东地区的利益。"[12]

说到这里,我们不能不提一提趁火打劫的日本和俄国。袁世凯离职后,清廷失去了一位铁腕人物,这在客观上造成了政局的混乱与恶化,为日本和俄国在远东地区肆无忌惮地扩张提供了一个绝好的机会,也影响了英、美、德等其他帝国主义列强在这一地区的利益。当然,受害最大的是中国。在国家处于分崩离析的紧要关头,加之英、美、德等外交使团给清廷施压,袁世凯受命出山,并提出六项条件,前两条便是"即开国会和成立责任内阁"。

第一辑 开门见山还是山

对袁世凯的条件，政府全部答应了。因为处在这种环境下，袁的条件也就算不上什么了。问题是，这样一个骤变的时代，谁都不知道未来会发生什么，不会发生什么。一句话，这时没人能掌握得了自己的命运，包括皇室成员和袁世凯在内。1912年1月1日，孙中山就任中华民国临时大总统时，连众望所归、"收拾残局，非袁莫属"的袁世凯都大感意外。接着，就该轮到皇室大感意外了——袁世凯的出山，不但没有像皇室一厢情愿的那样"保我大清"，相反倒加速了满清王朝的灭亡。南边的革命党人提出条件，只要袁世凯能迫使清室退位，他们就把大总统一职让予袁世凯。袁世凯不能不心动，而且他是那个大动乱时代惟一有能力动心于大总统宝座的人。然迫使清室退位所遇到的抵抗与当时的暴力革命相比，这简直不值一提。所以，袁世凯轻易地做到了在其他派别看来不易做到的事情——清室和平退位。于是，革命党人履行承诺，袁世凯也就如愿以偿地登上了中华民国大总统的宝座。

这真是中国人实行先进政治民主的一次大好机遇——推翻帝制，南北统一，开启国会，三权分立……这是戊戌变法以来多少开明之士的梦想呀！万万不幸的是，中华民国《临时约法》一开始就极大地削弱了总统的权限，使其在职能上仅仅成为一个"橡皮图章总统"（在国会和内阁通过的文件上盖盖章而已），而国会的权限则无所不及，等于创造了"数百议员皇帝"，"其尊与帝国之君相似"[13]。不要说袁世凯这样一个半新半旧的官僚难以就范，就是专制文化熏陶下的新官僚，也决不肯向《临时约法》躬身。袁世凯那样的强权人物一旦感到宪法的强烈束缚，自然就要设法去突破。一边要破，一边要立，总统府和国会就打起来了。一开始，双方还有妥协和忍让，闹到后来，袁世凯干脆解散国会，进而称起帝来，践踏宪法到了令人发指的地步!

袁世凯这个清末民初红极一时的政治家,登上极权宝座仅五年,就成了一个全国人人诛之黑极一时(乃至一世)的人物!如袁世凯去世的时候,在上海养病的黄兴就寄来一幅挽联,表达了他的某种惋惜之情。挽联曰:

好算得四十余年天下英雄,陡起野心,假筹安两字美名,一意进行,居然想学黄公路。

仅做了八旬三日屋里皇帝,伤哉短命,援快活一时谚语,两相比较,毕竟差胜郭彦威。[14]

挽联的"好算得四十余年天下英雄,陡起野心"前十五个字,基本公正客观地总结了袁的一生。"四十余年天下英雄"——是对袁世凯才干的赞誉和认可;"陡起野心"——似乎又为袁世凯开脱了不少称帝罪责。作为袁世凯政敌的黄兴,真可以说是温良敦厚了。只可惜袁克定"这样的曹丕"(冯国璋语)不识货,坚决拒绝悬挂黄兴的这幅挽联。因此,在次日全国各大报登出这幅挽联后,社会各界也多从反面去解读,挽联的正面意义也就埋没了,而黄兴的温敦宽厚,更无从体现。今天来读黄兴挽袁世凯联,我认为它实际总结了专制社会政治人物的共同命运:少壮清明建功业,老大昏庸留骂名。

注释:

[1][3][4][5][6][7][8][9][10][11][12][13]郭剑林主编:《北洋政府简史》,天津古

籍出版社 2000 年版，第 33、34、60、52、49、61、58、63、64、59、74、112 页。

〔2〕郑曦原编：《帝国的回忆》，三联书店 2001 年版，第 135~136 页。

〔14〕程润：《护国风云》，载 2002 年 8 月新作家网。

（魏得胜 文，原载《书屋》2005 年第 5 期）

政治暗杀的另一层解读

政治暗杀，是清季至民国的一大社会风景，有成功有未遂，此伏彼起，接二连三；被暗杀的对象，有在朝也有在野，有革命也有反革命，有政治领袖也有文化名流，还有手握兵权而叱咤风云的军人。由于暗杀而引起的社会动荡和历史转变也不算少，其中，民国初年的宋教仁遇刺案，可以说是近代中国暗杀史上影响最大、后果最严重的一起。

以往对宋案的解读，只限于宋的政治主张和袁世凯及其属下的执政意图，多从议会道路、政党政治与独裁心胸、专制思想的对立入手，近年来尽管时有新论，但依然没有脱离进步与倒退的思路。其实，宋案以及宋案前后的其他暗杀，还可以有另一种读法。

第一辑 开门见山还是山

一

分析宋教仁遇刺案,不能不先回顾一下此前的暗杀活动。

清末至民国的政治性暗杀大致可分三类,一是当政者对异己的暗杀,二是在野的革命者对统治者的暗杀,三是外国势力对中国政治人物的暗杀。而辛亥革命前,基本只有革命家从事的暗杀,清王朝似乎不怎么使用这样的手段,大概他们觉得判定有罪的权力掌握在自己手里,要捕要杀完全可以公开进行。反清排满的革命家们没有公开生杀予夺的大权,所以只好靠暗杀解决问题。谋杀封疆大吏恩铭和王之春、袭击当朝重臣铁良、谋炸考察宪政五大臣、行刺摄政王,这一系列暗杀让当时的中国政坛惊骇不已。

清末革命家所进行的暗杀,主其事者多为官宦和富家的子弟,或是受教育程度比较高的热血青年。这与俄国近似,俄国贵族青年就是暗杀权贵的主力。参与策划刺杀铁良的有章士钊和俞大纯,前者人们比较熟悉,而后者之父是陆师学堂总办俞明震,其子即俞启威(黄敬)。怀揣炸弹准备炸死出国考察宪政五大臣的吴樾出身商人家庭,其父先官后商。刺杀恩铭的徐锡麟,其家更是富甲一方,自己还捐了个道员。参与谋杀铁良、亲身行刺王之春的万福华虽说家境不算富裕,但后来也学医经商,还是个候补知县。万福华、章士钊、俞大纯、吴樾、徐锡麟再加上袭击摄政王载沣的汪兆铭,都是学养深厚之士。

清季的革命暗杀是英雄式的行为,其行为本身带来的意义好像比目的更为重要。除了恩铭被杀之外,其余行事匆忙、准备草率、策划不足，可谓未遂。而且恩铭遇害后徐锡麟等革命党人的代价也很惨重，显得有些得不偿失。事实上，他们并不在乎刺杀的对象是死是活，也不论自己可否脱身，而是比较看重这样的行为带来的巨大影响。每次事件之后，壮怀激烈、一腔热血、慷慨赴死、义无反顾的精神都可以引起轰动效应，暗杀者的英雄形象和自杀式的壮举，远比死一两个清廷官吏更有价值。

万福华行刺王之春，细读之后，你很难相信这也叫暗杀。章士钊在《书甲辰三暗杀案》中如此描述其过程："福华目击之春马车到门，浸假而之春与仆，肩随登梯而上。福华刚毅木讷人也，而心怦怦然动。顾久而久之，非微寂无枪声（原定由另一刺客陈自新先开枪），且之春又与仆肩随蹑梯下矣。时则危急存亡，间不容发，福华一怒而断，不遑筹思，急出之春前，拔枪拟之。顾机屡拨而弹不出，两造俱木然不知所为，旁观者麇集，亦俱无所措手足。正僵持间，卒于人声鼎沸中，捕者骤至，出械縶福华以去。"

汪兆铭刺杀摄政王，无论是革命党还是后来人，好像也无人在乎摄政王的生死，这样的行为可否成功，大家更钟情于年少有为的汪兆铭如何慷慨悲歌，"引刀成一快，不负少年头"！而汪在狱中与陈璧君的那段情缘故事才是历史的兴奋点。

那时的暗杀，只有徐锡麟杀恩铭案导致的后果比较严重，恩铭死了，徐锡麟被捕后处以极刑，但这不仅仅因为发生了命案，并且还在于徐锡麟行刺后发动巡警学校起事。而其他的暗杀，其对象活着不说，行刺者也没有受到本应受到的严重惩处，株连瓜蔓就更少。吴樾是自毁，事件过后，仅有介绍他住进桐城试馆的户部主事金寿民被革除功

名,其余人等均无牵涉。汪兆铭、万福华尽管入狱,但发落不算很重。依照章士钊的说法,"大抵清廷末造,惺怵成风,不敢滥兴大狱,以耸中外视听"。

清末暗杀之所以蔚成风气,既是受欧洲革命、俄罗斯党人的影响,也是那时革命党对时代的认知。吴樾遗著《暗杀时代》里这样说:"排满之道有二,一曰暗杀,一曰革命。今日之时代,非革命之时代,实暗杀之时代也。""欲言革命者,不得不前以暗杀,后以复仇(革命)。"革命党人的暗杀,其实更重要的是宣传是造势也是震慑,如吴樾所言,具"杀一儆百"之效。刺杀王之春是为了警告那些"卖国"之辈,刺杀铁良是想威胁那些"顽固"派,刺杀出国考察宪政五大臣是为了破坏当政者利用宪政进行"欺骗"的阴谋,刺杀摄政王则是表明推翻清廷的决心。只有一个安徽巡抚恩铭,是因为接到了两江总督端方的党人名单,要他拿办,才遭徐锡麟射杀。徐近视,恐不中,于是在恩铭身上连发七枪。而恩铭对徐还有知遇之恩,视徐为心腹知己,接到党人名单后找徐商议,结果惹来杀身之祸。正是在这些近似疯狂的暗杀声势中,革命者的伟岸形象得以树立,当政者也闻风丧胆。

辛亥革命后,清室逊位前,还有两起暗杀,将清末的革命暗杀推向了顶峰。一次是三位革命党人谋炸袁世凯,未遂;一次是革命党英雄彭家珍炸毙满族亲贵良弼,彭家珍与过去的英雄刺客一样当场身亡;良弼血肉模糊,最后惨死。这两起暗杀令京师全城处于恐慌之中,为清廷瓦解、民国确立推波助澜。

可以说,民国成立前的暗杀塑造了一批英雄,也制造了一片革命的恐怖气氛。

二

民国初立,中国的政治暗杀出现了重大转变。

一是尚未掌握全国政权的革命党内部也热中使用暗杀方法来对付持不同意见者或不同派系的人。1912年1月13日,光复会领袖之一的陶成章在上海被杀,而他原本就是主张靠暗杀进行革命的人,不料自己却死于此道;1915年,知名新闻记者黄远生又在美国旧金山遇害。这两起刺杀事件的主使都来自革命党内,因为革命者也是人,当自己的利益受到挑战时,即便是同道,照样不能容忍。

二是执政者也利用暗杀手段铲除异己。1913年3月20日,国民党领袖宋教仁由上海乘火车北上,在北站遭狙击,这是一起当局进行暗杀的典型事件。由此可见,民国毕竟不同于清廷专制,公开肆意捕杀异己为社会所不容,只能靠暗杀维护自己的权威。

三是刺客的目的变为单纯杀人,而不在乎行为本身是否英雄壮举;他们不再是响当当的热血青年,而是要千方百计地隐蔽自己的身份和姓名;他们的刺杀任务常常被一层层布置下来,其间环节之繁复为的是避免幕后主谋暴露于天下。

"政府害贤良,同人哭国殇。问何如此忌妒?为斯人权尊内阁,久抱恐惶。四面旗鼓两相当,天生豪杰敌魔王。由长江,达上海,四处演说,吓煞虎狼。十二金牌催下手,就地贼戕,适当正月赴车场。祸来天半,身中三伤,魂随梅柳渡春江。悲声五族,色减三湘。举眼望穹苍,两泪盈行。想你我两两契合,盟证三生石上,到如今天涯海角两杳茫。一腔愤气,四坐围

第一辑 开门见山还是山

商,孙先生愿率两师北伐,黄先生妄想三权并强。红黑恩凭法律解决,由梅城老叟主张。半天嗟议,一味愎刚,我因此十万经费请中央,单营葬事,不问短长。南方七省渐彷徨,四分意气,三分不扬。一个猴子着急,一个猴子跳梁"。这是著名革命党人谭人凤《石叟牌词》第四十四首,专叙宋教仁被刺事,从原因、经过到事后处置意见和社会影响等,一一咏来,可谓形象生动。

孙文、黄兴等是以武装起义、暴力革命出名的革命家,按理说,已经当权的袁世凯应该惧怕他们才是,但人人都说袁世凯阵营更怕宋教仁,这不能不由民初政治气象说起。

民国肇建,无论袁世凯是个什么人,总统、内阁、议会、政党、宪法这些近代政治制度的诸多要素毕竟呈现出来。政党团体有大小六百多家,而且是自由组合,各具主张,基本没什么限制。内阁是唐绍仪内阁,可以称之为联合组阁,而且还是经国会正式通过。唐绍仪、陆徵祥、赵秉钧、段祺瑞、刘冠雄、熊希龄、王宠惠、蔡元培、宋教仁、陈其美、施肇基等内阁成员,除个别人外,多是应一时之选,不论放在什么样的民主国家,其学养、背景、历练、素质都算优秀,也不亚于后来被称为一流的熊希龄内阁。身为阁揆,唐总理依然持有自己的主见,所以不出三个月,与总统不和,便挂冠而去,足以证明他还是自由之身。议会分参、众两院,尽管不出自选民,但依据的是1912年8月颁布的《中华民国国会组织法》,也是自由选举,各党各派各省均有代表。在国会选举中,国民党得票三百九十二席,全线报捷,形成野大朝小的政治格局,对总统和内阁具备了制约的能力,这样崭新、优良的政治气象,在中国历史上可谓独一无二。虽然有人认为这只是表面现象,并非袁世凯的本意,大权还握在袁的手里,但表面民主总比赤裸裸的专制独裁强。过去我们特别喜欢批判表面民主、虚伪民主,其实,表面承认民主,外壳形成民主,恰恰说明民主是社会公认的政治形式,是各方势力认可的社会制度,起码可以理直气壮地宣传民主知识,让社会逐渐了解民主内容,一步步促进真正的民主。而里里外外的独裁专制,连介绍民主、促动民主甚至表演民主的可能性都没有。

在如此热闹的民主推进中,孙文、黄兴并未参与其间,孙将临时大总统之位让与袁世凯后,成了演说家,四处宣讲三民主义。1912年8月,为在国会选举中获胜,宋教仁以同盟会为基础,联合其他小党,成立了国民党。虽然孙文当选理事长,但孙坚辞不就,而由宋代理。孙文应袁世凯邀请来到北京,与袁密晤十几次。孙对袁大致信任,期盼袁富国强兵。袁对孙优遇有加,以大总统礼相待,自己还从石大人胡同原来的总统府迁出,修缮后请孙下榻。孙拜访袁,袁也恭敬如仪地回拜。袁对孙的态度无论真假,都远远超过了后来执政的段祺瑞、张作霖。随后,黄兴也来到北京,袁世凯不但在中南海居仁堂隆重宴请孙、黄,还亲自主持、致辞。军事处副处长傅良佐在席间语不得体,被袁当场呵斥。孙文对当时的政治气象表示满意,决意退出政坛,致力铁路,袁也投其所好,让孙负责全国铁路修建,并将当年慈禧太后的豪华专车由孙享用,巡视各地铁路状况。而黄兴呢,这位一身是胆的革命猛将早在南京临时政府成立时就已致电袁世凯:"吾辈十余年,兢兢业业以求者,真正之和平,圆满之幸福。今目的已达,掉臂林泉,所得多矣。"到达北京与袁晤面后,黄兴逢人便说:袁公确是英雄,民国第一流人物。黄甚至还劝说袁世凯出面担当国民党领袖,邀请北京当局所有国务员加入国民党,唐绍仪、赵秉钧等人也真给面子,填写了入党誓愿书。黄兴还接受了袁世凯委任的川粤汉铁路督办之职,协

第一辑 开门见山还是山

助孙中山一起兴办铁路事业。一切遂愿后,黄兴在出京时诗兴大发:"卅九年知四十非,大风歌好不如归,惊人事业随流水,爱我林园想落晖。"

在我读大学时,宋教仁、汤化龙、林长民等人都是受批判的人物,原因就是他们喜好议会政治、醉心政党民主。记得1981年,北大教授、陈寅恪先生的弟子陈庆华在人民大学举办的辛亥革命讨论会上为宋教仁辩解,说除了议会,他还能做什么?此论当即遭多人驳斥,理由是历史证明,只有革命才是推翻反动统治的唯一正确道路。可是,民国初年的那种政治景象是多少共和英雄、民主豪杰梦寐以求的结果,连孙文、黄兴这两位民国伟人都一心转向修筑铁路和歇息林泉,基本认可了北京政坛,何况宋教仁乎!

此时此刻,应该说,宋教仁在制约袁世凯专制欲望、推行名副其实的民主政治方面,比孙、黄更有作为,也更有言论。他正锋芒毕露,跃跃欲试呢。

"倘许我作愤激语,谓神州当与先生毅魄俱沉,号哭范巨卿,白马素车无地赴;便降格就厉害观,何国人忍把万里长城自坏,从容来君叔,抽刀投笔向谁言。"这是汤化龙挽宋教仁联,曾传诵一时。汤并非国民党,而是与国民党对立的民主党领袖,但他与宋教仁私交甚厚。这就是宋的人品!宋非但是同盟会直至国民党内数一数二的杰出人才,而且也是当时中国政治舞台上的青年翘楚,口才好,精力充沛,知识面广,组织能力强,与人交肝胆相照,政治素养和文字功底更是出类拔萃。据说民国初年,宋教仁任南京临时政府的法制局局长,可以一夜之间挥就大法。袁世凯对宋的才华也极其欣赏,曾希望他进京组阁,发挥特长。袁克文后来回忆其父袁世凯时说,袁言及宋教仁之死,曾挥泪不止,就是因为惋惜宋的才干。然而,人类历史上,最优秀的人物往往也最能得罪人。宋教仁就是个直言不讳的性情中人,党内有人不满,党外也有人忌恨。

宋教仁主张的是责任内阁,而责任内阁必须是政党内阁,也就是由议会多数党组阁,总统是虚位,可以不负责任,所以他说要"争内阁不争总统"。其实这也是当初许多革命党人答应与袁世凯妥协,同意推举袁世凯为总统时设下的伏笔。正像有的史家所认为的那样,民国初创时,模拟的是美国制度,而宋企图将其改变为英国式。当然,这种结局必然为袁世凯阵营所不能容忍。

宋教仁与许多革命党人一样,属于热血青年,是那种英雄式的人物,这种人的特点就是将生死置之度外,甚至不惜早一些慷慨赴死。清末革命时如此,民国初年这种精神依然延续,既然死都不怕,开口也就更加无忌了。在国民党选战大捷之时,宋教仁正在家乡湖南桃源探母尽孝,享天伦之乐。闻讯后他立即动身,沿长江各地演讲,说的都是触犯时忌的内容,有的时候攻击袁世凯及其政府,有的时候竭力鼓吹应该由议会多数党组成清一色的政党内阁,听者欢呼雀跃,听众涌动如潮,国民党的舆论也在一旁助兴,甚至提出要重选总统。即便如此,袁世凯仍然接连电邀宋北上赴京,共商国是。谁都感觉这是宋要组阁的迹象。当有人听说政敌即将对放言高论、锋芒过露的宋教仁下手,便劝宋不要赴京送死。谭人凤在汉口曾对宋说:"责任内阁现时难望成功,劝权养晦,无急于觊觎总理。"宋回答:"总理我无冀望之心,载酒游江亦诚乐事,惟责任内阁实应时势之必要,未便变其主张也。戒备之说,前在湖南亦有以此言相勖者,实则杯弓蛇影之事也,请毋虑。"

可惜,3月20日晚,一代政治英杰宋教仁在上海北站月台上,当着黄兴、陈其美、廖仲恺、于右任等一大群送行者的面,被刺客一枪击中要害,两日后不治,成为中国民主的先烈。

三

宋教仁被刺杀一案究竟系何人主使?近百年来说法不一,但惨案发生以后多数人都一口咬定为袁世凯。因为宋死之后他是实际获益最多者。再加上宋案相关人员纷纷离奇死亡,人证一一丧失,袁世凯似乎也就成为所有推理最终应该指向的嫌犯。遗憾的是,对其他人的指正均有铁证,只有对袁的怀疑始终是揣测。黄兴的挽宋联称:前年杀吴禄贞,去年杀张振武,今年杀宋教仁。他将这三人放在一处直接对准袁世凯,显然指袁暗杀成性。可是,杀吴,属于上级派人处死有谋反嫌疑的下级;而杀张的主谋是黎元洪,并且由军政执法处逮捕处决,更像是一种捕杀。

什么是政治暗杀呢?革命式的暗杀是反当权者对当权者的暗中袭击;而当权者对异己的暗杀,无论暗杀的最终最高获益者是否知情或亲下杀令,其表面都会坚决否认,甚至还会查处、缉凶,直至惩办凶手。

宋教仁遇害后,袁世凯立即表示要彻查案情,缉拿凶犯,"按法严办"!上海地方检察厅、租界巡捕房以及程德全、黄兴、伍廷芳、王宠惠、陈其美这些政坛名流都参与查案,可谓公开透明。但是,结果却令袁世凯特别尴尬。原来,凶手是流浪汉武士英(本名吴福铭),他曾是军人,在穷困潦倒之际被应桂馨(本名应夔丞)所收买,而应的背后竟然是国务院内务部的秘书洪述祖,洪又听命于时任国务总理的赵秉钧。洪与袁世凯还沾亲带故,赵又是全天下都知道的袁世凯的心腹加铁杆。至于袁本人究竟知不知情，真是死无对证。据袁克文回忆，袁世凯曾说："予代人受过多矣，从未辩。我虽不杀遯初，遯初亦由我而见杀，更何辩也焉！彼明于察者必自知之。不思予既欲杀之，不必招其来而杀之可也；或待其来，陷以罪杀之亦可也；予杀之之道不一，胡必待数使招之，乘其将行而杀之？斯明授人以柄，虽愚夫不为也。"子隐父过，情理之中，不过，他引述的袁世凯的这番话也不能说完全没有道理。无论袁是否参与暗杀，赵和洪显然将这一举动当作护袁拥袁的重要一招，而且赵还有私心，他怕宋来京后真会取代他当上了总理。只是这一招过于拙劣，反让袁世凯格外难堪，结果他们自找倒霉。其实，难堪的还不止袁世凯，国民党方面也没面子，只是当时所有人都将矛头指向北京，国民党的尴尬不怎么引人注目罢了。赵秉钧已经写过加入国民党的誓愿书，其内阁也是在黄兴等人极力疏通下经国民党议员支持通过的，内阁成员还纷纷加入了国民党，有人就戏称他们为国民党内阁。而刺宋的关键人物之一应桂馨居然也是个革命党，以前是策动武昌首义功臣张振武的下属，后来又混在陈其美处。怪不得袁克文后来一口咬定刺宋的主谋事实是陈其美。因为陈其美听宋教仁说过，今后组阁要改为"大公无党"，于是为了党的利益才痛下杀手。袁克文的这些说法尽管不能轻信，但也不妨自成一说。尤其陈确实也是个暗杀老将，此前杀陶成章，有他的份儿；此后杀上海镇守使郑汝成，又有他的份儿。无巧不成书，他自己最后竟然也被暗杀。

就宋教仁案审理本身看，可以说基本依法行事，一干嫌犯，无论是何来头，有什么背景，均被收审或通缉，只有赵总理坚持不到庭，但法庭敢于传他到庭，也是法治。何况最后他还是引嫌辞职了。宋教仁死了，相关嫌疑人也相继见了阎王，几乎都不得好死，尽管不是依法治罪，却是天理

第一辑 开门见山还是山

昭彰,而且罪犯嫌犯一个不留,还搭上了一个国务总理,也算公正。在那些民主国家,也未必可以做到这一步。人们想想肯尼迪、马丁·路德金、英迪拉·甘地、拉吉夫·甘地的遭遇等等,就会有所感悟。

过去我们对历史上的政治暗杀,往往特别愤恨,也非常敏感,一听什么人在某某治下被暗杀,无论某某是否知情,一律都当作一种特大的罪行永远钉在耻辱柱上,好像这是一种专制独裁的象征。其实,暗杀在宽松的社会、不那么独裁的社会甚至是民主的社会,更为流行。因为暗杀恰恰证明社会不认可这种杀害,朝野否定这样的举动,舆论谴责如此行径,所以,只能采用偷偷摸摸的方式。如果放在公开专制独裁的社会,想杀想捕听凭统治者一句话,御用舆论还会跟着制造伪证,谁敢说个不字!事后也无须劳神费力地追查、审判、讲好听的,在那里装模作样。对异己力量采用暗杀的方式,也注定死于这种方式的受害者只能是极少数,假如是绝对的专制独裁,完全可以用任何一种罪名或者无需罪名就将异己公开铲除干净,比如大清洗,比如搞运动,比如大屠杀,那就是几十万、几百万甚至数千万的生命。

宋教仁遇刺的时代当然离真正的民主法治还有很远的距离,但起码社会表面上认同了民主法治的形式,至少统治者不能妄为。袁世凯是总统,他要下令彻查,要慰问;赵秉钧是执政的国务总理,洪述祖是国务院秘书,他们都不敢承认,还要竭力辩白。试想,换个时代,如他们这样权位的人有此必要吗?

宋教仁被杀,从此中国历史的车轮向另一个方向驶去。黄兴等人希望以法律解决宋案,孙文等人主张讨伐,最后,讨伐压倒依法,"二次革命"爆发,他们根本不是袁世凯的对手,很快便被镇压。有的国民党人被屠杀,有的投奔袁世凯麾下,有的偃旗息鼓藏匿起来,有的逃往南洋,孙文、黄兴等中坚力量先后流亡日本。"二次革命"也使国民党逐步丧失了在北京政治舞台的合法地位,执政者不必再用暗杀手段解决反对派了,国民党议员被公开拘捕被公然杀害,国民党籍大员被解职,国民党组织被武力解散,国民党机构被军警查封,凡是与国民党有关的议员最终都被追缴议员证书徽章,共计四百三十八人。自此,国会无法继续开会,只得解散,议会政治彻底瓦解。从此,南方革命政治势力与袁世凯阵营彻底决裂,袁世凯也走上了专制之路,直至君临天下。

但是,就在宋案之后国会解散之前的一段时间里,在国民党议员的参与下,北京的国会竟然还做了许多事情:

他们先是选举正式总统,第一次投票袁世凯未获当选票数,国会外闯来了数千人组成的所谓公民团将国会包围,逼迫议员选出袁世凯。有外人来逼迫,就证明国会还管用,不经过国会还不行;也证明,国会里面有严重分歧,有分歧就证明国会内还有民主,如果一致举手,何需再来逼迫?

参、众两院产生了各党各派组成的宪法起草委员六十名,随后在天坛起草宪法,制宪期间与袁世凯不断争执,针锋相对,不依不饶。

国会经常将代理总理段祺瑞以及各部总长叫去口头质问,质问所涉有非法拘禁议员、财政预算、借款、高级将领自戕等问题,被质者时常哑口无言,狼狈不堪。

两院不断有质问书提交,涉及外交、文化、经济、财政、军事、政治,上至国务院各部下到地方大员,均遭究诘。其中就有关于宋教仁案要犯洪述祖久不引渡质问书。

在国会上,弹劾案议决一个接着一个。有弹劾全体国务员、弹劾总理、弹劾财政总长、弹劾海军总长、弹劾河南都督、弹劾甘肃都督等等,吵来吵去,非常热闹。

可惜,好景不长,随着国会解散,这些议会政治的民主景致在以后的历史岁月中几乎再也没有出现过。

宋教仁被暗杀了,但这一暗杀并不意味着这一时期是专制独裁,而是表明,当时中国社会比较自由宽松,政坛也正散发着民主法治的微热。尽管这只是一种表面现象,而且昙花一现。

(顾 土 文,原载《书屋》2009 年第 9 期)

"小道",关乎国事
——以孙中山《民权初步》展开

民国时期的公案纷纷扰扰,多不胜数。汪精卫为孙中山起草的《总理遗嘱》是否有有违中山先生本意之处,就是其中一件。美籍华人学者唐德刚先生在谈中山先生的《民权初步》时,则毫不含糊地认为,《总理遗嘱》"漏列"《民权初步》,就是由于汪氏认为这种"小道"不能与《总理遗教》的经典并列所致。唐氏此论载于他为《胡适口述自传》所做的注中[1]。其论据出于何处,不得而知。其实,视《民权初步》为"小道"者,又岂止汪精卫一人?国民党内大有人在。李泽厚、尚明轩批评某些人称《民权初步》为"可笑的程序"、"繁琐哲学"的话语,可为一证。国内学界至二十世纪九十年代末承认,"《民权初步(社会建设)》是一个被疏忽的研究对象,多年来研究者涉及甚少"[2]，可算旁证。理由很简单，若此书很被看重，岂有"研究者涉及甚少"的道理！

那么，《民权初步》真如汪精卫认为的那样是"小道"？不像。其一，从陈锡祺主编的《孙中山年谱长编》看，此书是中山先生在"二次讨袁战争"结束、"护国运动"爆发后，张勋紧锣密鼓地准备拥戴清末皇帝复辟的紧张时刻写成的。在这种情况下，岂有民国之父在中华民国命运攸关之际写小道闲书之理？其二，《民权初步》虽然在《建国方略》中被编列第三部分，但在写作时间上却早于该书的前两部分：《孙文学说》和《实业计划》。最重要的是，此书被编入《建国方略》是1919年孙中山亲自决定的。能说孙中山把与立国之道无关的《民权初步》盲目编入《建国方略》？显然不能。既然如此，至少从孙中山的视角看，《民权初步》不是"小道"。这从他的写作主旨中也可以看出。他在《民权初步·自序》中说："《民权初步》一书之所由作，而以教国民行民权之第一步也。"[3]由此进一步开掘孙中山写作此书的动机，更能说明此书的宏旨。他在书中坦陈道：

> 国体初建，民权未张，是以野心家竟欲覆民政而复帝制，民国五年，已变为洪宪元年矣！所幸革命之元气未消，新旧两派皆争相反对帝制自为者，而民国乃得中兴。今后民国前途安危若何，则全视民权之发达如何耳[4]。

这话说得明白，此书写作因由起于袁世凯复辟帝制。史载，袁世凯出任中华民国临时大总统后不守民国法制，阻挠执行第一次国会选举结果，刺杀积极推行民主制度的宋教仁，野蛮取消国民党籍议员资格，悍然恢复帝制。后虽经"二次讨袁战争"和"护国运动",推翻了"洪宪"帝制,再造了"共和",但是,"国体初建,民权未张","野心家竟欲覆民政而复帝制"的惨痛教训,使孙中山痛心疾首。孙中山是在以武装推翻帝制维护共和的同时,寄希望于通过《民权初步》来提高国民的民权素质以抵制专制复辟的。纵观二十世纪中国政治史,创建共和和防止专制复辟的对策,基本都是一旦政权建立,也只是教育人民当家做主的道理(理由、原因、必要性等),很少教授当家做主的方法。惟独孙中山重视后者,他把对国民如何行使"民权"的启蒙作为"社会建设"的第一步。他认为:

夫议事之学,西人童而习之,至中学程度则已成为第二性矣,所以西人合群团体之力常超吾人之上。

然中国人受集会之厉禁……合群之天性殆失,是以集会之原则、集会之条理、集会之习惯、集会之经验,皆阙然无有。以一盘散沙之民众,忽而登彼民国主人之位,宜乎其手足无措,不知所从,所谓集合则乌合而已[5]。

正是出于对国人议事能力的这种认识,民国之父才决定,按兵家操典的风格,编写《民权初步》。他从"临时集会之组织法"、"永久社会之成立法"、"议事之秩序并数额"到"动议"的提出、讨论、表决、搁置、延期、付委的方法和原则乃至"修正"议案的方法,等等,详详细细地写了二十章,最后还煞费苦心地附了一个"章程规则"的样本,以便国民需要时仿用。因之,《民权初步》又名《会议通则》。孙先生写了此书惟恐国人不解其意,不予重视,并再三劝导:

第一辑 开门见山还是山

此书譬之兵家之操典，化学之公式，非流览诵读之书，乃习练演试之书也。

凡欲负国民之责任者，不可不习此书。凡欲固结吾国之人心，纠合吾国之民力者，不可不熟习此书[6]。

尽管中山先生如此苦口婆心说教，很多人还是被书里"味同嚼蜡"（中山先生语）的文字和其中夹杂的剧本式对白遮蔽了理性的眼睛。那些将《民权初步》视为"可笑的程序"、"繁琐哲学"的人中有不少属于这种情况。也有反复品味深得《民权初步》奥义的，如章太炎。太炎公在读透此书后还为它作了一篇序，指出该书系大总统"有忧"之作[7]。更有大智大睿者经过中山先生所说的民权方法的"习练演试"，"如噉蔗，渐入佳境"的，如大名鼎鼎的胡适博士。胡博士不仅在《留学日记》里记下了在异国学习、操练"议事规程"的体会，而且在《口述自传》讲"青年期的政治训练"时专门谈了"学习议会程序"的经历。为了证明自己掌握议会程序的娴熟程度，胡适还洋洋自得地举了自己后来用议会规程主持南京考试院的考选委员会会议，使民元老国会议员惊叹不已的例子。胡适说：

我所以提这件小事的意思，就是说明这一方式的民主会议程序的掌握，使我对民主政治有所认识，以及一个共和国家的公民在政治上活动的情形，也有更进一步的了解。这是多么有益的一种训练！[8]

唐德刚在评论胡适"学习议会程序"的体会时，不仅对孙中山的《民权初步》给予了积极肯定,而且还(不经意地)把"知道如何开会,会中如何决议,决议后如何执行"的"小道",视为衡量一个政治家"现代化"程度的重要标准。他认为:

孙中山先生是近代中国最高层领袖中凤毛麟角的 modern man,是真能摆脱中国封建帝王和官僚传统而笃信"民权"的民主政治家。他了解搞"民权"的第一步就是要知道如何开会,会中如何决议,决议后如何执行。这一点点如果办不到,则假民主远不如真独裁之能福国利民。中山先生之所以亲自动手来翻译一本议事规程的小书,而名之曰《民权初步》,就凭这一点,读史的人就可看出中山先生头脑里的现代化程度便远非他人所能及。[9]

将开会议事规程的重要性与政治家头脑的"现代化程度"、"假民主"、"真独裁"联系到一起,有些人可能难以理解,甚或认为这是唐德刚先生故意耸人听闻。其实,德刚先生所论是以近代中国历史为背景的,出言不能无据。比如,中山先生去世后有一段时间内,不少国民党人把汪精卫视为三民主义的"继承人",其时汪精卫也处处以中山衣钵传人自居。按理汪氏总该遵从国父遗教,从《民权初步》做起,推行三民主义吧,事实呢?此人不仅不守中山先生规制,甚至连国民党中执委全会(1937年2月)做出的"停止内战,与共产党建立统一路线"的决议也不执行,结果还做了日寇帮凶,成为头号汉奸。粗看,汪氏投敌与《民权初步》无干,细想,一个连《会议通则》这样的"民权初步"都不愿实行的人,又怎能奉行民族、民权、民生的三民主义?这不验证了唐德刚说的"这一点点如果办不

第一辑 开门见山还是山

到,则假民主……"等等的话么!或说在中国国民党史上蒋介石在这方面的表现比汪精卫有过之而无不及,此话若从实行《民权初步》的角度论,属实。比如,蒋介石为了使有利于国民党独裁的《中华民国训政时期约法》在国民党和国民会议的两个重要会议上顺利通过,就在会前大做手脚。他先动用赤裸裸的蛮横手段赶走中央机关和组织内的反对派,再在大会代表中塞进百分之七十九的支持者,随后又把国民会议的所有代表(四百七十七名)都换成国民党员。经过这么一番折腾,他建议的《中华民国训政时期约法》都以压倒多数先后在国民党中央全会和国民会议获得通过[10]。最令人瞠目结舌的是蒋氏玩弄鬼计操纵会议的手腕。1931年11月22日国民党第四次全国代表大会决定,为应对"九·一八事变"引发的社会不满,准备召开社会各界代表参加的"国难会议"。根据民意,此次会议本该讨论废除一党独裁体制,成立不受任何党派控制的联合政府。蒋介石审阅会议代表名单,发现一百八十九名大会代表中百分之八十以上不是国民党员,于是故意推迟会期,然后找各种借口增加二百名候补代表,其中绝大多数是国民党员。结果召开"国难会议"时,组建联合政府的议案被否决,"国难会议"竟然开成了以洪灾救援、国家财政预算、债务为主题的讨论会[11]。在蒋介石的一生中,类似这种"假民主、真独裁"的开会劣迹不胜枚举,我们读了还会认为唐德刚先生说的话是故意耸人听闻吗?假如,我们对此受经验的局限仍不能认同的话,那么我们至少不会对会议成灾、议而不决、决而不行的现象感到陌生;也不会不对会议这个过程中的缺乏"民主"感受深切;更不缺乏厌烦开会议事规程的"繁琐哲学"而吃的亏和惨痛教训。开会议事要保证民主,防范独断,而要做到这一点,开会议程法制化是必不可少的。

说起来可能有人不信,前苏联历史上许多破坏社会主义法制的灾难性事件,都得益于这种不讲究程序法制化的会议。那些昔日无人怀疑今天已真相大白的"大清洗"、"医生间谍案"……哪一件不是几个人议决、签名,交给办事机构立案,办周全了,再提交各种各样的会议讨论通过的?其中,很多关涉国家和个人命运的事都是在随意谈话(有时甚至是在私邸聚饮、戏闹)中萌生的"动念",一步步做成的。本来若按会议通则,"凡随意谈话,只是当动议之先导,而不能代动议之功能"。"欲在议场发生合法之提案,必当行正式之动议;倘随意谈话或随意拟议而得一般之同意者,不得收约束之效力"[12]。换句话说,一个人或几个人对国事或重大问题"动念"了,不经过"正式动议",通过合法程序审议,即使召开会议形成决议,也无效。道理就这么简单。从现已公开的材料看,惟一一次在会议"程序"上进行质疑、抗争的事,也发生在前苏联,那是赫鲁晓夫执政时期。1957年6月19日,赫鲁晓夫接见完匈牙利代表团后,突然接到苏共中央主席团(后改为政治局)的开会通知。赫氏身为苏共中央第一书记对这个突然召开的会议议题竟一无所知,感到十分吃惊。赶到会场,他在主席团内的反对派们不顾有人缺席,就以多数派的名义宣布主席团"全体会议"开始,讨论的议题就一个:关于撤消赫鲁晓夫第一书记职务的问题。会议展开了辩论,到会的十个人中,七人同意三人反对,多数派按照"少数服从多数"的原则,决定赫鲁晓夫下台。按照惯例赫氏只能服从,但是他不甘心自己这样输给反对派,情急之中提出,这种罢免不符合程序。理由是,他系按照党章规定的中央全会选出的,因此只有中央全会能决定他的命运。反对派不同意,双方就此展开辩论。辩论中赫氏的少数派故意拖延时间,一连争了三天。这期间少数派通过各种渠道与会外的中央

委员们取得联系,用空军飞机把分散各地的中央委员接到首都,结果主席团的多数派不得不同意召开中央全会。在全会上,多数派变成了少数派,按照"少数服从多数"的原则,全会否定了主席团的决议,赫鲁晓夫转败为胜[13]。无须赘言,这场戏剧性的"六月事件",充分暴露了这种只讲"少数服从多数",不严格规定会议程序的开会方法的缺陷。在事变过程中,反对派的"动议"没有经过什么提案"程序",是"突然袭击",而赫鲁晓夫的反击恰恰利用了苏共党章对党的第一书记罢免程序的含糊其词,结果里应外合反击得逞。

如此而观之,法制不健全理应包括执法程序不健全导致的维法机制不健全。本来这应是不争的事实,然而,由于多年积习成癖,乃至有一批相当级别的人把不按合法程序开会的方法与某种优越性挂钩,把开会议事做决定"没有那么多相互牵扯"(即没法定议事程序)当成"优越性"的证明。殊不知,"没有那么多互相牵扯"的程序,利索是利索了,但是也使祸国殃民的决议因"没有那么多相互牵扯"的程序出起笼来也利索顺当了。两相对比,一边是没程序"牵扯"的决议方便了掌权者,但决议错误概率高,祸国殃民的可能大;一边是有严格的议事程序,使掌权者决策感到"牵扯"制约多,但决议错误概率低,祸国殃民的可能小,最终福荫于民。权衡两者究竟孰取孰舍,不是一目了然么?偏偏有人说:不!

事情就这么有趣,表面上看被有些人视为"小道"的开会程序,技术性"小事"一桩,结果,倡导者认为它虽系《民权初步》,却事关共和"国事";拒绝者却视它为"议而不决"助长"清谈",有碍发挥"一做决议,立即执行"的"优越性"。看来,这里无论倡导者还是拒绝者,心底里都没把这事当成

"小道"、"小事"。只不过后者眼里的此事体大,在于关涉"优越性"问题而不是民主。话说到此,《民权初步》在某些时代命乖运蹇的深层原因可以不证自明了。因此我们得以了解那些说《民权初步》是"可笑的程序""繁琐哲学"的人中,并不都认为它是"小道"。正因为这部分人过敏的嗅觉觉得此事体大,关乎"国事",所以这"初步"迟迟不得迈出!现在的问题是,自上个世纪初至1949年中国一代代人追求现代化以来,出自各党各派、社会团体、仁人志士的政治现代化纲领、宣言不可谓不多,其中能真正实行的又有几何?真正从平民百姓的角度出发而不是从政治家、各级领导的角度出发设计参政议政方法的又有几何?凤毛麟角!而就在这凤毛麟角中,中山先生独居首席。于是这又使我们想起唐德刚先生说过的话:

我国的政治现代化运动中所缺少的不是建国的方略或大纲,而缺的却是这个孔子认为"亦有可观"的"小道"![14]

诚如是矣,谁听斯言?

注释:

〔1〕〔8〕〔9〕〔14〕唐德刚译注:《胡适口述自传》,华东师范大学出版社1993年版,唐氏语均见此书第76页注4,胡氏语见第55页。

〔2〕〔3〕〔4〕〔5〕〔6〕〔12〕孙中山:《建国方略》,中州古籍出版社1998年版,第437~438、332、331~332、332、333、332、333、352页。

〔7〕汤志钧编:《章太炎年谱长编》上册,中华书局1979年版,第553页。

〔10〕(苏)B.沃隆佐夫著:《蒋介石评传》,社会科学文献出版社1991年版,第92~93页。

〔11〕(美)易劳逸著,陈谦平等译:《流产的革命》,中国青年出版社1992年版,第200~202页。

〔13〕参见(苏)尼·谢·赫鲁晓夫著:《赫鲁晓夫回忆录·最后的遗言》,东方出版社1988年版,第39页;(俄)尼古拉·津科维奇著,郐友昌等译:《权力与争斗》,东方出版社2000年版,第238~257页。

(王士俊 文,原载《书屋》2003年第2期)

国家建设视野下的清末宪政改革

光绪三十二年七月十三日（1906年9月1日），清廷发布"宣示预备立宪先行厘定官制谕"，这一谕令不仅昭示了清末宪政改革的方向，而且体现了清政府建设现代国家的决心：

光绪三十二年七月十三日内阁奉上谕：朕钦奉慈禧端佑康颐昭豫庄诚寿恭钦献崇熙皇太后懿旨，我朝自开国以来，列圣相承，谟列昭垂，无不因时损益，著为宪典。现在各国交通，政治法度，皆有彼此相因之势，而我国政令积久相仍，日处阽险，忧患迫切，非广求智识，更订法制，上无以承祖宗缔造之心，下无以慰臣庶治平之望，是以前派大臣分赴各国考察政治。现载泽等回国陈奏，皆以国势不振，实由于上下相暌，内外隔阂，官不知所以保民，民不知所以卫国。而各国之所以富强者，实由

第一辑 开门见山还是山

于实行宪法,取决公论,君民一体,呼吸相通,博采众长,明定权限,以及筹备财用,经画政务,无不公之于黎庶。又兼各国相师,变通尽利,政通民和有由来矣。

时处今日,惟有及时详晰甄核,仿行宪政,大权统于朝廷,庶政公诸舆论,以立国家万年有道之基。但目前规制未备,民智未开,若操切从事,涂饰空文,何以对国民而昭大信。故廓清积弊,明定责成,必从官制入手,亟应先将官制分别议定,次第更张,并将各项法律详慎厘订,而又广兴教育,清理财务,整饬武备,普设巡警,使绅民明悉国政,以预备立宪基础。著内外臣工,切实振兴,力求成效,俟数年后规模粗具,查看情形,参用各国成法,妥议立宪实行期限,再行宣布天下,视进步之迟速,定期限之远近。著各省将军、督抚晓谕士庶人等发愤为学,各明忠君爱国之义,合群进化之理,勿以私见害公益,勿以小忿败大谋,尊崇秩序,保守平和,以豫储立宪国民之资格,有厚望焉。将此通谕知之。钦此。[1]

"现在各国交通,政治法度,皆有彼此相因之势……"表明了清末国家建设的国际背景。十九世纪五十年代以来,西方资本主义在全球的扩展不仅意味着经济和军事的霸权,而且意味着制度和文化的霸权。以民族国家面目出现的西方列强对清帝国的统治造成极大的冲击,它迫使古老的中国进行自我改造,即从传统的多元帝国向现代民族国家转型。在清末朝野精英的观念中,国际环境是和现代民族国家的建设勾连在一起,西式的立宪政体成为现代民族国家的基本制度特征,此即"各国之所以富强者,实由于实行宪法"。也正是在这种语境中,1905年日本对俄国战争的胜利,被视为立宪政体对专制政体的胜利,日本的君宪政体成为中国效仿的榜样。在到过国外考察宪政的大臣载泽看来,"今日外人之侮我,虽由我国势之弱,亦由于我政体之殊,故谓为专制,谓为半开化而不以同等之国相待。一旦改行宪政,则鄙我者,转而敬我,将变其侵略之政策,为平和之邦交"[2]。这种"制度决定论"固然有着较多的浪漫想象成分,但却成为当时颇为流行的思维模式,"立宪"二字俨然成为士大夫和舆论界的"口头禅"。可以说,清末宪政改革和民族国家建设紧密相关,不可分割。实际上,在二十世纪的最初十年,清政府在进行宪政改革的同时,还积极致力于维护中国国家主权的完整,取得颇多成就。清政府在遵守国际条约的同时,积极利用国际法知识维护中国的权益,并在西藏、蒙古和东北等边疆地区实施新政,加强地方政权建设,以应对来自列强的侵略威胁。清政府还通过修约谈判,在协定关税、最惠国待遇、治外法权、传教特权等诸方面迫使西方列强让步,这在一定意义上提升了中国的国际地位[3]。但是,在弱肉强食的国际竞争中,作为弱国在很多时候并不能真正保障中国主权的完整,这是日渐衰弱的清末政府所面临的困局,这种困局削弱了清政府的政治合法性,而政治合法性资源的日渐流失,又制约了清末改革的效果。

"大权统于朝廷"是清末宪政改革的指导方针,它表征了改革的"集权"倾向,其目标指向一个集权性质的现代民族国家。西方民族国家的强大,在于它们均具备中央集权的特征,国家具有强大的财政和军事动员能力(即迈克尔·曼所言的"基础性权力")。传统中国的"专制能力"固然很强,但"基础性权力"却较为弱化,清末宪政改革的目标是削弱"专制能力"、增强"基础性权力",从而使中国真正变成一个强大的国家。如谕令中所言,中国"国势不振,实由于上下相暌,内外隔阂,官不知所以保民,民不知所以卫国"。"上下相睽"表明中央政府相对于地方政府而言缺乏足够的权威;"内外隔阂"则表明了国家渗透能力和汲取能力的不足,宪政改革的目标即是要从根本上扭转这种局面。尤其是清末以来地方主义趋势的加强,使得集权导向的改革更显紧迫性,因为在任何一个现代国家,缺乏权威和整合能力的中央政府不可能是强大的政府,这样的国家也不可能成为强大的国家。正是基于如上原因,财政和军事集权成为清末宪政改革的重要内容,此即谕令中所言的"清理财务,整饬武备"。故而,谕令中的"大权统于朝廷"不同于传统体制中的"专制集权",而是具备了建设现代集权国家的内涵。清政府一方面致力于集权导向的制度化建设,以使国家具备韦伯所言的理性化特征。同时,它又以宪法的形式对皇权进行了规制,从而使国家政体日趋走向近代意义上的君主立宪制。1908年颁布的《钦定宪法大纲》固然规定了种种"君上大权"(而将"臣民权利义务"置于附属地位),但这种君权乃是受到宪法约束的君权,与传统君权有着根本的不同,这种君主制类似于欧洲近代史上的"绝对君主制",带有鲜明的过渡性特征。也就是说,皇权的维护是为了防止国家控制能力的丧失和分裂局面的出现,一旦集权国家建设得以完成,君主权力将会走向虚置而逐渐变成一种象征性权力。清末的最高统治者试图构建一个绝对君主的形象作为政治改革的中心,进而建设一个集权性质的现代国家,虽然它没有取得最终的成功。清末集权改革的失败首先是因为中央政府的衰弱,其次则是因为地方分立势力(督抚和地方士绅)的反抗。法国思想家托克维尔曾言,对于一个坏政府来说,最危险的时刻通常就是它开始改革的时刻[4]。我们也可以说,对于一个孱弱的政府而言,最危险的时刻就是它开始集权的时刻。如何建设一个集权性质的现代国家,考验着当时政治家的智慧。

"庶政公诸舆论"表明清政府开始致力于现代公民国家建设,政治参与成为国民的一项基本权利,这意味着传统意义上的"臣民"向现代公民的转换。《钦定宪法大纲》规定了公民所应该享有的"言论、著作、出版、集会、结社"等诸种权利和自由。清政府还颁布《大清报律》《钦定报律》、《集会结社律》等宪法性法律以进一步规范上述权利和自由。同时,近代性质的议会机构(中央资政院和地方咨议局)得以创建,选举开始试办,且基本上是成功的。由此可见,清政府在进行集权改革以增强国家权威资源和行动能力的同时,还试图将其权力奠基于民众同意和政治参与的基础之上,进而增强国家权力的合法性。此外,在最高统治者看来,立宪政体和现代国家建设都必须以发达的"民智"为基础。由于"目前规制未备,民智未开,若操切从事,涂饰空文,何以封国民而昭大信",故而,清政府的首要工作是致力于现代国民的统合和塑造。清政府以制度手段进一步消除满汉畛域,并将"忠君、尊孔、尚公、尚武、尚实"列为教育宗旨[5],以教育为手段培育和促进国内各民族的国家认同。"忠君"意味着"君民一体",以君权为中心建立一个强大的君主立宪制国家;"尊孔"意味着以文化认同作为增强国家认同的必要手段,从而建立现代国家的意识形态基础;"尚公"则意味着"勿以私见害公益",增进国民的公德意识;"尚武"作为军国民教育的组成部分,是一种增强国民体质、培育国民爱国意识的直接手段;"尚实"意味着讲求"农工商各科实业",发展资本主义性质的工业和商业,为民族国家的建设奠定强大的物质基础。当然,清政府期望培育的是"忠君爱国"的国民,它所主张的是渐进有序的政治参与(所谓"尊崇秩序,保守平和"),这决定了清政府与公民社会领域在诸多问题上

第一辑 开门见山还是山

不可能完全达成一致。在最高统治者看来,宪政改革必须秉持渐进稳妥的精神,即"俟数年后规模粗具,查看情形,参用各国成法,妥议立宪实行期限,再行宣布天下,视进步之迟速,定期限之远近"。但是,渐进式改革很难为社会舆论界接受,立宪派和新知识群体(尤其是青年学生)认为必须加快改革的步伐,并为此发动多次国会请愿运动,这使得清政府穷于应付,并最终迫使清政府宣布提前三年召开国会。只是,政治改革和国家建设的加速度往往造成政治体系的严重超载,改革难以取得成功。清末宪政改革为公民的政治参与提供了空前的机遇,表现为大量新式社团的组建、日渐活跃的新闻舆论界和大规模社会运动的兴起。然而,清政府作为一个衰弱的政府,国家行动能力有限,缺乏对社会运动的整合能力,其制度建设的成效也难以赶上政治参与的扩张速度,这导致了政府和社会领域的严重对抗。最后,以"保路运动"为契机,这种对抗最终演化为革命的爆发。在创建现代公民国家的过程中,如何保持政府集权和政治参与之间的平衡和良性互动,同样考验着政治家的智慧。

认为清末统治者有着建设现代国家的雄心,是否过于拔高了他们?清末统治者难道不是非常腐朽的么?问题显然不是这么简单。实际上,面对内外交困的政治局面,最为忧心的还是统治阶层,毕竟,这不仅关涉到他们的身家性命,而且关涉到中国国家的未来。任何一个稍有抱负的政治家,都试图把握政治航船的方向。清末统治者和政治精英并非不努力,慈禧的目标即是建设一个强大的中央政府和现代国家,她希望中国能走上一条类似日本的强国之路。但是,宪政改革最终还是以失败而告终,这只能归结为遇到了难以克服的障碍(巴林顿·摩尔在《民主与专制的社会起源》一书中认为,当时的中国缺乏建立现代国家政权的社会基础)。一般而言,现代国家转型过程中先后会出现四种危机——民族国家认同的建立、中央政府的集权化和制度化、政治竞争的开放和普选权的开放。早发的欧美国家在遭遇这些危机的时候,可循序渐进的分阶段解决(先实现国家的统一和集权,然后再进行民主分权),所以政治比较稳定,民主也比较巩固[6]。而在中国这样的后发国家中,上述危机常常同时出现,从而造成一种全面危机的局面。这种全面危机对政治家的智慧、手腕以及把握机遇的能力提出了更高的要求。不幸的是,在清末国家建设的关键时刻,慈禧和光绪的同时去世造成了权力的真空局面,而年轻的摄政王载沣缺乏足够的权威和驾驭能力,风雨飘摇中的清王朝很快走向覆亡。

清王朝虽然覆亡了,但它在国家建设方面的努力、经验和教训却值得我们认真审视。我们必须首先摒弃历史研究中常常出现的"后来之见",即我们不应因清政府最终走向覆亡而否认它为现代国家建设所做出的种种努力(或者评价太低),多一点"同情式理解"是必要的。理性的学术分析不应容忍"过度的同情"或"一棍子打死",那样只会变成"辩护士"或道德批评家。这意味着我们必须尽可能站在客观立场上,对政治发展中存在的种种现象作出解释,而不轻易为任何偏见或立场所左右。而且,在很多时候我们必须深入历史的内部结构之中,尤其是站在当事人的角度,才能避免外在式的肤浅分析。再就是,我们必须关注清政府的重大政治决策,以判断其是否符合政治发展的基本趋势,进而做出评价,而不应纠缠于历史的细节,将统治阶层的种种腐败和倾轧行为视为改革失败的基本原因。如果我们认真审视清政府的各种改革举措,便会发现其中多有可圈可点之处。当时,最高政权对于舆论界的要求是颇为敏感的,诸如废除科举、教育改革、鼓励商会、颁布宪法大纲、法制改革等等,均在

第一辑 开门见山还是山

很大程度上体现了新兴阶层的呼声、愿望和利益。最后，我们必须认识到，改革的主观目标和客观效果常常是相互背离的。在主观目标上，清政府希望维护自己的统治，建设一个强大的现代国家，并增强对社会领域的政治整合能力，从而巩固政治权力的合法性基础。客观上，它的某些改革措施(如废科举和成立咨议局)恰恰造就了自己的"掘墓人"，增加了社会领域的离心倾向（立宪派和地方绅士最终选择与清政府决裂的立场，辛亥革命在很大程度上是一种士绅革命）。这反映了政府"保守"与民间"激进"两种不同政治品性和行为取向的对抗，同时也表明了中国从传统国家向现代国家转型过程中所面临的困境。

清末宪政改革构成二十世纪中国国家建设的重要一环。就二十世纪中国的长期发展趋势来看，国家建设成为最核心的政治主题，无论是改革抑或革命均以独立富强的现代国家为目标追求。"二十世纪，中国发生了翻天覆地的伟大历史变革"，此处的"变革"既包括"革命"又包括"改革"，在很多情况下正是因为改革道路不通，"革命"才作为一种替代路径兴起。清末宪政改革、辛亥革命、国民革命虽然在国家建设上取得一定成效，但它们均没有取得最终的成功，近代中国的全面危机直到作为全能型政党的中国共产党的出现并以彻底革命的方式才得以最终克服。为了实现国家的真正统一和政治整合，这种全能型政治是十分必要的，虽然它对新中国的政治发展带来一定的负面影响。1949年后，新中国在制度建设方面固然还有很长的路要走，但一个主权独立、基本上统一的国家已经呈现在世界面前，这成为此后中国国家建设的基本前提。新中国前三十年的国家建设虽经历颇多曲折，但仍取得了相当的成就，对此我们必须采取客观审视的态度，而不宜作出任何简单的评断，尤其不应该将前三十年和后三十年对立起来进行表述。没有前三十年奠定的政治和经济基础,没有前三十年在国家建设方面的经验和教训,后三十年的国家建设不可能顺利展开。当代中国的国家建设取得了巨大成就,但仍然面临一系列挑战。如何加强部分少数民族的国家认同,如何加强国家的制度化和法治化建设,如何处理国家与公民社会领域的关系,仍在考验着当代中国的政治精英的智慧。如何建设一个富强、民主、文明的社会主义国家,仍然需要中国人民不断地进行探索。

注释:

〔1〕故宫博物院明清档案部编:《清末筹备立宪档案史料》,中华书局1979年版,第43~44页。

〔2〕夏新华等整理:《近代中国宪政历程:史料荟萃》,中国政法大学出版社2004年版,第41页。

〔3〕李育民:《中国废约史》,中华书局2005年版,第47、123~179页。

〔4〕(法)托克维尔:《旧制度与大革命》,冯棠译,商务印书馆1992年版,第210页。

〔5〕舒新城编:《中国近代教育史资料》(上册),人民教育出版社1961年版,第222~226页。

〔6〕吴文程:《政治发展与民主转型——比较政治学理论的检视与反思》,吉林人民出版集团有限责任公司2008年版,第159页。

(**郭绍敏** 文,原载《书屋》2010年第2期)

第二辑 新名有循于旧名

反抗革命：晚清宪政改革再认识

> 青山遮不住，毕竟东流去。
>
> ——南宋·辛弃疾

一、历史困局下的无奈选择：宪政出场的历史语境

中日甲午战争，中国海军舰队——北洋水师——全军覆没，随后中国与日本签订了自1840年以来最不平等、赔款数额最为巨大的《马关条约》，连满洲贵族的老家东北也差点都保不住，这立刻成为维新派要求实行制度变革的最新论据。早就在鼓吹维新变法的康有为梁启超们诱使人们相信：日本这样一个蕞尔小国而能战胜中国这样的泱泱大国的根本原因在于日本进行了明治维新，实行了宪政；中国要走出危局，只有迅速变法。

第二辑　新名有循于旧名

维新变法迅速成为社会上流传的各种救亡方案中最受人们欢迎的一种。"推动变革的政治精英已经认识到，由于传统政治体制本身的僵直和专制，文化的强大惰性，局部政策调整远不足以解决民族生存危机问题，推动更大规模的制度创新是摆脱危机和实现富国强兵的必由之路"[1]。连洋务派中的稳健派代表李鸿章也认为"至于根本大计，尤在于变法自强"[2]。《马关条约》和德国强占胶州湾的现实坚定了人们变法求存的信心。刚刚亲政的光绪皇帝在舆论影响下被维新派的真诚呼吁所激动，于1898年6月11日"根据御史杨深秀和侍讲徐致靖的奏章下诏定国是，宣布变法"[3]。随后的一百零三天里，清廷共颁布三十多道诏书，发布改革政令，在军事、经济、政治、文化各个方面发动全方位的维新运动。

同时，宫廷政治斗争也在暗中影响着政治改革，改革派毫无保留地和皇帝站在一边，他们一致认为慈禧太后的"掣肘"是改革最大的阻力，只有排除了她在政治上的存在，改革才有可能进一步推进。于是，一帮手无缚鸡之力的穷书生对有实力且对外形象开明、对维新表现出很大兴趣的袁世凯产生了政治幻想，指望通过他来铲除慈禧太后的政治存在。袁世凯老谋深算，哪里会听命于他们，正当他们满怀憧憬的勾画未来的政治蓝图的时候，袁世凯出卖了他们。慈禧太后一乘青衣小轿、两个随从就足够让年轻而软弱的改革派皇帝发抖了。然后就是皇帝被囚禁于瀛台，改革派或被砍头于菜市口或流亡海外，作鸟兽散。看起来轰轰烈烈的政治革命仅仅存在了一百零三天就匆忙结束。一百零三天的时间太短，历史没有给维新派太多时间去实践他们的政治方案，改革派许多雄心勃勃的改革计划只好胎死腹中。

戊戌变法结束后，保守派官僚徐桐等人成为新的政治主流力量，除了京师大学堂之外,其他的改革措施一律予以废除。西方列强对戊戌变法暧昧的支持态度使慈禧太后十分恼怒,渐渐萌生对西方的敌意。义和团运动恰恰在这时发生。在保守派官僚向慈禧太后就义和团事迹的转述中,义和团反西方的一面被大肆渲染,反清的一面则被忽略。慈禧太后对此表现出极大兴趣。而义和团本身并没有严密的政治和军事组织,也没有明确的政治目的,反清灭洋仅仅是人们的一个口号而已。慈禧太后对义和团表现出的兴趣使整个官僚体系对义和团都转变态度,从积极镇压变成消极默许。义和团领袖们受到精神上的鼓励,放弃自己的反清口号,开始全面"灭洋",包括火车铁路和电线杆在内的所有来自西方的东西都被当成反对对象,一概加以排除。慈禧太后在重新掌握权力后准备废掉光绪皇帝的想法遭到西方国家的反对,她便唆使义和团攻击外国使馆,并在暗中支持,给义和团战士提供枪炮弹药。按照现代国际法的观点,使馆是一个国家的主权组成部分,西方国家认为这是对他们的战争行为,就组织军队从天津登陆,一直打到北京。义和团本身就没有受过军事训练,不堪一击,受控于袁世凯的正规军又按兵不动,所以,八国联军几乎没有遭遇什么像样的抵抗就轻而易举地进入了清帝国的都城烧杀抢掠。慈禧太后只好挟持光绪皇帝"西狩",逃往西安。八国联军洗劫北京后,清廷被迫与他们签定又一个丧权辱国的不平等条约——《辛丑条约》,史称"庚子之变"。"西狩"途中,慈禧太后以皇帝的名义下罪己诏,同时命令各省督抚及政府大员议奏改革的具体办法。

清政府在1901年的上谕中称:"此次内讧外侮,仓猝交乘,频年所全力经营者毁于一旦。是知祸患之伏于隐微,为朕所不察者多矣。惩前毖后,能不寒心?自今以往,凡有奏事之责者,于朕躬之过误、政事阙失、民生之休戚,务当随时献替,直陈无隐。当此创巨痛深之后,如犹恶闻诤论,喜近谀险,朕德虽薄,自问当不至此。"[4]这道上谕表明,清政府再次在危机存亡的关头想到了改革。在随后的一系列谕旨中,朝廷明令全国各地大员及政府要员"备就现在情弊,参酌中西政治"提出改革办法。是年4月25日,北洋大臣袁世凯率先上呈变法奏折[5]。同年7到8月间,两江总督刘坤一与湖广总督张之洞联衔上呈著名的"江楚会奏变法三折"。从1901年开始,朝廷主导下的改革在各个方面逐步展开,一些从制度上进行改革的呼声也慢慢出现。

就在国内出现改革呼声的同时,日俄战争的结果再次加强了人们"宪政救国"的信心。按照当时人们的理解,正如当年战胜中国一样,小小的日本能够战胜强大的俄国的原因在于日本实行的宪政。正处于民族深重危难中的中国人对于宪政的功效有了更加浪漫的想象,甚至希望能够立竿见影。1904年,驻英公使孙宝琦上书朝廷请求立宪,地方大员中的重要人物如两江总督周馥、湖广总督张之洞、两广总督岑春煊等纷纷响应[6]。1906年,慈禧太后在召对中问张之洞如何平息留洋学生排满,张之洞轻描淡写地说:"只须立宪,此等风潮自然平息。"宪政在各方面的不同期待中正式出场了。

二、武装反清:革命派的活动

1894年,孙中山上书两广总督李鸿章请求变法,李不予答复。孙情绪低落,转而起程旅欧,归来后,与爱国资本家何宽在檀香山成立兴中会,开始准备策动革命。差不多同时,香港商人杨衢云在香港发起成立辅仁文社,作为革命组织。不久,孙与杨会合,两个组织在合并为兴中会总部后,积极筹备起义[7],并提出"驱除鞑虏,恢复中华,创立合众政府"[8]的口号,确立反清革命宗旨。

1895年,革命派在广州筹划第一次起义,但在中途流产。随后,孙中山流亡英美,把自己在伦敦被捕和脱险的经历写成《伦敦蒙难记》,该书在英国的畅销使孙中山的中国革命领袖地位确立起来。孙中山在1897年与该书的俄文译者谈话时针对国内方兴未艾的维新变法活动表示:"目前中国的制度以及现今的政府绝不可能有什么改善,也决不会搞什么改革,只能加以推翻,无法进行改良。"[9]同年内,孙中山还在《伦敦蒙难记》及相关文章和谈话中明确宣布了革命的目的是建立"一个负责任的、有代表性的政体",他自己则"对立宪政府和文明国民意义的认识和感受愈见坚定",可见他认为革命是建立立宪政府的惟一途径。进一步而言,孙中山事实上也认为宪政是中国走出危机的惟一选择,与国内的立宪派所不同的仅仅是道路选择上的分歧,在近期目标上都是通过立宪政治挽救民族危亡。但上书遭冷遇使他对温和的道路最终绝望了,而康有为则因为受到朝廷的重视而不愿意放弃改良。同时,太平天国残部的反清力量大量分散于广东及香港,形成的帮会势力,使孙中山认为自己反清的路途上并不孤单,他和他们取得了联系,并开始依靠他们发动军事暴动。

为争取革命力量,孙中山在国外大倡激进革命的同时,也暗地里与康梁派通好,一方面以过来人的身份劝说康有为放弃改良,一方面以同志身份与他们共同探讨救国方略,议论时事。但其时正值康、梁在国内走红之际,康有为认为与孙中山这样的在逃犯交往不利于自己的声名,便拒绝与孙中山通好。变法失败后,康有为率梁启超和大批维新变法的信徒流亡日本。孙中山再次伸出橄榄枝，托人转告康有为，认为"非革命，国家必无转机"，劝他改弦易辙，共商革命大计。康有为却不领情，大谈"无论如何，不能忘记今上"，先后流亡日本、英国、加拿大，成立保皇会，并自任会长，高唱反对暴力革命的论调。梁启超作为康有为的得意门生、维新派的第二号人物，识见与乃师大不相同。他主动接近孙中山，同情革命，并以《清议报》为阵地，为革命派大做政治宣传，直到1903年[10]。在这段时期，梁启超与康有为处于事实上的分裂和对立状态，他不但很少为康有为的保皇主张奔走，反而连续在《清议报》上发表《俄公使论中国瓜分之易》、《爱国论》、《中国积弱溯源论》、《自由书·国权与民权》、《十种德性相反相成义》等文章[11]，驳斥专制主义，阐发民权与宪政等思想。1900年，孙中山一面争取李鸿章在广东割据独立，一面通过梁启超的弟子唐才常等人在国内发动自立军起义。虽然这次起义又和以往的所有起义一样失败了，但却使原本拥护康有为的保皇主张的一部分人分化到革命派阵营中来，壮大了革命力量。梁启超也用自己丰富的舆论宣传经验和畅快淋漓的文字鼓舞了许多留日学生，使他们成为二十世纪初期革命的骨干力量[12]。

1900年，孙中山策划了惠州起义。同时，国内不同于孙中山的具有政治反对力量色彩的组织也渐次出现，并且规模较大。1902年4月蔡元培在上海发起成立的中国教育会，名为编写教材，实则另有所图。1903年，黄兴在内地长沙发起成立华兴会。这些团体自动组织拒俄运动，遭到镇压之后漂流日本，和正在日本进行革命宣传的革命者一起，在1905年合并为同盟会。

受到新政政策的影响，从内地东渡日本留学的中国留学生人数在二十世纪开始的几年里激增,而且呈逐年上升趋势。这些人在日本受到革命宣传鼓舞的同时,又亲眼目睹了清政府每况愈下的政治现状,也开始自办刊物,讨论时政和革命思想。1903年初《湖北学生界》在东京问世之后,其他省的留学生也纷纷效法,《直说》、《江苏》、《浙江潮》等陆续创刊,有些刊物的影响甚至远及国内。同时,《革命军》、《猛回头》、《警世钟》和《驳康有为论革命书》也出版刊行,从国外悄悄流传到国内。《苏报》在上海出版,从国内影响最大的反清革命宣传刊物,创刊仅仅三十七天就遭到封杀,就此由章太炎与政府在租界的法庭上公开为之辩论,"清廷虽讼胜,而章不过仅得囚禁两年而已。于是民气为之大壮"[13]。《苏报》被封后,原《苏报》另一主要人物章士钊又创办《国民日报》,继承《苏报》宗旨,继续进行革命宣传。同盟会成立以后,创立《民报》[14],作为机关刊物和舆论阵地,随后立即由汪精卫、胡汉民、陈天华、朱执信等人主笔,与重新回到康有为门下的梁启超主笔的保皇派刊物《新民丛报》展开辩论,澄清了革命的主张和可能的后果,也驳斥了保皇派的无谓担心——他们担心中国革命会遭到列强干涉,并由此引发中国被瓜分的浪潮。

革命派一边同保皇派进行论战、宣传革命,一边积极筹备和发动武装暴动,一边也偶尔从事暗杀活动。1905年以后,革命宣传逐渐淡化,直接的武装暴动成为革命派的主要活动。此后的几年里,由孙中山以同盟会的名义在西南地区发动了几次比较大的起义:

自同盟会成立至武昌起义前夕,凡六年间,同盟会和受同盟会影响的国内其他反清分子组织和领导了十一次规模较大的武装起义。它们是:(1)1906年12月由同盟会骨干刘道一、蔡诏组织发动,由湖南会党领

袖龚春台具体指挥的"萍浏醴起义";(2)1907年5月与孙中山有联系的会党领袖陈涌波领导的潮州黄花冈起义;(3)1907年受孙中山指派的会党领袖邓子瑜领导的七女湖起义;(4)1907年7月光复会会员徐锡麟发动安庆起义;(5)1907年8月会党出身的同盟会会员王和顺领导的钦州防城起义;(6)1907年12月孙中山、黄兴直接领导的广西镇南关起义;(7)1908年3月黄兴直接领导的马笃山起义(又称"钦廉止思之役");(8)1908年孙中山委派会党领袖黄明堂领导的云南河口起义;(9)1908年11月安徽岳王会成员熊成基领导的安庆新军起义;(10)1910年2月同盟会会员倪映典(原岳王会会员)领导的广州新军起义;(11)1911年4月黄兴直接领导的广州"黄花冈起义"[15]。

其中,1907年就有五次之多。1908年以后,回国后加入国内新军的留日学生在内部自觉地组织共进会、文学会一类的组织,暗地里发展革命力量,策划武装起义。武装起义逐渐转变成有组织、有计划的革命活动。

三、反抗的行动:宪政改革的过程

早在1901年,梁启超就提出"派重臣三人游历欧洲各国及美国日本,考其宪法之异同得失……以一年差满回国"[16]的建议,但未被重视。朝野上下就立宪取得一致意见后,由朝廷的军机大臣瞿鸿禨等人重新提出,得到朝廷首肯。随后,朝廷派镇国公载泽等五位大臣远涉重洋考察宪政。宪政考察团回国后,大肆宣扬宪政国如何上下一心,民风如何淳朴,建议朝廷实行宪政。1906年,清廷向国内外宣布"预备仿行立宪"。同时,张謇在上海发起成立由郑孝胥任会长的预备立宪公会；1907年，梁启超在日本听到消息后，也成立政闻社，研究各国宪政模式，为以后的参与做准备；杨度在东京组织以拥护朝廷的人为主要成员的宪政讲习会。除上述三个为君主立宪做准备的研究团体之外，比较有影响的地方性君宪团体还有"广东的粤商自治会、湖北的宪政筹备会、贵州的宪政预备会和自治学社等"[17]。各地士绅纷纷自发组织这种预备立宪团体，讨论和研究宪法，准备在正式立宪以后参与政治活动。

1905年，载泽等五大臣出洋考察归来以后，朝廷对日本的立宪君主制表现出很大兴趣，于是再派达寿等人到日本专程考察。考察的结果是，1906年9月1日清廷发布"预备立宪"的上谕，诏示天下，表明立宪决心。第二天宣布改革官制，派载泽等十四人编纂改革方案，由奕劻、瞿鸿禨、孙家鼐总司核定。同月6日，编制馆成立，开始做政府机构改革的准备。11月6日，发布厘定官制上谕，正式改革官制。在公布的十三名内阁成员中，满人占七人、蒙古人一人、汉人五人，比原先规定的满汉对等原则下的官制倒退了一点。1907年秋，宪政讲习会向政府呈递请愿书，要求速开国会。各省闻风响应，政府迫于舆论压力，于1908年8月，一面以"明图煽动，扰乱治安"为罪名查禁政闻社，一面公布由宪政编查馆编写的《宪法大纲》，并宣布以九年为预备期限，承诺在"光绪四十二年"实行君主立宪政体。同时宣布，在第一年内各省成立咨议局，为资政院的成立做准备。1909年12月，奉天、吉林、直隶、江苏、湖南等十六省的咨议局代表在上海聚会，以直隶咨议局骨干孙洪伊为代表第二次进京请愿，要求速开国会。1910年1月初，清政府收到请愿书，13日发布上谕，称"筹备既未完全，国民知识程度又未画一"为由拒绝请求。6月16日，请愿团第二次上书请求,清廷仍然拒绝松口。10月,参加请愿的人数急剧增加,规模扩大,不少省份出现游行请愿活动,清廷迫于压力,应承于"宣统五年"开国会。一部分请愿者对这个结果仍然不满意,继续扩大活动,要求立即开国会。政府恼羞成怒,强行镇压了这次请愿运动。之后,政府在1911年5月抛出"皇族内阁",政治形势恶化。9月,四川爆发"保路运动",遭到镇压后,同月25日,荣县宣布独立。10月,辛亥革命爆发,清政府倒台,宪政改革半途而废。

1908年,慈禧太后与光绪皇帝先后去世,溥仪登基,改元宣统,由载沣摄政。慈禧太后虽然凶残贪婪,但她遇事有决断力,操权柄已有四十余年,政治经验丰富,各省督抚有很多人是她提拔起来的,对她怀有敬服感情,她的去世使政府改革失去这些督抚们的有力支持。光绪皇帝在戊戌维新中树立了一个开明皇帝的形象,使许多立宪派在心理上有所寄托,不肯贸然反清反帝。比之于这两人,载沣和隆裕太后无论是政治经验政治号召力还是政治权术,都是不够的,都不足以领导改革。载沣"做一个承平时代的王爵尚可,若仰仗他来主持国政,应付事变,则决难胜任","隆裕太后之为人,其优柔寡断更甚于载沣,遇着极为难之事,只有向人痛哭","两人不仅平庸无能,还勾心斗角"[18]。

1908年之后,国内立宪派加紧活动,意欲谋求速开国会,使政治加入了一个不稳定因素;在国外的革命者也一直都在准备起义,政治形势危急,但国家的政治权力却落到了更加"平庸无能"的人手中,这对改革而言自然是非常不利的。载沣的无能和短视果然导致了"皇族内阁"和"铁路国有"政策的出台,这两个政策正是引发保路运动的导火线,而保路运动又恰恰是武昌革命的前哨。对于一个朝代来说,他们或多或少都应该承担一点历史责任。毕竟,一个曾经兴盛而庞大的帝国最后是在他们手里结束的。作为一次"政治近代化的努力"[19],清廷所遭遇的政治环境也是极其困难的,宪政的命运也就有些不幸了。

从这些改革的现实结果来看,改革不但没有缓解清廷岌岌可危的政治形势,反而诱发了许多先前潜在的不稳定因素,加上清廷在其他方面改革的失误措施造成的恶劣后果,使危机进一步加深了。前面提到的预备立宪计划引发的社会舆论的焦躁情绪,使人们往往处于冲动之中,任何一个小事件都可能在得不到控制的时候激变为针对政府的大规模抗议行动,从而引起不必要的麻烦。咨议局的成立使社会精英们容易形成相当稳定的政治沙龙,经常性的讨论使他们有条件对于某一政治问题取得一致意见,形成对政府的压力。比如,当政府已经答应速开国会的时候,一部分激进的人士就增加了信心,希望通过进一步施加压力以得到更大的让步,政府不答应他们的要求,他们就成为社会上带有悲壮色彩的英雄,容易引起人们的同情和支持,使更多的人参加进来,并采取更加激烈的行动,从而导致政府陷入孤立,最后不得不以暴力镇压的方式平息这种冲动。而武力镇压又反过来进一步恶化政府和民众之间的关系,双方之间的对抗更加激烈。地方自治运动也是一样。它让地方官僚与地方上的社会精英之间形成一种默契,结成政治利益集团,地方政府甚至有时支持地方咨议局针对中央政府的抗议行动和抨击言论。这些如果站在政府的立场上看,对于改革的顺利推进显然是不利的。这样,政府就处于一种两难的境地之中,现实的政治形势要求它进行改革,但改革又不能使社会上的政治要求得到满足,反而容易诱发出对它自己更加不利的政治要求,不断加码的政治要求使人们失去政治理性。当人们失去政治理性以后,政治形势也就像等待爆发的火山一样可怕了。换言之,在这种形势下,不改革是亡,改革了也还是亡,而且更早了。

四、清廷的枷锁:宪政面临的现实环境

政治举措失当,政柄易人,这些都是一些技术上的原因。一个庞大帝国的覆灭不仅是由这些造成的,也有内在复杂的社会、历史和政治原因。

政治认同危机。中国学者好以中国晚清与同期的日本相比较,认为中国改革失败的原因仅仅在于技术层面,在说"历史是不能假设的"的时候,其实是假设了"如果不是这些原因,宪政或许已经成功了"的。但是,这些学者至少忽略了两者之间一个显著的不同之处。日本在变革开始之前通过倒幕运动打破了以前的割据局面,重建了中央政府的威信和权威,也重建了一般民众对政府的信任和认同。而且,日本的民族文化心理中还有"忠于天皇"的成份存在,这些对晚清政府来说都是没有的条件。清政府的腐败无能众所周知,人民对它已经毫无信任可言,它也没有在任何一场战争中取胜,历史也没有给清廷提供其他整合政治认同的机会;中国文化也不支持对皇帝的无限崇拜和效忠。与日本民族的天皇崇拜心理相比,中国的文化心理更倾向于现实主义,中国历史上的王朝兴替也让人们相信,一个王朝在它的末日来临时没有任何东西可以挽救它,只有"顺天革命",而清末的情形恰好和历史上所有已经灭亡了的王朝一样,暴露出了灭亡的征兆,人们有理由认为这个王朝已经走到了自己的终点,没有人可以挽救。与其说一般的下层民众期待现在的王朝通过改革来实现政治的清明和对他们生活环境的改善,倒不如说他们更希望能有一个新的王朝出现[20]。对于一次自上而下的政治改革,政府权威究竟如何对于改革的成败有决定性的作用。

1901年以来的新政非但未能缓解原先的政治危机,改善人们的生活状况,反倒增加了许多原本没有的捐税。沉重的民族灾难和艰难的生活环境逼得农民们造反,下层农民群众纷纷起来反抗苛捐杂税,其规模和声势之大、范围之广,都是1901年以前太平天国以外的任何反抗运动所不能比拟的。据不完全统计,这样的反抗活动"1905年为一百零三次,1907年为一百八十八次,1910年增至二百六十六次"[21]。在长沙的饥民暴动中,甚至有人喊出"抚台给我饭吃"、"把抚台拖出来杀死"[22]的口号。这说明,在政治危机当中,政府没有能让民众和自己同甘共苦,也就不可能渡过难关了。下层民众用这些行动反映的或许不是对新政的态度,但是,这却能表明他们并不甘心和清政府死在一条船上,不愿意忍受官府以新政为名增加的经济负担,政府没有权利强迫人们和它一起共渡难关。清廷也许不应该忘记它们之前的明朝末期的教训,朝廷为了与满洲作战而加的税赋,人民不堪忍受,起而反抗,最终,明朝不是被满洲,而是被自己的臣民们灭亡了——农民起义军把崇祯皇帝逼上了煤山。"前事不忘,后事之鉴",在历史的轮回中,清朝同样不是被外来的危机压倒,而是被国内的起义终结。改革是应该付出成本的,但是,这种成本必须是在普通民众能够接受的限度内,绝对不能把改革成本当成敲诈普通民众的借口,否则,只能激化民众与官府之间的矛盾。

就社会的中上层来说,已如前述,光绪皇帝和慈禧太后的先后去世已经使许多官僚士绅断开了和现政府的政治感情,双方的关系已直接成为政治利益的博弈行为。在支持宪政的人当中,官僚一般倾向于日本的

第二辑 新名有循于旧名

立宪君主模式，士绅和政治无权者则比较倾向于英国的君主立宪模式。政府本身当然希望是日本模式，因为在日本模式下的宪政中皇帝保留了最大限度的权力。但是，政府在声称仿照日德模式进行改革的同时却推出了一个"皇族内阁"。皇族内阁不但让倾心英美的立宪派们感到失望，也让中国支持宪政的官僚们感到不满。因为，这明显是皇族企图利用组阁的时机从汉族官僚手中夺取已经失去了的权力的措施，严重损害了汉族官僚们的既得利益。海外的立宪派声称"保皇立宪"，但他们所"保"的是光绪皇帝，而不是随便一个什么皇帝，而且，他们百日维新期间和漂流海外之后的言论一再流露出了他们对英国模式的钦羡之意；国内立宪派如张謇者，则希望新兴的士绅阶层能够在新的政治体制中与皇权体制下的官僚和贵族们共享政治权利，尽管他们的目标虽然没有言明，但在方向上却是指向英国模式的。而"皇族内阁"的出台对士绅们在感情上造成了伤害，疏远了他们和中央之间的距离，减少了他们对中央改革诚意的信心。

清政府本身在社会公众和下层社会民众中的形象本来就不是很好，虽然在表明改革决心的上谕中显得言辞恳切，但戊戌政变对人们造成的影响依然存在，人们有理由担心这次的改革宣示仍然是官样文章。政府在一般民众心目中的形象本来就不开明，对西方事物虽然一直宣称有学习的兴趣，但同时却在政治上大批地选用保守派官僚，外界形象比较开明趋新的袁世凯等人则一直受到压抑、排斥和打击。政府基层官吏的形象也没有丝毫的改变。相比于日本倒幕运动以后"上下一心"的状况而言，晚清政府的形象缺乏必要的亲和力去整合人们的政治认同。

社会系统紊乱。中国长达二千多年的封建社会一直没有受到体制性威胁的原因在于,中国古代社会存在一个超稳定系统。士绅、官僚和皇权之间的互动使基层社会系统保持着外人难以想象的稳定性,每次大规模的社会动乱之后,社会系统仍然能依靠这个超稳定系统进行自我修复。在这个超稳定系统中,地主的土地兼并和商业的发展繁荣属于"无组织力量",这些力量的发展壮大破坏了原有的平衡状态,打破了这个超稳定系统。所以,每当王朝结束的时候,大规模的土地兼并和商业繁荣就出现和扩大;每个新王朝的初期就垦荒分地,限制商业发展[23]。清代的土地兼并从乾隆后期开始出现和扩大,1840年以后进一步加剧;商业在鸦片战争以后也取得了很大的发展,绅商作为一个新的权势阶层已经渐趋形成,并开始谋求政治上的权益。所以说,以往的超稳定系统已经遭到了破坏,而且,这次的破坏不是内生因素,而是来自外界的干扰,根本不可能得到修复,王朝的灭亡也就在所难免了。

"在传统的四民社会中,'士大夫'已成为一个固定词组,'士'是'大夫'即官吏的基本社会来源,道统与政统融为一体"[24],读书识字的直接目的就是做官。清末以后,大量的下层知识分子却并未许身科举,而是另谋出路。比如著名的王韬就从没参加过科举考试,曾经试图加入太平天国起义,后来又先后在上海和香港以为报纸撰写评论为生。这种情况并非个别,与此相类的还有为外国资本充当买办和代理人的,服务于近代企业、从事技术性工作的张謇。他考中状元后也没有走上宦途,而是竭心尽力的创办近代企业。王韬和张謇这类人不同于传统的知识分子,他们一方面并不委身仕途,另一方面又仍然保持着在政治体制之外关注政治的姿态。这种人的大量出现,形成了一个"公共空间",成为

第二辑 新名有循于旧名

干预政治的力量,改变了原来农村中的"大共同体社会"结构[25],使官府的权威从绝对变成相对,以致经常出现绅商对抗官府的局面,官府有时还必须做出让步以换取地方社会精英在政治上的支持。戊戌政变后,慈禧太后因为顾及民间舆论而不敢贸然废掉光绪皇帝就是最好的例证。在同一次事件中,上海商人经元善敢于以布衣身份上书朝廷、干预国政而不担心遭到报复也说明了新兴的绅商阶层的权利感和参与政治的自觉性。

有清一代,民间的秘密反清组织一直存在,后期逐渐变成秘密社会类型的帮派和会党。太平天国运动结束后,余部辗转流落到各省成为秘密社会的新成员。清末的政治危机和下层人民生活处境的恶化加剧了这一现状,例如,义和团就曾经是一种秘密组织类反清力量,孙中山在组织兴中会的早期采用的也是秘密社会的组织方式,后来又利用这些组织在国内发动起义。秘密社会的成员成份复杂,来自各种社会阶层和行业的都有,但他们往往是对抗官府统治的一种有组织的力量。同盟会成立后,会党在同盟会的影响下吸收了更多下层社会的精英,组织形式也变得更加严密了,开始有组织地抵制官府发布的各种政策,有时甚至利用政府的某种政策漏洞和失误鼓励下层民众反抗官府,他们自己则充当核心领导力量。这时,无论宗教还是帮会都可以成为一种有效的组织形式。清廷财政紧张,地方上无力镇压,只能坐视它们日渐壮大。

鸦片战争以后,原有的社会生活秩序和社会系统都被打乱。这种状况的存在使官方的政治行为在基层取得的成效大打折扣。这些新的社会势力也非常容易变成政治参与力量,如果缺乏有效的化解对策和吸纳渠道,就很容易引起他们在民间的对抗行为。宪政运动触及不到这些距离下层民众较近的社会领域，人们往往是从这些人那里知道新的政策动向，然后做出反应，当最新的政策被他们解释时，无论是好是坏都可能成为最新的煽动借口。更为值得注意的是，正是在宪政改革的几年里，同盟会的努力使这些潜在的力量转变成现实政治的干预力量，最后和他们结成反清的联合阵线。换句话说，如果官方的改革在基层没有得到很好的执行，那就很容易在下层社会遭到抵拒和反抗，官府和民众之间形成紧张的对抗关系。

行政系统的低能。作为一次自上而下的政治改革，宪政不但需要中央政府的有力领导，也需要地方官僚的配合和切实执行。清末时期的政府信誉众所周知，从最高层的慈禧太后以至最基层的普通公务人员，无不收受贿赂、徇私枉法，中央发布的改革政令到了地方基层政府往往变成收取苛捐杂税的新借口，或者变成官与民争利的行为，比如著名的路矿权之争。官府首先将路矿权出让给外国资本，国人出于爱国心，通过集资从外国资本手里赎回以后，正准备自己营运的时候，政府又想把路矿权无偿的"收归国有"，引发各地广泛而声势浩大的保路运动和保矿运动。

满洲贵族入主中原以后，为了防止汉族文化对满族的同化和汉族官僚掌握权力，长期以来，一直都在政治上对汉族官僚怀有戒心，在地方制度设计上严格限制汉族官僚的权力。太平天国运动爆发以后，满洲贵族依靠自己的实力无法镇压，只好选用汉族官僚，同时由于战时需要，把很多原本属于中央的权利下放到地方督抚手中。太平天国运动被镇压以后，地方督抚中已经有一半以上的人是汉族官僚，他们所拥有的权力也比以前的督抚们大得多，经济和政治上皆然，军政上更成尾大不掉之势。

第二辑 新名有循于旧名

这只要看看1860年代后中国政府的军队称号就可以了——先是湘军,后是淮军,再后来又是袁世凯的新军。中央用自己的钱其实养了一支私人军队。他们首先是效忠于自己的首脑,然后才是朝廷。武昌起义后,袁世凯的亲信就逼迫朝廷退位,帮助袁世凯登上最高权力宝座。1898年,中央主导进行戊戌维新,但中央发布的政令在地方上就只有湖南等少数地方才有回应,大多数地方则置若罔闻。1900年,八国联军攻入北京,清廷的政治存在受到威胁,中央下令全国各地督抚"勤王",但李鸿章、张之洞等人却擅自与敌国签订条约,约定"东南互保",置清廷生死于不顾。很多官僚在自己的辖区内任用私人,安排亲信,经营自己的势力范围,把治下之地偷偷地变成一个个"诸侯"国,然后,又与地方士绅结成利益共同体。中央诏令到达地方以后,督抚们往往不是遵行,而是看是否于自己有利才决定,如果可能危及自己的既得利益,则以"民意"为借口拒绝执行。后来的一篇时政评论文章对此说到:"前清督抚,常利用其中国地位,以论其狡狯之伎俩,当民气强盛时,豫揣中央之意旨必将屈从舆论,则竭力鼓吹发扬民气,藉人民之后援以抵制中央。"[26]1909年,国内爆发的谋求速开国会的请愿活动也是受到地方督抚们的默许和支持的。这样,中央势力逐步削弱和地方势力逐渐壮大,最后演变成近代军阀割据的局面。

在中央,袁世凯势力的过于强大引起了皇族们的不安,加之各种复杂的利益同盟的斗争夹杂其间,使政府的改革方向总是处于摇摆之中。身为军机大臣的瞿鸿禨本来是政治改革的倡导者和积极筹划者之一,但在编制改革方案时却从个人利益出发,阻挠预备立宪。袁世凯是地方督抚中对政治改革反应最积极的一个,但他却在暗中联络奕劻,排挤岑春煊等政治异己力量,企图在内阁中安排自己的亲信徐世昌、段祺瑞等人。慈禧太后死后,载沣也借组阁之机排挤袁世凯和其他汉族官僚。"在官制改革后的十三名内阁大臣中,满人占七人,蒙古人一人,汉族官僚仅五人,连原来规定的满汉对等的比例都不曾达到,所谓'平满汉畛域'便成了欺人之谈"[27],朝廷自己也希望利用改革的机会实现自己的政治目的。预备立宪和政治改革不但没有取得政治上的实效,反倒成了官僚们相互倾轧和排挤的机会,各种利益集团都想在这个名义下浑水摸鱼,捞取好处。

1908 年以后,宪政运动进入实质性阶段,慈禧太后和光绪皇帝却猝然死去。在当时的官僚中,一部分人是慑于慈禧太后的威严,一部分人是出于对光绪皇帝的同情,他们死去后,朝廷对地方的控制就自然失去效力。现实是从中央到地方的大小官僚们假公济私,争权夺利,中央权威继续下降,地方势力则更加公开的和中央抗衡,政府效率下降到了最低限度,宪政运动不能成功也就可以理解了。

政治参与爆炸。1905 年,戊戌政变后一度复辟的科举制终于被废除。作为一种政治和社会制度,"科举制是一项集文化、教育、政治、社会等多方面功能的体制,它上及官方之政教,下系士人之耕读,使整个社会处于一种循环的流动之中,在中国社会结构中起着重要的联系和中介作用"[27]。它的存在使知识分子至少可以和政府表面上保持政治方向上的一致性,让他们不至于站在政府的对立面从事反政府的活动。科举制被废除标志着知识分子和现存政治体制之间的关系断裂,他们多年来汲汲以求、皓首穷经的努力一旦遭到官方体制的遗弃,引起的情绪反弹是不言而喻的。

第二辑 新名有循于旧名

毫无疑问,任何制度上的变革都将触动既得利益者的利益,在制度变革开始之前,必须进行配套的制度改革,以使这些即将失去一部分利益的人能够平稳的过渡到较为平和的利益分配格局中去。如果配套制度尚未准备完全就忙着进行实质性的制度变革,必将引发社会抗议运动,由此带来的政治风险也是十分巨大的,而且在着手变革这种制度的时候也应当做好承担和化解风险的准备。从1901年到1905年,"张之洞与袁世凯等人关于科举制的奏折所提出的办法几乎是一月一变,一变就是跃进一大步;前折所提议的措施尚未来得及实施,新的进一步建议就接踵而至"[28],一个新的制度始终没有在这些关键的改革主导者之间达成一致,这些人"下岗后干什么"始终都被忽视。年轻人还可以出洋留学,多年接受传统的科举考试训练的人则无论在思想上还是在知识结构上都已经基本定型,不可能在短期内适应新的教育方式,他们是这一制度变革中的真正利益受损者,只得被迫适应其他社会工作。在从事其他社会工作的同时,"天下兴亡,匹夫有责"式的传统士大夫的政治关怀没有被消解,他们仍然希望能以其他方式表达他们对政治的意见。这样,强烈的不满混杂在这种传统的政治关怀之中,最后就成为他们积极评论时事、关注政治并参加其他类型的政治活动的动力。在后来的地方咨议局中就有大量这类科举失意者,他们的声音往往是最激进的。这不可能和他们曾经被抛弃过没有关系[29]。

甲午战争以后,除了政府公费和其他资金资助的留学之外,也开始出现大量的自费留学者,其中日本地理上靠近中国,文化上相近,很多人都首选日本作为留学地。1901年为一百八十余人,1905年为八千多人,正式停止丙午科举考试的1906年则多达两万人以上。在日本,他们一面学习政法、工艺之类的西学，一面接受革命者和保皇派的政治宣传，有时自觉参加政治活动，发展到后来，就自己组织政治活动。有许多人为革命的宣传所吸引，加入革命者队伍。大量具有政治热情的青年受到政治宣传的鼓舞和现实政治活动的训练之后回国，必然在民间和体制外形成一股极其庞大的政治参与力量。同样，政府没有办法消解和转移这种热情，也无法平息他们对时局的抱怨，更无法抚慰他们"救亡"的冲动，只好任其自流。值得注意的是，这些人并不是社会下层，而是社会精英，他们返回民间社会以后散落在各种社会群体中间，影响着他们身边的人对时局的态度，一旦遇到什么政治突破口就会广泛产生社会动力。

这两个群体无疑是社会精英，在后来声势浩大的请愿、抗议活动，甚至是农民暴动中都有他们的身影闪烁其间。宪政作为一个近期政治目标使他们产生相互之间的认同，进而促使宪政运动变成了一个政治突破口。参与政治是他们真实的目的，至于立宪则不过是他们争取社会舆论同情和支持的一个话语策略罢了。在后来请求速开国会的请愿运动中爆发出来的正是这种政治参与的狂热表现。那时，事实上，无论政府做出多大的让步，他们也是不会得到满足的。在这种时候，政府的初步让步正是对他们这种狂热的让步，过多政治上的退守往往激起更进一步——有时甚至是过分的——的要求，他们在新的目标下达成一致后就会促成更大规模的政治参与浪潮[30]。

总之，一场自上而下的立宪运动要想取得成功，就至少要注意到上述的环境条件：广泛而统一的社会政治认同，使政府能够全力以赴的促进改革；开明而强有力的领导核心，保证改革的方向和节奏受到控制；高效而统一的行政系统，使改革的每一个步骤都能在地方上取得进展；做好配套的制度改革,扩大过渡时期的政治参与空间,转移和降低政治参与膨胀带来的风险。晚清政府不能具备这些条件中的任何一个,反而常常出现重大决策失误,且又不能整合人们的政治诉求,最终导致辛亥革命在偶然中爆发而取得成功,而清政府的改革计划也就一起进入历史的坟墓了。

五、尾　论

"救亡压倒启蒙"[31]是中国近代历史的基本线索,任何社会运动都必须为"救亡"服务。宪政也是一样,人们之所以能短暂地支持宪政就是因为他们认为宪政可以救亡。重新检讨这段历史,我们可以发现,传统的社会和政治体制已经难以为继了,社会革命正在悄悄地进行中,相配套的政治革命必然到来,问题仅仅在于是以激烈的社会动乱和暴力实现,还是以温和的、渐进的改良方式实现。如果清政府的宪政改革真的要取得成功,事实上也是一种政治革命,那么它必须打破既存的政治格局,实现传统政治体制向现代政治体制的转换。这种转换发生之后,皇帝是否保留都仅仅是一种象征,实质性的政治革命在历史中不可避免。

检省世界上比较成功的宪政国家的历史经验,人们往往忽视了一个历史事实:这些国家都是在经历了一次广泛的社会革命和思想启蒙之后,社会阶层分化已经趋于完成,人们崇信民主和自由这些现代性价值,社会公众对政府有比较强的政治认同,基层官僚体系在革命中受到整顿,有效率且与中央政府做了比较明确的权限划分,社会基本进入稳定时期,中央政府有能力和决心领导这样一场政治革命[32]。而中国晚清时期的现实情况与此恰恰相反:社会危机四伏,中央政府权威崩解,地方基层官僚体系中贪污成风且效率低下,人们对政府持普遍的不信任态度,革命正在酝酿和发生中,改革进程随时都有可能被革命打断。实行宪政并不是化解既存的政治和社会风险的手段,而是在进入一个相对稳定的历史时期以后,为了谋求长远的稳定而在制度上进行的政治变革。我们还应该注意到,宪政在这时普遍的被人们当成一种救亡手段,这本身就是存在局限的,在有时还是人们寻求认同所采取的话语策略。而他们本身对于宪政是否理解、他们自己能否为宪政做出建设性的努力还值得怀疑。

"是非成败转头空,浪花淘尽英雄。"历史无情,不会原谅任何人的政治失误,每个人都必须为自己的错误承担罪责。清廷满怀侥幸的想用改革拖延革命的爆发时间,延缓自己的王朝寿命,但是,"青山遮不住,毕竟东流去",清廷已经日暮途穷,无论谁也不可能有回天之力了。宪政居然成为"救亡"手段,在如此语境下上演,幸也?不幸?回答这样的问题或许已经没有意义了,也可能见仁见智,但我们只希望,历史的误会仅此一次,不再出现。

注释:

〔1〕喻大华:《甲午战败与中国近代化的巨大挫折》,载《重新认识百年中国:中国近代史热点问题研究与争鸣》(上),改革出版社1998年版,第43页。

〔2〕〔4〕萧功秦:《戊戌变法之政治激进主义的再反省》,《重新认识百年中国:中国近代史热点问题研究与争鸣》(上),第53页。

〔3〕〔5〕〔7〕〔8〕〔9〕〔13〕〔15〕〔16〕〔18〕〔21〕〔22〕〔26〕〔27〕 郭世佑:《晚清政治革命新

论》,湖南人民出版社1997年版,第126、170、173、169、230、311、321、411、309、352、324页。

[6][19]李育民:《重论清末新政的宪政改革》,《重新认识百年中国:中国近代史热点问题研究与争鸣》(上),第87页。

[10]1902年以后,梁启超自创《新民丛报》,继续鼓吹革命。1903年以后又与康有为和解,重新成为革命的反对者。

[11]这些文章后来成为他的文集《饮冰室主人合集》。

[12]同一时期比较重要的刊物还有章太炎主笔的《国民报》,但其主要阵地和读者在国内,寿命极短,只办了四期就被查封。

[14]《民报》创办初期的名称是《二十一世纪之支那》,后改名为《民报》。

[17]此说采自李育民:《重论清末新政的宪政改革》,《重新认识百年中国:中国近代史热点问题研究与争鸣》(上),第93页。

[20]近年来的经学研究颇有向建国前复归的趋势,许多人都考证说中国的革命传统不在别处,就在中国思想内部,尤其是被儒家奉为经典的《易经》,刘小枫是其中影响比较大的一个。详参刘小枫:《儒家革命精神源流考》,收于《个体信仰与文化理论》,四川人民出版社1997年版。另外,这篇文章也被上海三联书店印成小册出版。

[23]详参金观涛,刘青峰:《兴盛与危机:论中国封建社会的超稳定结构》。

[24][28]罗志田:《乱世潜流:民族主义与民国政治》之《引论》,上海古籍出版社2001年版,第2、6页。

[25]秦晖:《中国传统社会再认识》,《战略与管理》1999年第4期。

[29]废除科举制所引起的社会效应是复杂而广泛的,这里仅取其中对政治参与力量格局的影响。详参罗志田:《乱世潜流:民族主义与民国政治》之《引论》。

[30]如果可以,其实本文想说,这时的人们是失去政治理性的,是疯狂的,他们这种得寸进尺的要求可以被视为一种"撒娇"。但是,这不表示本人认为当时政府的镇压是对的。本文认为,当时应该采取其他方式来疏导这种政治洪流,把人们的政治参与热情转化成一种积极的建设热情。

〔31〕此说为李泽厚先生在八十年代所倡,最近已经受到学者的质疑,但本文仍然取这种说法,因为这种模式在解释中国近代历史时还没有其他说法可以替代。详参李杨:《"救亡压倒启蒙"?——对八十年代一种历史元叙事的解构》,载于《书屋》2002年第5期。

〔32〕对于这段评论,笔者已经见到许多反对意见,但是,这个问题在这里不能展开讨论,需要另文详细讨论。

(萧　武　文,原载《书屋》2003年第2期)

第二辑 新名有循于旧名

在日光与夜色中间进击

二战的胜利被公认为是民主国家同盟对法西斯势力的胜利。故战后,民主成为汹涌澎湃的国际性潮流实乃水到渠成之事。只是,"民主"作为一个名词虽已耳熟能详,而其真正的内涵却无统一权威的经典性解释。这从当时旧金山会议上,英美与苏联代表在处理波兰问题牵扯到民主化概念时所发生的争执中便可见一斑。各国皆从政策性角度阐明各自对民主的理解,以致无法达成共识(此亦从反方向证明各国对民主的珍视,恐怕无一国愿以独裁自居)。战后成为"五强"之一的中国当然不能自外于这股世界性潮流。执政的国民党当局虽因"训政"甜头太大,吃得太多,不免"坏了胃口"(吴世昌语)——"什么民主不民主!根本不理那一套!"[1]但迫于时势,也在倡言要结束训政,召开国民大会,实行宪政。在野的"中共"在解放区兴起

"新民主主义民主"运动,在国统区发动"反蒋的民主战线"。作为民主人士的同人团体——"民盟",其对民主的关注则集中体现在1945年10月1日在重庆举行的"民盟"临时全国代表大会上提出的方案——"建立一个独立自主、民主统一的十足道地的民主国家"的制度设计中。

(一)什么是民主?

"民主"一词自五四时代输入中国以来,已成为二十世纪中国最大的神话,知识界的集体图腾。但从"民盟"临时全国代表大会政治报告中揭橥的对民主的理解来看,中国民主主义者对"民主"这一舶来品的解读已相当到位:"民主是一种政治制度,不过这个字的定义演变到了今天,却比一种政策制度广泛多了,民主是人类生活的一种方式,是人类做人的一种道理。"[2]对比四十多年后,曾获1998年诺贝尔经济学奖的阿玛蒂亚森关于民主是"一种并非奢侈的价值观"的说法,有一种跨越时空的认同感。其实,翻翻西方民主制度演进史便可知,民主只是一种常识,一种庸常的原则,用张君劢的话来说,民主只是一种"幼稚的政治制度"。因为它的产生源于日常生活,西方文明中民主因子的出现即与其时商业活动中签订契约所要求的自由、平等、协商的合作精神密切相关。所以真正深谙民主三昧的民主主义者必然是"卑之无甚高论"。"民盟"在其宣言中一再称其民主制度设计"卑之无甚高论",自由主义大师胡适经典的演说辞亦是"卑之无甚高论",并非他们故作谦谦君子状,实乃民主本非高不可攀的圣物,就其质地而言,不过是一种尊重常识的人生态度、生活方式。当然,民主真正显示其优越性仍是在政治制度的设计层面,这也是"后发外铄型"国家容易发生对"民主"误读的根因。如果,民主制度的构建仅止于政治层面,缺乏相应的生活中民主精神的培育,则这种横向移植的结果只能是"橘越淮北则为枳"。中国民国初年的民主试验即是典型。

从字义上亦可知,"民主"就是"人民自主"。事实上,这也是民主精神的精髓,借西方人的话说就是"个人但凭良心自己作为"。这是一种责任精神,"无责任即无权利"(安东尼·吉登斯语)。"民盟"宣言里对这种自主精神进行了热烈的阐发:"人人有自由平等的权利,人人做自己的主人,人人能够达到做人的目的,使人人得到最大的发展。""一切政治经济的组织只是人类达到做人目的的工具。"[3]此与中国文化传统中仁君贤相青天式的"为民做主"、绝对标准划一的"螺丝钉式工具人",已有了截然的分途,体现了一种人本主义的张扬。而且从"人人"两字的表述看,这里的"人民"并非面目模糊不清、混沌一团的群体,而是一个一个的人,是"个人"。受数千年集体教育的影响,国人对个人主义抱有相当的误解,认为个人主义就是自私自利、营私舞弊。中国古代杨朱学派的那种极端利己主义成为国人对个人主义的基本观感。但近代意义上的个人主义,则与此有着清晰的畛域之分。托克维尔的"合理的利己"实是对个人主义较本真的概括。即个人有追求自己利益的权利,但权利行使的底线以他人的权利为限,如果每个人能秉此原则,对自己负责,不侵害他人与社会,这个社会也就实现整体的和谐了。得承认,这种"合理的利己"的个人主义人生观是低调的,是对人性幽暗意识的承认与修正。比起我们"改造国民性"、"发起灵魂深处的革命",达到"六亿神州尽尧舜"的引吭高歌而言,无疑灰暗得多。但惟因其低调,其可操作性也更强,何况个人主义宣扬的乃是个人自主负责的精神,这与"民主"自己做主、自由平等协作的精神内涵是一致的。对于个人主义与民主之间的内在关联，著名学者安东尼·吉登斯曾有过深刻的揭示："民主制度的吸引力是来自于重新塑造着全球化社会的那些更深层的力量——包括对个人自主性的需要以及更加具有反思能力的公民群体的出现。"[4]正如前述，中国缺乏个人主义的传统，即便是杨朱式的极端个人主义也只是在"百家争鸣"中一闪而逝，以后便是数千年儒家文明如蛛网般错综复杂的伦理社会，在家国重重挤压之下，个人已不成"人"形，近代的文化启蒙个性解放曾一度可能为个人主义的成长提供良好的社会文化氛围，只可惜百年的屈辱，日益惨烈的现实使启蒙很快为救亡所替代。大部分知识分子也自动放弃了对"自我"的追求，把自己的强国梦绑在强权政府的战车上。"民盟"同人虽对个人主义与民主的关系认识较为清醒，但最终也抵不过强国梦的强烈暗示，背叛了其个人主义的信仰。而失去个人主义自己做主负责精神的培育，民主要么沦为"贿选"的闹剧，要么只能回归"为民做主"的老路上去。当日只有秉承了西方民主自由精义的胡适呼喊过"不要用个人自由去换取国家自由"，而在历尽对个人主义围追堵截的今天也终于重新听到理性的呼声——"毋忘我"。

"个人主义"既然是"合理的利己"，有底限的存在，则法制必不可少。法律把个人自由平等权利规定下来成为公民保护自己权利免受他人或国家侵犯的武器。民主亦因此获得了平稳运行的轨道。"民盟"代表人物之一张君劢终其一生对宪政殚精竭虑的追求，即是为民主寻求合法性的保障和良好的制度环境，以使中国民主走上制度化、法律化的正轨。

综上所述，"民盟"理解的"民主"，即人民当家做主，需要从政治、法律等制度层面自上而下的构建，但要使"民主"真正在中国扎根开花结果，则向下的个人主义的培育(很大程度上即公民教育)、民主理念生活化乃根本之图,于此,"民主"真义存焉。

(二)中国需要什么样的民主制度?

如果说,前一个问号解决的是民主的一般性原理问题,那么紧接着要探讨的则是中国民主的具体设计问题。

"民盟"同人在构建中国民主时,体现了中国知识分子典型的实用理性。他们对当时可能参照到的英美政治民主和苏联经济民主"没有所谓偏左偏右的成见",也不主张"把英美或苏联式的民主全盘抄袭",而要从中国的历史、国情出发,"取其所长,弃其所短,以创造中国的民主"。[5]我们姑且不论这种左右粘合式的民主是否有创造出来的可能,先去看看他们为做成一席"中国民主的盛宴"从英美、苏的菜园子里精心挑拣了哪些原料。

对于英美政治民主,"民盟"同仁们较为垂青他们的民意政治、议会制度、选举制度及由此而生的政党政治。无论从学理逻辑还是从现实的操作看,这三者实乃英美政治民主的基石,缺一不可。民意政治意味着尊重人民自由民主权利,民主政治既然是人人做主人的政治,则对民权的尊重为其起码条件。议会制度又是民权落实的制度平台,"有了这种机构(议会)人民才能行使主人的权力,真正做国家政府的主人"[6]。他们特举了五权宪法的中国立法部门设计上的制度缺陷导致民权空置的例子,说明立法部门因被"划成政府的能而不是人民的权"[7]丧失民意机关的独立性,另设的行使所谓直接民权的国民大会又庞大不着边际,造成其运行效果远不及英美现行的议会制度。这种分析无疑切中了当时中国政体的要害。议会制度作为一种代议制,因其"议而不决"效率低下以及不如希腊当年直接民主制那么美妙动人而一直颇受诟病,"宪法之父"张君劢第一次欧游时亦对德国《魏玛宪法》中直接民主的成分沉迷不已,虽然,他从理性上也无法解决直接民主制只适应于小国寡民而不能运用于地广人稠大国的千古难题。但随着他宪政思想的日趋成熟,对英美代议制这种"平庸的实在"也日趋认同。1945年临时全国大"民盟"宣言中对执政当局玩直接民主之虚、行政府独裁之实的警觉,已证明中国民主主义者对英美代议制的回归。无可否认,议会制度有前称的种种不足,直接民主制亦自有其直逼人心的魅力,而且随着当前信息技术的进步,互联网铺天盖地,单纯从技术操作上言,全民公决并非不可行,如瑞典九十年代曾就能源问题是否加入欧盟问题举行国民公决。但随着社会分工愈来愈精细,政治在很大程度上只能是职业化的。涉及全民的重大问题或许可以公决,但事无巨细,动员全民性参与,这无论从决策的成本水平还是公民素养上言均无可能,也许,将直接民主制视为对代议制的重要补充尚可,但言取代,则从历史到可见的将来仍不可能。所以从这个角度上言,"民盟"同人们选择英美代议制作为架构中国民主大厦的基石之一是合乎实际的稳健取向。既然全民参与政治的直接民主制缺乏现实的操作性,专门从事政治活动,代表各利益阶层的政党便应运而生。"同盟"同人称"政党是代表民意兼组织民意的一种机构"[8]。因民意的不完全一致性,便有多个政党来代表。倘民意只是自由发挥、没有政党代理它,"虽然我们并不能说,没有政党,国家就不可能有选举"[9],但在选举运用上会发生许多缺点,因为一盘散沙式的缺乏组织性的民众与有组织的政府机构存在不

第二辑 新名有循于旧名

对等的谈判能力,用现代博弈理论的话说即没有对等的博弈能力,民意便有可能被各个击破,以致全盘淹没。民众因参与信心的丧失,则整个民主大厦的基石不保,现在转型社会普遍存在的弱势群体的缺席导致社会的大面积的腐败、不公即为注解。"民盟"政党政治的设想也与现代博奕理论的解释颇为接近,即各个社会利益集团(各种民意的代表)在选举这个合法的平台上讨价还价互相妥协,从而促使社会整体利益的和谐。如果排除政党的阶级性,并假设所有的民意都被组织被代表了,"民盟"政党政治构想无疑非常理想,可是,当时中国社会严重分化,阶级尖锐对立,这种调和一切,代表全民的政党政治设计便不免落空,而沦为党派政治斗争的工具。

"民盟"同人对于英美议会政治与政党政治的缺点未尝不知,但他们倾向于视那些缺点"不是从那制度本身发生出来的,而在于其社会经济制度缺乏调整"[10]。即人民间贫富有无悬殊差别太大,又缺乏相应的社会经济调节机制,从而使"人民的自由平等权利在很多方面落了空,就成了有名无实"[11]。应该说能从政治上的现实不平等反思追溯及社会经济地位不平等的源头,"民盟"的认识是十分透彻的。为补英美民主政治之缺,"民盟"同人从苏联借来了经济民主即要"从政治上的平等自由扩展到经济上的自由平等"。苏联方面实行的计划经济、福利制度以至于所有制的变革都成为他们借鉴的对象。但一开始,这种借鉴就是有条件、有限度的。国社党党魁张君劢基于苏联国有化易导致不利发挥人的生产积极性,助长官僚主义,失去私人经营的敏捷与灵活性,且"妨害人民自由",而欧美全盘自由经济又造成"有产者"与"无产者"严重不平等有亏于社会公道,提出达致"经济建设两个目标:一是民族自活;二是社会公道"[12]，建立计划经济与自由经济相配合，"个人之私产、法人团体之公产、国家之公产三者兼容并包的混合型经济"的主张，这基本代表了"民盟"对英美、苏联经济制度的根本看法和折衷调和的态度。事隔半个世纪后，重新检视这些看法，我们不得不佩服前辈们的远见卓识，当今中国经济上的实践很大程度即与此类同。"民盟"同人还特别强调经济制度与政治制度的配合。"以民主的政治建设民主的经济，以经济的民主充实政治的民主"[13]这一点认识尤值得我们珍视。目前"中国改革正在过大关"（吴敬琏语），这种关卡或曰瓶颈很大程度便由于政治体制改革与经济体制改革的非对称性。或许前人的将政治与经济并行思考能给予我们某种启示，使中国改革真正如邓小平同志所言的"两条腿"走路，以走得更稳更快些。

综言之，"民盟"同人设计的这道英美政治民主与苏联经济民主相调配的中国民主大餐，就其质地而言，倾向于英美的政治民主。"拿苏联的经济民主来充实英美的政治民主"[14]的表述颇类于"政治民主为体，经济民主为用"的中国经典叙事模式，两者的地位不可能等量齐观。"由政治民主到经济民主很容易，由经济民主到政治民主则很困难"[15]。"民盟"同人这种不自觉的"厚此薄彼"与他们自由主义的根底不可分。"自由主义所注重的是政治民主……政治民主的中心，就是人民的政治平等……然而社会经济平等不是自由主义的主要目标"[16]。因为自由主义"注重个人自由"，"个人应当决定他自己生活的方向及形态"。如果个人在追求财富的过程中发生分化，只要得自个人的诚实努力，那是无背于民主精神的个人报酬，但历史证明，如听任这种基于个体差别发生的"不平等"急剧发展，结果是社会严重分化，阶级矛盾尖锐，下层社会日趋激进，以至于演变为暴力革命。事实上,社会主义的兴起便是在此大背景下,对资本主义制度只注重个人自由政治民主,忽略人类平等、经济民主的一种社会批判。鉴于此,从十九世纪末的社会主义中心德国开始实行福利制度,随之整个资本主义世界刮起"福利风"。与此对应,社会主义以伯恩斯坦为代表也开始修正。两者合振在二十世纪演变为一股既不同于英美传统民主制度亦别于苏联社会主义的新思潮——第三条道路或曰社会民主主义。中国"民盟"的民主纲领便是此股大潮的产物,更直接的背景则是战后英美与苏联、国民党与共产党严重对立下,"民盟"作为中间党派在两者之间寻求支点与平衡的结果。中国"民盟"的这套类于当时世界上社会民主主义思潮的"第三条道路"设计渗透了中国折衷调和的传统智慧。然而,当时,中国社会已经"武化",国共对立及其背后明枪实弹的实力,使抱中间路线的民主人士周旋的空间非常逼仄,再加上下层已经点燃的激进主义情绪已不可阻遏,至此,已无时间空间以中庸之态度作从容的调度选择,一切努力在炮火中化为灰烬。事后,我们固然可以批评他们"书生意气""不合时宜",但当一切尘埃落定,社会回复正常,重新变得雍容宽厚时,再回头检视五十多年前"民盟"同人为中国设计的"建立一个十足道地民主国家"方案,我们会发现其中有很多内容仍是鲜活的,对当前中国民主化进程极具启发意义。他们对"民主"涵义的真切把握,对政治民主与经济民主的平衡的追求,即便到今日与世界民主潮流仍是合拍的,欧洲中左政府的流行、"福利国家"的困惑(即自立自主公民精神的丧失)、新自由主义的重新抬头,搅动整个世界在政治民主与经济民主的钟摆两极来回摆动不已。与此相对应,中国国内也兴起了所谓"新左派主义"、"新自由主义",前者有感于由于起点不平等、规则不健全所造成的巨大社会差异,呼吁"公平与正义",后者则声称维护中国自由市场秩序"效率优先",漠视中国存在社会不平等的现实。持平而论,两者皆失之偏颇,亦皆各有所取,表面上面对的问题南辕北辙,实质上殊途同归,他们缺乏的正是"民盟"前辈们的"中庸"智慧。但愿他们不要沉迷追逐世界新潮的"主义",还是从中国的问题情境出发吧!

千年荡气回肠的革命史,使我们习惯"洗牌"式的演进。一切推倒再重新来砌,偶尔有几个经验理性信奉者蓦然回首,方发现忙乎了半天,我们仍需面对历史的严峻提问。在这方面,我佩服中规中矩从容不迫的英国绅士,也希望在如今日益宽容祥和的空气里,能诞生出新一代的中国绅士。

注释:

〔1〕吴世昌:《经济民主与政治民主》,储安平主编:《观察》第一卷第五期,岳麓书社复印本,第6页。

〔2〕〔3〕〔5〕〔6〕〔7〕〔8〕〔9〕〔10〕〔11〕〔13〕〔14〕邱钱牧、林浣芬等:《民主革命时期的民主党派》,湖南人民出版社1986年版,第221、221、222、223、223、223、223、223~224、231、224页。

〔4〕安东尼·吉登斯:《第三条道路》,北京大学出版社2001年版,第75页。

〔12〕〔15〕陈先初:《精神自由与民族复兴——张君劢思想综论》,湖南教育出版社1999年版,第224页。

〔16〕萧公权:《论民主》,储安平主编:《观察》第一卷第七期,岳麓书社复印本,第3~4页。

(刘旺华 文,原载《书屋》2003年第1期)

第二辑 新名有循于旧名

革命哲学与宪政逻辑

——读《直面历史》

这是一部谈"文革"的书。它和市面上的其他书不一样,这本书不仅仅有对那个年代的追述或者说叙述,而且更多地体现了一种理性的思考。作为过来人,徐友渔先生直接经历了那段不堪回首的历史,但却不能不"回首"和反思,因为"忘记历史意味着背叛",也因为现代人并没有真正的了解"文革"的真面目,还因为作为一名学者却不得不面对这个事实——"'文革'发生在中国,但'文革学'却在国外"。在此,他提出了一个问题:"我们敢不敢直面历史?"

一

"文革"是一个混乱的年代,也是一个革

命的年代,毋宁说混乱在很大程度上是由革命造成的。我们一直总为革命"拍掌叫好",赋予革命以无可置疑的合法性,但为什么"文化大革命"这一伟大"革命"的后果却是我们不愿看到的呢?在"文革"中,革命、斗争的手段无一不用其极,革命的对象可谓无限宽广,而革命的"消极性"却暴露无遗。

革命意味着武斗。在"文革"中,红卫兵坚信雷锋的话,对阶级敌人要像秋风扫落叶一样无情,更坚信毛泽东在《湖南农民运动考察报告》中说的,革命要不得温良恭谦让,它是一个阶级推翻另一个阶级的暴烈行动。不暴烈还算什么革命?书中提到了对一个革命老干部的批斗情景。红卫兵"在乒乓球台子上架上一张桌子,桌子上又铺了一层煤渣,然后让这位书记跪在煤渣上……后来,这位书记被人一脚踩下桌子,从几米高的地方摔下来,加上煤渣的作用,顿时血肉模糊……"由于认为这是代表革命的阶级对反动阶级的革命行动,具有天然的正义性,红卫兵"故能不皱眉头不眨眼睛地干出正常年月正常人不可想象的事情"。而群众组织一旦分为对立的派别,就会视自己为革命派,视对方为反革命,"必须搞垮、摧毁而后快,文的不行,就来武的",由口诛笔伐变为拳脚相加,甚至枪炮交火。在"文革"的武斗中,成百上千的人失去了生命。虽然在今天这些都被否定了,认为是不理性的行为,然而逝去的都已经逝去的了,无辜死去的人又能知道些什么、得到一个什么说法呢?

革命不仅仅是革"人"的命,还意味着革"文化"、革"传统"的命。既然要搞文化革命,就要"破四旧、立四新"。而"四旧"是指"旧思想、旧文化、旧风俗、旧习惯","四新"是指相应的新思想等等。"破四旧、立四新"目的是先解决自己思想和灵魂的问题,然后再重新安排社会秩序。且不说

第二辑 新名有循于旧名

传统文化中有太多值得我们继承的遗产,首先就这一做法本身而言就不符合马克思主义"取其精华、去其糟粕"的"实事求是"的态度。就其目的和相应的做法而言,也"全是中国传统中'内圣外王'、'借思想文化解决问题'的旧套路",并没有脱离传统文化的影响。为破"四旧",有些做法现在看来甚至十分可笑,比如改名风波。很多人将名字改为"王革命"或"闵为民"之类,很多街道也更改为"反帝路"等一类的名字,可以说完全"符号"化了,不符合名字所表征的个性化色彩,显得十分单调乏味。

这种现象的出现很大程度上是受了斗争哲学的影响。这种哲学认为,事物发展的动因在于矛盾斗争,认为"一分为二"是革命哲学,"合二为一"是修正主义哲学,中庸之道和调和折衷是封建主义和资本主义的态度。可以说,这种哲学没有一点宽容和妥协精神。但是,现代民主政治和宪政的发展却证明宽容和妥协的态度是必要的。正是因为不妥协才导致你死我活的斗争,使得人类历史上有些新政权固然建立了,却往往以牺牲无数人的生命为代价。这个代价不够沉重么?正是因为妥协,美国1787年宪法这一延续至今仍在适用的伟大宪法才得以达成。因为参与立宪的利益是多元的,"由此产生的宪法也必然是一个多元利益相互妥协的产物"[1]。同样,在中国的政治生活中,各个阶层和代表的利益不可能完全一样,冲突也就在所难免,我们应赋予"冲突"以合法性地位,并本着宽容的精神通过谈判、妥协等一系列政治技术来达成协议。如果视对方为阶级敌人,不置对方于死地誓不罢休,那么,国家机器就变成了斗争和压迫工具,人人都将自危,因为谁能保证自己永远不失势呢?合理的做法应是在宪政框架下合法的争斗,它应该是和平的,而且当权派要保护反对派的利益。

传统和现代是一对既对立又统一的范畴，社会总是发展的，文化总是不断变迁的。同样，在对文化的看法上亦应持同样的思维逻辑。在某种程度上，"现代"确实要革"传统"的命，因为我们要抛弃不合适宜的看法和观念。但现代必须基于传统的基础，它是在传统基础上的一点一点的改变，并且吸收了传统文化中的合理内核来实现的。可以说，传统孕育于现代之中。然而，"文化大革命"却将传统与现代视为完全对立的关系，看不到两者的内在联系，妄图在完全空白的基础上重建文化。结果是，新的文化没有建立，我们倒把自己的传统丢了，产生了深刻的道德危机和文化危机。徐友渔先生既感叹在牛津求学时英国人处处对传统的重视和对历史的骄傲，又为传统在中国的丧失而伤心。他说："不错，它存在于典籍中，但有多少人读典籍、懂典籍？确实，人们要游泰山，在曲阜搞祭孔典仪，但这些不过是旅游的一景而已。传统既不应是木乃伊，也不应是化妆舞会的面具，它应该是生活中的一部分，应该体现在我们的日常言行之中。"如果说我们想追求现代化的建设目标，那么就要协调好传统与现代的关系。反思"文化大革命"的教训，因为"文化大革命"就本质而言，尽管打着革命的口号，却是一场反现代化的运动。也恰如金耀基先生所言："中国的现代化运动，不是否定传统，而是批判传统，不是死守传统，而是再造传统。"作为一场庄严神圣的运动，它"不只忠于中国的过去，更忠于中国的未来，它不只在解救中国历史文化的危亡，更在于把中国的历史文化推向一更高、更成熟的境地"[2]。

二

革命哲学既然要革"阶级敌人"的命,那么阶级敌人和革命群众的生命、财产、社会地位等当然就不一样。然而,阶级敌人的认定却有很大的随意性,"任何人,不论是1957年响应号召提意见的知识分子,还是跻身革命队伍几十年的老干部,都可能被定位'阶级敌人'"。这种随意认定实际上使任何人都没有安全感,使得今天还在揭露和批斗别人,明天就有可能变成别人批斗的对象。然而,无论是批斗还是武斗都是对人权的莫大践踏。在革命的名义下,一般的伦理观念和做人准则荡然无存,人的尊严被肆意践踏,人世间最美好的师生、同窗乃至父子亲情都被"文化革命"的烈火焚毁。"明明知道受自己尊崇的老师不是坏人,但施暴时不敢挺身而出,因为怕别人怀疑自己的立场"。甚至为表达革命立场,还要对自己的老师踩上几脚。虽然这些行为都有特定环境的逼迫,难道就不是一种自私和怯懦么?无数的人被批斗,损害的不仅仅是他们的身体,还有他们的灵魂和尊严。

生命权是人的第一位权利,因为生命的存在是从事其他事业的基础。对生命的威胁基本上来自两个方面:一是饥饿,二是他人的侵犯。正是为了实现人的生命、自由及追求幸福的权利,人们才选择成立政府。因而一个良好的政府必须一方面努力创造良好的经济社会环境,另一方面又不得随意侵犯公民的生命权,且要保护一个人的生命权不受他人的侵犯。然而"文革"时期革命哲学压倒了权利哲学,人的生命得不到他人和政府的尊重,饥饿更是时时威胁着人们。此外,对于生命权的保障来讲,财产权是不可须臾分离的。因为,财产权属于"人的自然和不可超越的权利之一",法国1787年《人权宣言》第十七条明确规定:"财产是不可剥夺的神圣权利;除非以合法形式建立的公共需要明确要求,且在公正补偿获得事先支付的前提下,任何财产皆不得受到征用。"然而,在"文革"中,"抄家"可谓再正常不过。基本的生活资料被剥夺,且对于很多知识分子来讲,大量的宝贵藏书、读书笔记和日记更是丧失殆尽。

在"文革"中,虽然红卫兵曾经非常猖狂,但也改变不了被打发的悲惨命运——即知青的上山下乡运动。据估算,这次运动涉及的青年学生人数达一千六百多万。从某种程度上讲,这些青年学生被某些当权者利用了。在当时,学校关门,工矿企业大多停产,升学和就业都没有什么希望,怎么办呢?就只好让他们接受"再教育"、"为接班而锻炼"吧!大好年华,本来应该在学校里学习、深造,现在却被派到"深山老林"去劳动、去接受"再教育",然而在那里能学到什么呢?很多学生到了农村以后才发现"上当受骗"了。因为,即使不再继续接受教育而去参加工作的话,也应该自己选择工作场所,而不应该被强制发往农村。何况,农村的体力劳动并不十分适合这些城市青年。有人认为,这种苦难是一笔宝贵的财富,"文革"后很多知青不是经过努力走上了成功之路?但我们要知道,第一,成功的毕竟是少数,而且,他们的成功有多大因素是因为这笔苦难呢?没有这苦难,他们是否可以更有作为呢?第二,即使受点磨难,但应该持续如此之长的时间么?青春短暂,有多少人在磨难中失去了锐气,而又对人生失去了希望?第三,这种苦难并非他们的自愿选择,何况,过平常的、正常的生活有什么不好呢?

"物质生活为什么该遭非议,世俗享受有什么不正当呢?那些对东方正在发生历史性变革毫不知情,说不出保守党和工党有什么区别,一门心思踢足球和弹吉他的少男少女们,不也挺可爱的么?难道我有权利因为他们不是思想家、斗士、殉道者而谴责他们,怜悯他们?"难道每个人都应该经历"苦其心志,劳其筋骨,饿其体肤,空乏其身"的阶段么?我们要知道,不是每个人都想做"天将降大任"的英雄。即使当英雄,也必须先找点"苦"来受么?何况,这是一个平凡的年代,未必需要什么"振臂一呼,应者云集"的英雄。每个人只要遵纪守法,努力去实现个人的梦想就行了。

三

革命哲学之所以能被广泛接受,很大程度上是因为缺乏健康的公民教育。我们可以说,"文革"发生前后的教育是一种理想主义、教条主义式的革命化教育。

作为年轻人,确实要做一个有理想的新时代青年,但理想的形成应该在"育化"(enculturation)和"社会化"(socialization)过程中天然形成,而不应由外在强加。理想不为精英所独有,它伴随着每个人的成长。即使一个人的理想只是想过平常人的生活,那也无可厚非,因为理想是个体化的。然而,"人,无论是作为个体还是作为类,最高准则应该是尊重他人的意志和选择,而'文革'中的理想是无视个人、抹杀个性的"。对于个体而言,只要自己的理想不妨碍他人的自由、不损害社会,那就不应受到任何干涉。即使危害他人和社会,也应该以规范的方式加以纠正。然而，若一个民族、一个国家普通民众的理想偏离了正常的价值，成了"反理性"的心态，那么，以这种名义对少数个体或整体社会造成的损害又如何估算和纠正呢？"文革"发生前后的理想主义教育恰恰存在这个问题。它将"革命"作为核心内涵，不注重个体意识的培养，不尊重个体化的理想。教条主义的教育方式即使青年学生对之深恶痛绝，却又使学生养成了比较教条化的思维方式，很多人形成了比较偏激的性格。

四

任何社会都需要一定权威的存在，这是维系一个社会正常运转的基础。现代民主国家尊崇法理型权威，它建立在这样的信念上：相信所制定的规则的合法性。"文革"不仅砸烂了"公检法"，不尊重任何既定的规则，而且由于造反和夺权，导致大多数人蔑视权威，严重损害了党和国家机关的形象，使得整个社会可以说处于失范的无政府状态。对于普通民众来说，强大的专制政府固然不足取，因为民众的自由空间非常狭小，但是，无政府状态却更为可怕。西方学者迈斯纳认为，人们在"文革"中享受到空前的自由，因为人们成立了自己的组织，利用大字报等手段表达了不满和希望[3]。但是这种自由却是不可取的，因为它没有尊重他人的自由，并非自由的本义。自由并非为所欲为，它是指"有权从事一切无害于他人的行为。因此，个人的自然权利的行使，只以保证社会上其他成员能享有同样权利为限制。此等限制仅得由法律规定之"[4]。自由只应在法治的状态下实现，不满和愿望可以通过言论、出版、游行、示威、结社等法治

权利的实现来表达,而非通过大字报、批斗等非正常方式来发泄。无序的自由等于没有自由,且也不符合宪政的精神。宪政的价值在于通过对政府权力的限制来实现对公民权利和自由的保障,建立有限政府是其目标。而有限政府并非无政府,更不是弱政府,而是说该管的一定要管好。

民主当然是一个好东西,它的本初含义是指建立在"一人一票"原则基础上的少数服从多数的简单决定规则[5]。它的价值在于决策的达成,而不是形成"多数的暴政"。但现实中,多数人的民主往往会滑向偏执的群众专政。如果他们受某种激进意识形态的支配,后果可能就更不堪设想。由此看来,在"文革"中,"民主"的负面作用可谓暴露无遗,民众的革命热情已完全失去了理智。

清末,清政府试图以宪政改革来阻挡革命的到来,但由于清政府统治合法性的丧失,它已没有足够的权威资源和时间来保证改革的成功,最后没有逃脱灭亡的命运。百年以来,宪政一直是中国人的梦想。假如清政府能像日本明治政府那样,在出现政治、经济危机的初始阶段就真诚地推动立宪改革,现代中国也许是另外一幅场景。但是,历史没有"假如",在这样一个传统文化根基深厚、宪政文化阙失的国家,革命更有市场,也更符合中国人的民族心理。"文革"后,中国的政治生活恢复正常,并日益走上宪政的轨道。从革命走向宪政,应该说是中国人民的又一次伟大选择。

(徐友渔著:《直面历史》,中国文联出版社2000年版)

注释：

〔1〕王希：《原则与妥协：美国宪法的精神与实践》，北京大学出版社2000年版，前言，第7页。

〔2〕金耀基：《从传统到现代》，中国人民大学出版社1999年版，第162~163、3页。

〔3〕Maurice Meisner: Mao's China and After: A History of the People's Republic, New York: Free Press, 1986, CH.20.

〔4〕《人权宣言》第四条。

〔5〕(美)埃尔斯特等编：《宪政与民主——理性与社会变迁研究》，潘勤等译，三联书店1997年版，第2页。

(**郭绍敏** 文，原载《书屋》2004年第9期)

第二辑 新名有循于旧名

"非法之法"与威权社会

丁林先生《非法之法不是法》一文[1]开篇即说:"非法之法不是法,这是我最近又一次读美国宪法时,最有感触的一点体会。"不过他又疑虑"非法之法"这个说法在汉语中也许有"文字游戏味道"。

其实,"非法之法"的说法在汉语或者在中国法律思想史中非但不是文字游戏,反而是一个深刻的命题,它出自三百多年前黄宗羲对中国政治传统和法律传统的思考:

> 后世之法,藏天下于筐箧者也。利不欲其遗于下,福必欲其敛于上。用一人焉,则疑其自私,而又用一人以制其私。行一事焉,则虑其可欺,而又设一事以防其欺。天下之人共知其筐箧之所在,吾亦鳃鳃然日唯筐箧之是虞,故其法不得不密。法愈密

而天下之乱即生于法之中,所谓"非法之法"也![2]

翻译成通俗一些的说法,这段话的意思是:由于专制者以天下为其私产,并且密张法网以守此禁脔,所以原本旨在建立社会秩序和规范的法律文化,其高度发达和强化的结果,反倒是使自身难以逃遁地沦为社会混乱和灾难的渊薮。法律的这种悖论就名之曰"非法之法"。

作为中国思想史上对政治体制最具洞察力的学者,黄宗羲把他对法律文化的思考排列在仅次于对君权政体的思考后面(《明夷待访录》中的第一、第二篇是《原君》与《原臣》,第三篇即是《原法》),并且得出了如此深刻的结论,这直接原因,是出于他目睹了专制法律体系的积弊日深与明王朝崩解之间的直接因果关系。

而与"非法之法"大行其道成了中国传统法律的结局形成鲜明对照的是,法律作为西方现代化进程中最重要部分所取得的巨大进步。而这进步的核心,即在于通过法律而对威权者权力的限制以及对国民不可剥夺权利的明确:

英王约翰于1215年颁布"大宪章"(Magna Carta),该宪章实可谓英王与当时大小贵族(即当时的封建诸侯)及僧侣所结的一种契约,其目的在限制国王的权力——尤其是国王征收租税的权力。十四世纪的法国则已有"国法"(lois du royaume)与"王法"(lois durof)的分别;……当时所谓"国法",系指国王不能自行变更或废止的法律而言;倘欲废止或变更,则国王必须取得"等级会议"(Etatsgeneraux,即由贵族、僧侣、及平民三阶级的代表组织而成的议会,与英国当时的议会 Parliament 相似)的同意。

……此种观念成立以后,君主乃不过是一个普通立法者;根本法的变更或废止,则非君主一手之力所能实现,而须有待于议会的协赞;一如近代各国的宪法,其修改废止,不属于操有普通立法权的议会,而属于人民或其他特殊的制宪机关[3]。

到1600年资产阶级私法的主要原则,即个人之间在契约、所有权等方面的法律,即使在实践领域尚未完全取代,却也在理论上取代了人际封建关系[4]。

所以,如果我们以这个起点之后宪政制度中一些最主要的法律原则为参照,来比较黄宗羲痛加指斥的"非法之法",就不难明了后者的要义所在。

一

应该首先比较的,就是法律的本源。在上面的引文中黄宗羲说得很清楚,他所面对的法律文化,其法理基点在于:法律是威权者为了"利不欲其遗于下,福必欲其敛于上"这一己之私欲而对万民设立的禁锢。所以在中国传统法律体系中,至上的君权始终是法律的来源,即《管子·任法》所说:"夫生法者,君也;守法者,臣也;法于法者,民也。"类似的制度设计又比如,在《韩非子·定法》对君权政体的描述中,认为"法"与君主的威势("势")、君主的统治手法("术"),三者"皆为帝王之具也"。而至皇权社会后期,法律文化的这一特点则更加凸显,例如苏洵在其《申法》中强调的,就是皇帝对法律这种统治工具的绝对垄断:"夫法者,天子之法也!"[5]

出于这样的法理,中国法律最大的特点即是梁启超所总结的:"国家为君主所私有,则君主之意志,即为国家之意志,其立法权专属于君主。"[6]所以直到在戊戌变法中,维新党人上疏光绪帝敦请效法西方而开国会、立宪法,结果是:"廷议不以为然,皇上决欲行之。大学士孙家鼐谏曰:'若开议院,民有权而君无权矣!'"[7]——可见宪政的难行,关键是因为它需要从根本上改变中国政治体制"君有权而民无权"的法理基础。

严复曾指出中西法律"有甚异而必不可同者",这巨大差别中的主要方面有:第一,法的来源不同,西法由民众选举出的议会或由君民共同制定,而中法则根据帝王的谕旨和诏令;第二,西法对本国的君民都有约束力,而中法只约束其臣民,君主则超轶于法律之上;第三,西法遵守三权分立,而中法则是立法、司法、行政皆由皇帝一人统摄;第四,西法是国法与私法分开,而中法是公私律混同,民法和刑法不分;第五,所奉行的宗旨,在西法是"首明平等",而在中法则最重三纲[8]——他的这些详细的分析,更指出了中国法律与宪政之法之间所有的抵牾之处,都基于前者是"帝王之具"的缘故。

按照西方自然法的法理,人类的法律来自上帝对其社会性的规定,因此每个人最基本的那些权利和义务都直接来自上帝的赋予,它们是人间任何权势所无权剥夺和代替的。甚至在中世纪,"人们所公认的一项原则乃是,君王或者任何其他的权力机构只能宣布或发现已经存在的法律,或纠正其间所蕴含的对既存法律的种种滥用情况,而绝不可能创制法律"[9]。而这一原则对西方宪政法律体系和启蒙主义思想体系的建立都具有关键的意义,所以洛克强调国家权力只能来自公民的授权,而公民的基本权利则是不可"让渡的"[10];康德也说:"天赋的权利是每个人根据自然而享有的权利，它不依赖于经验中的一切法律条例"；"只有一种天赋的权利,即与生俱来的自由。"[11]

因此,在根据上述法理而建立的政体中,宪法被认为是一部限制政府权力、保障公民个人权利的法典;在职能上,宪法的作用主要表现于对政府权力所施加的有效规范和限制。特别是在西方历史中,自然法传统已经由法律的范畴延伸到极为广泛的社会文化领域中,所以美国著名法学家本杰明·卡多佐这样评价自然法的意义:"多少世纪来，它在不同历史阶段中一直持续着，它将自身深深埋藏在通常的语言和思维形式中,并对人们关于治国术和法律的思考与理想有深厚的影响。"[12]因为具有这样的文化传统和政治基础,所以宪政原则也才能够不仅存在于成文法之中,而且更作为基础性的文化制度而无处不在地存在于整个国民生活之中。

与此相反,在传统中国则根本不可能发育出与自然法相似的法律文化,即如法学研究者指出的:"可以肯定的是,中国历史上的自然法观念即使有也是很微弱的,从来就不曾像西方那样出现过自然法思想大放异彩的时代。实际上,自秦以来,在正统儒家法律思想中,我们所看到的,的确是那些有可能被称之为'自然法'观念的东西日趋式微,乃至衰绝。"[13]而与这种式微同步的,则是皇权及其对全社会统辖力的日益神圣威严和强横无忌;是权力的无限性、任意性、全能性和禁忌性(决不允许威权者之外的任何人染指)这些与宪政宗旨和有限政府(limited government)法理截然反向的政治理念和政治模式,日益趋于极端。随着上述趋势的发展,社会生活的一切环节都无可逃遁地被笼罩在这个充塞天地的巨网之下,即理学家一言以蔽之的:"父子君臣,天下之定理,无所逃于天地之间。"[14]而既然只有威权者才是天地之间万法万理的本源,那么帝王们对于法律的任意玩弄亵渎,就反倒成了臣民们跪拜称颂的对象:"陛下,即天也,春生秋杀,何所不可!"[15]

在法律与权力的关系上,中西传统何以会有如此大的区别呢?韦伯在分析传统中国所以"缺乏自然法与形式的法律逻辑"时指出,"罗马法首先是自治的城邦商业活动的产物";更进一步说,"古希腊、罗马和中世纪的自然法理论的前提,恰恰就是哲学假设或宗教假设同'尘世'的紧张关系以及由此产生的'原始状态'学说,这种学说显然不可能产生于儒教"[16]。——而在中国,不论是商业等一切经济活动还是哲学或宗教体系,都根本不可能如西方那样形成足以与尘世皇权之间相互对峙的"紧张关系",因此"皆为帝王之具"就成了中国法律文化的第一要义。由于基础的极大不同,所以从中国威权制度的原则出发,也就根本不能想象公元前451年至450年罗马共和国由国民大会通过《十二铜表法》,不能想象后来的罗马法(查士丁尼《民法大全》)所规定的皇帝必须宣布自己接受法律约束,因为他自身权威来源于法律的权威等等与中国迥异的法理。

西方的宪政法学思想总是一再通过对罗马法的追溯而明晰其公民权利、法律与自由权利的关系,以及国家权力因为其来源所规定而必须受到限制等基本的理念,比如哈耶克所说:

(《十二铜表法》)构成了罗马共和国的自由的基础。这些法律中的第一部公法便规定:"不能授予私人以特权或颁布偏利于某些私人的法规,而侵害其他人,因为这与适用于所有公民的法律背道而驰;这种适用于所有公民的法律,任何人,不论其地位如何,都有权运用之。"这一规定提出了一个基本观念。而正是根据这个观念,逐渐形成了第一个充分发展的私法体系（system of private law）。当然此一形成过程与普通法（common law）的发展过程极为相似……自由罗马的法律精神,主要是通过后来在十七世纪拉丁复兴运动（Latin Renaissance）期间重新具有影响力的古罗马历史家和演说家的著述而传至我们的[17]。

这种对古代法学资源的积极追溯和借助,恰恰与黄宗羲对年深日久的"非法之法"之切肤之痛,与严复、梁启超等中国近代以来思想家对本土法律传统专制性的严厉批判形成对照。

在西方法律文化中,权力有限性传统的另一成因在于:与中国大一统的皇权政体不同,西方中世纪那种将法律"转变为有无限活力和影响的一种神学概念"[18]的意愿,在客观上受到社会结构的限制。由于封建制的分割以及教会、领主、王权、城市之间的相互分立和制约,使得封建法、领主法、公教法、自治城市法、商人法等众多不同法律系统同时并存、相互制约。因而任何一个法律系统都不可能如传统中国政治和法律模式那样,笼罩亿万子民的一切而使其"无所逃于天地之间"。相反在西方中世纪,人们倒是可以经常利用不同法系之间的分立而尽可能地维护自己的权益,例如在沿袭罗马法的基础上,"中世纪商人争取一种由他们自己制订、为他们在城镇和各地每年每季集市上专用的法律";人们甚至有权在十分宽泛的范围内选择最利于自己的法律环境:

1448年有一个来自格拉斯（今法国南部）名叫奥吉耶的杂货商,渴望向尼斯地方一个商人购进一批货物,他同意若因合同涉讼,可诉请以下法庭裁判:埃克斯账务审议厅(一所王家法庭);巴黎小城堡法院;格拉斯的市属法庭;马赛的商人法庭;教皇及教廷议事厅法庭;以及尼斯公爵直辖市法庭。这些法庭中的每一个法庭都可能要按照一种不同的法律来审理该项交易……[19]

这对于中世纪后期开始的国民通过法律而明晰权利与义务的关系,以及后来确立分权制衡的宪政体系,当然具有重要的意义。而参比之下,对于羁身于"普天之下,莫非王土,率土之滨,莫非王臣"体制中的中国臣民来说,这样的选择权利和选择空间当然是绝对不可想象的。

二

上面的许多话,其实都是为了说明黄宗羲所谓"非法之法"是在什么样的政体中才得以产生并且日益膨胀的。有了这样的说明,也就可以更清楚"非法之法"与宪政之法的区别究竟何在。法律史说明:中国的法制虽然在宋明以后就达到了"一事之小,一罪之微,皆先有法以待之"那样极其发达严密的程度,但是却恰恰因此而愈加与宪政的法律原则背道而驰:

法治是一个在英国和美国广泛使用的术语,它的含义也常常是变动不居的。其多种含义中的一个共同标准(德语中的 Rechtsstaat 亦复如此),包含禁止政府的独断专横和公民与国家关系中"合理性"的高度保障等。命令的发布以及强制的实行都须以公布的法律为基础。因而法治的程序方面(在美国宪法中规定为"正当程序")便是对该原则的强有力保障[20]。

以"禁止政府的独断专横"、保障公民权利不受不法侵害这一宪政的核心准则为对照,威权社会中"非法之法"的本质就更加显露无遗。我们先来看一则黄宗羲那个时代的典型案例:

1527年,嘉靖皇帝怀疑众大臣借"李福达案"陷害自己的宠臣郭勋并进而质疑自己的威权,于是下令将此案由地方衙门移送京师,由刑部、大理寺和都察院三法司会审(明代定制:重大刑狱由上述三部门首长会审);然而他对会审的结果依然不满意,于是再次下令,改组三法司,另派完全依附于己的三名新贵负责审理此案,具体的任免是:由礼部侍郎(礼部副长官)桂萼取代原刑部尚书颜颐寿而统领刑部,以兵部侍郎张璁代理都察院,以少詹事方献夫代理大理寺。同时,将被免职的三位原司法首脑一起逮捕。张璁、桂萼等人素来被刑部尚书颜颐寿看不起,于是这次新贵们正好借机报复,他们用"拶指"的酷刑折磨颜颐寿,并笑着问他:"现在你服输了没有?"堂堂刑部尚书颜颐寿不胜毒刑,只好拼命磕头求饶,并哀告:"爷爷饶我!"此事很快传遍京城,于是当时市井间流行的政治民谣《十可笑》中就有一条是:"侍郎拶得尚书叫",意思是品级低下的官员只因有了皇帝撑腰,就可以将国家最高法官用酷刑折磨得哀号不已。

李福达案的结局是:所有原来参与审理此案或者心存异议的官员一律被免职并获重罪,同时得出了与原先完全相反的审判结果;又因为这个终审完全符合了嘉靖皇帝的心意,所以他大为欢喜,立即擢升张璁为相(明初废丞相制以后,大学士被习称为丞相),并统领都察院。同时将此案的审理过程汇编成书,作为以后的司法典则。从此以后,嘉靖皇帝不仅动辄抛开国家常规司法机构,通过身边的太监直接下达对许多案件的终审判令("出中旨定狱"),而且对于包括刑部侍郎、大理寺卿等国家司法高官在内的群臣,一直沿用对待颜颐寿等人的前例而"待之如奴隶",甚至刑讯致死![21]

这个案例从立案的目的,仅凭最高统治者个人的好恶即骤兴大狱的极端专横性,到为了屈从最高统治者的意志而一再更改审理程序,再到为了惩治法官的稍存己见即对他们加以重罪酷刑等等一切环节,都具有"非法之法"的典型特征。由此体现出威权者是如何视法律如孤雏腐鼠和随意捏弄的玩物。而如果与宪政原则相比较,则二者的区别尤为突出——比如 A.V.戴西《宪法学导论》中说的:"法治意味着普通法律的绝对至高或优越地位;它和任意权力之影响相反,并排除政府特权或广泛裁量权的任意性之存在。"所以英美法系为了体现法律面前人人平等而强调:"涉及政府以及行政机构的诉讼如果不由'普通'法院审理,那么法治原则本身也就受到了破坏。"[22]

下面不妨举出一个英国法律史上的事例,作为上述"嘉靖丁亥大狱"的真切对比。1608 年,当英国国王詹姆士一世意欲亲自判案时,法官们集体表示反对,理由是:"诉讼只能由法院单独作出裁决。"詹姆士一世依然固执己见,认为既然法律基于理性而自己与法官一样是具有理性的人,那么由他进行司法审判就是合理的。针对国王的这个说法,大法官柯克告诉国王:"的确,上帝赋予陛下丰富的知识和非凡的天资,但是陛下对英格兰王国的法律并不精通。涉及陛下臣民的生命、继承、动产或不动产的诉讼并不是依自然理性来决断的,而是依人为理性和法律的判断来决断的。法律乃一门艺术,一个人只有经过长期的学习和实践,才能获得对它的认知。"而当詹姆士一世指责柯克对国王权威的质疑将构成叛国罪的时候,柯克的回答却异常坚定:"国王在万人之上,但是却在上帝和法律之下!"[23]

同样是在四百年前,直面王权威势的英国法官所做的,是对独立司法程序的恪守和对法律崇高地位的捍卫;而在嘉靖皇帝派来的宠臣脚下,中国最高法官却在为哀求饶命以头抢地,这二者之间的天差地别应该是让今人都感到吃惊的吧。

三

当年严复在对孟德斯鸠讨论英国宪政制度与专制制度区别的一段文字之后所加按语中,回顾了他自己初次接触英国法律时所受到的深深震撼,以及由此引发对中西法律体制的根本抵牾和中西强弱悬绝之原因的豁然而悟:

嗟乎!刑狱者,中西至不可同之一事也。犹忆不佞初游欧时,尝入法庭,观其听狱,归邸数日,如有所失。尝语湘阴郭先生(即郭嵩焘),谓英国与诸欧之所以富强,公理日伸,其端在此一事,先生深以为然[24]。

这"数日如有所失"的内心苦痛,当然是因为与严复原本居身其中、浑然不以为异的中国法律文化相比,这宪政国家法律文化呈现出来的反差实在太过巨大,以及这反差与两种制度之间孰强孰弱的因果联系又至为明显的缘故。

深痛之下,严复得出了这样的结论:中国法律的发达虽然有四千余年之久,但是却"必不可与今日欧洲诸立宪国同日而语"。在严复看来,二者的不同就在于:所谓立宪,不只是要有"恒久之法度"而已,相比之下更重要得多的是,要建立"民权之用",因为只有建立了民权对威权的制约,才能使"法之既立,虽天子不可以不循";相反,若是这制订出的法律对于威权者来说仅仅是"在或然或不然之数",则这种体制依然不过是"专制之尤者耳",即如中国这样,虽然在历史上不断出现过明德的"圣君",但是从国家政体来说,还是"无一朝之宪法"[25]。——应该说,严复是抓住了"宪政之法"与"专制之法"二者间的根本区别所在。

可惜,早在严复那里就已经开始的区别"非法之法"与宪政之法的努力还是很难继续下去,所以后来才不断地上演着在"宪法"名义之下张扬"非法之法"那样滑稽的障眼法,比如1908年清政府颁定的《钦定宪法大纲》,其正文为"君上大权",而附录才是"臣民权利义务"。《大纲》第一条规定:"大清皇帝统治大清帝国,万世一系";第二条规定:"君上神圣尊严不可侵犯。"这种统领一切的权力更具体明确为:皇帝享有颁行法律、发交议案、召集或解散议院、黜陟百官、总揽司法、遇有紧急情况发布取代法律的诏令及"限制臣民之自由";议院决议的法律,如果无诏令批准即不得施行,等等。再比如民国时期蒋介石以个人独裁下的"党治"任意奴役和玩弄法理的无数例子之一:1928年10月他以国民政府主席兼任行政院院长而包揽了一切大权之后,即马上修改了刚刚颁布实施了仅仅一个月的《国民政府组织法》,将原来的国务会议合议制改为"行政院长总

第二辑 新名有循于旧名

揽行政权之制";而一旦蒋介石因为党内派系斗争而放弃主席的职务,则《国民政府组织法》又立刻被修改,规定主席"不负实际政治责任","不得兼任其他官职",从而使全部实际权力转至行政院[26]——可见仅仅有了名义上的一纸"宪法"与真正建立起宪政制度,可能是根本不同的两回事,而其间的关键区别,就是在普遍的公民权利之上,是否还有一个万世一系和凌驾一切的威权者。

正因为宪政制度与威权制度之间的鸿沟,并没有靠了百年以来许多堂皇的纸上"宪法"就真正跨越过去,所以种种"和尚打伞,无法无天"的悲剧依旧层出不穷。举一个事件的大致轮廓人人耳熟能详,但是其程序"细节"未必有多少人注意的例子:

1955年5月"胡风反革命集团案件"的定谳,是在"中央五人小组"的操作下完成的。小组的组长为中央宣传部部长陆定一,而副组长是公安部部长罗瑞卿,他们之上的毛泽东则直接指挥"案件"的处理。毛泽东于6月8日写完关于"胡风反革命集团的第三批材料"的"编者按",在此之前,大多数的"胡风分子"都已经被逮捕,而直到这时毛泽东还在催促陆定一:"务于今天下午四时前将胡风分子简历送交我为盼。"[27]——也就是说,生杀予夺的威权者严惩"胡风分子"们的法令,是在连中共中央宣传部长奉命为这些阶下囚们罗织罪状的一份最简略文书都还没有来得及呈交的情况下,就早已威行万里了。更加令人感叹的是:北京市中级人民法院对"胡风案件"的开庭审理和宣判,是在胡风(以及"集团"的许多成员)已经被关押了整整十年之后的1965年11月至1966年初,才为了面子上过得去而追补的。

在这个著名的案例中,较之给胡风等成百上千人逐个捏造出莫须有的滔天大罪更荒谬得多的,其实是上述司法方式以及法律权威的构成方式。因为如果按照宪政的法律原则来看,在被称为"正义推进器"的独立司法机构和法定的司法程序完全缺席情况下(比如在"胡风案件"定罪的过程中,由党的宣传部长凌驾和取代独立司法机关而拟呈诉状文书),根本就不可能有什么法律意义上的"案件"和"罪犯"可言,即从1215年英国《大宪章》就开始确立的原则:不得依据无确证的指控使任何人受审;非经法庭的合法判决,每一个自由人都不能受到逮捕囚禁、抄没流放、褫夺公权之类的惩治。而如果考虑到对"胡风集团"的处理是在1954年《宪法》刚刚颁布不久时发生的,其"非法之法"的特质也就尤为刺目。

我们不妨再举一个与"胡风案件"时间相近、而且同样涉及"最高权力"的案例——1952年美国"钢铁公司占领案"——以作为比较:朝鲜战争爆发后的1950年12月16日,美国总统杜鲁门宣布全国处于"紧急状态",随后发布10340号行政命令,要求商业部长征用某些钢铁公司的厂房和设施。而钢铁公司的拥有者以总统的法令缺乏法律基础为由,在地区法院起诉执行总统命令的部长。地区法院裁定政府败诉,并禁止部长继续占用工厂或者在10340号政令所称的权力之下行动;但是这个对政府的禁令又在同一天为上诉法院所制止。最后,官司打到最高法院,而最高法院以6:3的压倒多数维持地区法院的原判,这项判定总统令违法的裁决中说:

如果总统具有任何权力下达命令,那么它必须来自国会法案或宪法本身。但我们找不到任何立法以明确授权总统在本案占据财产,也不存在国会的任何法案能清楚地蕴含这类权力。……几项授予总统权力的宪

第二辑 新名有循于旧名

法条款,也同样不能被用来支持占领的指示。在我们宪法的构架中,总统保证法律获得如实执行的权力,反驳了他可成为立法者的设想。……不论在和平还是危机时期,这个民族的缔造者把立法权力仅委托于国会。在这项选择的背后,乃是对权力的顾虑和对自由的向往。

杰克逊法官在他支持地方法院裁决的陈述中,更提醒人们切不可沉溺于权力任意性的诱惑,就忘记了"二战"那场刚刚过去的巨大悲剧。而那场悲剧恰恰是借助"非法之法"的恣意滥用公权才得以启动的:

> 对一个国家而言,全盘未被定义的总统权力既有实际优势,也有严重危险。……在第一次世界大战之后,为了保障西方传统的自由,德国制定了魏玛宪法。但(规定)如果公共安全和秩序受到严重侵扰或威胁,共和国总统有权在未获议会同意下,暂时终止所有个人权利。不论持何政见,所有政府都被这项权利所诱惑,并在十三年内,权利终止的运用超过二百五十次。最后希特勒说服冯·兴登堡总统终止所有这类权利,且以后再没有恢复过。……我们自由政府的要旨,乃是接受那些被我们称为法律的非个人力量之统治。我们政府的建设宗旨,即为在人类力所能及的程度上,把这一理念付诸实施。除了建议和否决法案,执法机构没有立法权力。

而他的最终结论是:

> 本案中的执法行动产生于总统的个人意志,并代表与行使着没有法

律基础的权力。[28]

笔者清楚记得自己童年时,小伙伴们经常唱的一首童谣是:"一二三四五,上山打老虎;老虎不吃人,专吃杜鲁门!"——对于那位讨人厌的杜鲁门,大洋那边的办法,是让老百姓们都懂得如何公开用法律来管住他手中的权力。而我们却只能私下祷告:若有一天,这边也有什么大人物"代表与行使着没有法律基础的权力",那么我辈草民奢望用什么样的法律来对付他?老天保佑,还是不要让我们沦落到只能哀告"爷爷饶我"的境地,甚至如胡风以后的万千人们那样,连容其以"臣罪当诛"之身而叩头如捣蒜的庙门都跪索不得。因为这样的法律文化虽然世世代代一直最为我们谙熟,但毕竟与今天的世界大势太过悖逆了。

注释:

〔1〕见《读书》2001年第5期。

〔2〕《明夷待访录·原法》。

〔3〕王世杰、钱端升著:《比较宪法》,中国政法大学出版社1997年版,第15~16页。

〔4〕〔19〕(美)泰格·利维:《法律与资本主义的兴起》,学林出版社1996年版,第175、8~9页。

〔5〕苏洵:《嘉祐集》卷五。

〔6〕梁启超:《论立法权·论立法权之所属》,《饮冰室文集》之九,第107页。

〔7〕康有为:《请君民合治满汉不分折》,见汤志均编:《康有为政论集》上册,第340页。

〔8〕详见张国华主编:《中国法律思想史》,第462~463页。

〔9〕〔17〕哈耶克:《自由秩序原理》中译本,第204、208~209页。

〔10〕详见洛克:《政府论》下篇,第4、11章等。

[11]康德:《法的形而上学原理》中译本,第49~50页。

[12](美)本杰明·卡多佐:《司法过程的性质》,商务印书馆2000年版,第82页。

[13]杨一平:《司法正义论》,第5页。

[14]《河南程氏遗书》卷五。

[15]《明史》卷一九三《翟銮传》。

[16]《韦伯文集》下册,第155页。

[18]亚伦:《古代法·导言》。

[20](美)埃尔曼著、贺卫方等译:《比较法律文化》,第94页。

[21]详见沈德符:《万历野获编》卷十八"嘉靖丁亥大狱"条。

[22]埃尔曼:《比较法律文化》,第95页。

[23]爱德华·S.考文:《美国宪法的"高级法"背景》,第34~35页。参见萨拜因:《政治学说史》下册,第509~510页。

[24]严复:《法意》卷十一按语,《严复集》第4册,第969页。

[25]严复:《法意》卷二按语,《严复集》第4册,第940页。

[26]详见王世杰、钱端升著:《比较宪法》,第404页,并参见该书第四章《国民政府机构》第一节《党治》。

[27]《建国以来毛泽东文稿》第5册,第109页。

[28]案例及辩词详见张千帆著:《西方宪政体系》上册,第89~98页。

(王　毅、朱文萍 文,原载《书屋》2002年第8期)

现代中国训政之路

一

作家韩少功在《夜行者梦语》中写道:"人类常常把一些事情做坏,比如把爱情做成贞节牌坊,把自由做成暴民四起,一谈起社会均富就出现专吃大锅饭的懒汉,一谈起市场竞争就有财迷心窍唯利是图的铜臭。思想的龙种总是在黑压压的人群中一次次地收获现实的跳蚤。或者说,我们的现实本来太多跳蚤,却被思想家一次次地说成龙种,让大家觉得悦耳和体面。如果让耶稣遥望中世纪的宗教法庭,如果让爱因斯坦遥望广岛的废墟,如果让欧文、傅立叶、马克思遥望前苏联的古拉格群岛和中国的文革,他们大概都会觉得尴尬以及无话可说。"这话说得很对。

中国现代化的过程其实就是"发现西方"的过程。无论是鸦片战争之后中国人对英国"船坚炮利"的认识，还是康有为、梁启超等人对君主立宪政体的鼓吹，无论是严复对达尔文进化论的译介，还是孙中山为民主共和的奔走呼号，都贯串着一条清晰的线索：把西方先进的东西引进到中国来。

经过诸多先贤们的努力，先是西方先进的科技引进了中国，随后，到辛亥革命时，据说"民主共和的观念"也"深入人心"了。其实，问题没这么简单。作为"龙种"的西方宪政思想，一遇到"中国的特殊国情"，一遭遇中国几千年的封建专制传统，它就变形了。

在中国，封建专制的思想常常会披上一件新的外套继续招摇。训政，就是宪政在现代中国蜕变的产物，它打着宪政的旗号，其实骨子里还是专制的基因。

二

中国几千年的封建专制制度，造就了暴君，也造就了愚民。暴政之下，只有愚民才能是"顺民"，否则便是"刁民"。所以，暴政和愚民堪称一对绝世"好搭档"，两者的相互配合，使得中国的封建社会维系了那么长的时间。

资产阶级维新派在中国试图"改良"时，康有为、梁启超等人很快发现，"改革"的阻力不但来自保守的封建官僚，还来自底层的"愚民"。这使他们认识到，对"愚民"是无法实行民主的，"愚民"根本没有自我管理、自我发展的能力，"愚民"必须接受"训导"。作为思想家的梁启超，不断地呼吁要中国人做"国民",这其中自然含有唤醒民众的积极意义,但是,若考虑到梁启超同时作为政治家的身份,这里也就有"训政"的味道了。

当然,康有为、梁启超等人还没有把"训政"发展成一种成熟的"思想体系"。完成这一工作的,恰恰是以"民主共和"为终身奋斗目标的孙中山先生。人们爱说,历史是一位睿智的老人,可是我却常常感到,历史也像一个顽皮的孩童,他时常会搞些小小的恶作剧,让你打也不是骂也不是。以"革命先行者"著称的孙中山先生,以其极为坚韧和决绝的作为领导了辛亥革命,终止了清王朝,从而宣布了封建制度在中国社会的完结。这样的功勋,怎样说都该彪炳史册。可是,就是这样一位令人敬仰的伟人,却提出了"训政"的思想,把西方宪政这一"思想的龙种"变成了中国现实的"跳蚤"。

孙中山坚决地反对封建专制制度,义无返顾地推翻清王朝,建立国民政府,但是他所领导的辛亥革命同样遇到了这样的问题:"愚民"并不理解他所领导的辛亥革命。鲁迅先生在小说《阿Q正传》、《药》中就指出过这一点。被封建专制制度愚弄惯了的底层民众是一群麻木的看客,是"沉默的大多数"。他们不理解民主和自由,不理解革命,也不懂得自己作为国民应有的权利。面对这样的情形,矢志于民权目标的孙中山也深信中国民众尚未准备好担负起自治的责任。基于这样的判断,他认为国民革命有三个阶段:第一个阶段是军政阶段,这时的国民党人要依靠军事力量实现全国统一,并巩固国民政权;第二个阶段就是训政阶段,在这个阶段,革命党的任务就是要代表民众行使国家主权;同时,要在各地训练民众实行自治。通过选举县长、召开县代表大会和制定法律,以便使县一级能充分实行自治,这样民众才能受到教育,准备进行革命的第三个阶段,即民主的宪政阶段[1]。

《国民政府建国大纲》写于"民国十三年",即 1924 年。其实,训政的思想早就在孙中山的头脑中形成了。1922 年,孙中山就表述过类似的看法,他说底层民众是"无知可怜"的幼儿,而革命党则是保姆,并说:"我们建立民国,主权在民,这四万万人民就是我们的皇帝,帝民之说,由此而来。这四万万皇帝,一来幼稚,二来不能亲政。我们革命党既以武力扫除残暴,拯救得皇帝于水火之中,保卫而训育之,则民国的根基巩固,帝民也永赖万世无疆之休。"[2]

孙中山的"革命阶段"论及其所派生出来的"训政"之说,其初衷或许是鉴于中国现实所采取的一种"策略",是一种权宜之计,是为了实现民主宪政的一种手段和步骤。但是,它所隐含着的专制倾向还是能被明眼人看出的。陈炯明就是这样的人,他断然不同意"训政"之说。他说:"训政之说,尤为失当。此属君政时代之口吻,不图党人袭而用之,以临吾民。试问政为何物?尚待于训耶!民主政治,以人民自治为极则,人民不能自治,或不予以自治机会,专靠官僚为之代治,并且为之教训,此种官僚政治,文告政治,中国行之数千年,而未有长足之进步。国民党人有何法宝,以善其后耶?徒使人民不得自治机会,而大小官僚,反得藉训政之谬说,阻碍民治之进行。"[3]

陈炯明所倾心的是联省自治。"五四"运动后,一些学者认为,既然南北政府都无力统一全国,与其连年征战,不如各省先行自治,把自己的事情办好了,再实行联省自治,如此便可以不通过武力而最终实现全国统一。陈炯明对联省自治尤为心驰神往。1921 年 2 月,他在《建设方略》一文中,详细解释了自己的政治见解:"近世以来,国家与人民之关系愈密,则政事愈繁,非如古之循吏可以宽简为治,一切政事皆与人民有直接之利害,不可不使人民自为谋之。若事事受成于中央,与中央愈近,则与人民愈远,不但使人民永处于被动之地位,民治未由养成,中央即有为人民谋幸福之诚意,亦未由实现也。"[4]

陈炯明一直被说成是倒行逆施的"军阀",理由自然是他炮轰总统府,叛变孙中山。但是,如果本着充分尊重历史的态度,我们就会发现陈炯明的"闪光之处",他对"训政"的批判可谓一针见血,切中要害。中国百姓"愚昧",没文化,不懂民主,不理解政府的"良苦用心",这些即便是中国的实情(而且还不全是),也决不能成为"训政"的理由。民主确实需要学习,但民主更是一种实践手段,民主经验的获得和民主意识的增强,需要在民主的制度下,通过公民自己自觉地参政议政来实现;宪政确实需要建设,但政府必须先提供宪政的基石和框架。宪政的理念只有在政府拿出了宪政的制度和框架之后才能更快更好地深入人心。在这一点上,当时的人们以为,中国人"愚昧",文化水平太低,还不能实现民主,等把这些民众教育好了,再实现民主的宪政也不迟。这样的想法显然是本末倒置的。民主和宪政有点像游泳,要想学会游泳,就必须亲自到水里去"扑腾",如果怕挨淹而不敢"下水",只在岸上听别人讲游泳的"动作要领",那是无论如何都学不会游泳的。

不给民众以实践民主的机会,光把民众当"无知可怜"的幼儿来"训导",那不但不能提高民智,反而会重新回到封建专制主义惯用的"愚民"的旧巢中。对于这一点,陈独秀也有深刻的认识。1916年,他就在《吾人之最后觉悟》一文中说:"今之所谓共和、所谓立宪者,乃少数政党之主张,多数国民不见有若何切身利害之感而有所取舍也……立宪政治而不出

于多数国民之自觉、多数国民之自动,惟曰仰望善良政府、贤人政治,其卑屈陋劣,与奴隶之希冀主恩、小民之希冀圣君贤相施行仁政,无以异也。"

一项改革也罢,一场革命也罢,如果只是从"政府"和"领袖"的本位出发,而不是从"国民"的本位出发,只是把"国民"当作一种实现目标的手段,那么,"多数国民"就无法从这样的改革和革命中得到民主权利和个人自由。即便这样的改革和革命成功了,"多数国民"被动的、配角的身份仍然不会改变,他们的命运也依然要让少数人来掌控。正是从这个层面上,我们说,训政表面上看起来顺理成章,是宪政思想和"中国具体国情相结合"的产物,实则是中国封建专制思想的重演——只不过它此次登台时穿上了一件宪政的外衣而已。孙中山之后,蒋介石及南京国民党政府的实践进一步证明:"训政"必然会一步一步地滑向专制主义的深渊,"训政"之树上根本就不会结出民主宪政的果实。

三

1927年,国民党实现形式上的全国统一,成立了国民政府,随后即宣布进入训政时期。训政,表面上的意思跟孙中山在《国民政府建国大纲》中提出的一样,即由国民党代表民众行使管理国家的权力,"以党治国"。这样,国民党全国代表大会和中央执行委员会也就拥有了最高的权力,它负责指导党务、制定国民党政府的大政方针和对人民进行"训导"。这些光在纸面上讲当然是很动听的,但实际上,我们完全可以说,蒋介石实行"训政"之日,也就是他的独裁统治开始之时。训政不但没让中国人学会民主和自由,反倒让人们见识了什么是专制独裁,什么是争权夺利,什么是尔虞我诈,什么是贪污腐败!封建社会的中国是"家天下",至此,变成了"党天下",而蒋介石又是国民党的"党魁",所以他也就天然具有了"训导"人民的资格。由训政而专制独裁,其逻辑如此简单。当然,现实的发展也还是有一个过程的。

训政的矛盾之处从一开始实行就显现了出来。口口声声说要教导人民学会民主的国民党,几乎处处都以维护"党的利益"为借口压制民众的民主要求。二十世纪二十年代中期,中国的工会组织严密,在社会生活中很有"博弈能力",可是到了1927年,这些工会的领导人被撤职,而由国民党政权的代理人接替。工会的指导原则也不再是阶级斗争了,它被要求要与雇主和政府合作。工会的独立活动受到禁止,工会变成了国民党政权的驯服工具。自1919年"五四"运动以来,学生运动一直是中国政治生活中的一个因素,但到训政时期也受到了压制。1930年,国民党取缔了一切非学术性的学生团体,学生被要求要专心读书,避免参加政治活动。1931年"九·一八"事变之后,日本侵略中国的意图日益暴露,学生的爱国热情一次次地迸发为游行示威等抗议活动。国民党政府对学生的这些抗议活动,最终一概以武力回答。

国民党政府不相信任何非政府发动和控制的政治运动,维护党国的秩序和稳定成了它压制民众活动的一个最重要的借口。与此同时,国民党政府却一天比一天腐败,它的贪污腐化、派系倾轧和管理无能,到上世纪三十年代就再也掩饰不住了。1930年5月20日的《北华捷报》发表评论说:"与十八个月前的热情相比,今日所有中国人中的绝望感,也许是最糟的一点。"三年后,《国闻周报》更是一针见血地指出:"民众厌弃国民党之心理,为不可讳言之事实。"[5]

说到底,蒋介石及国民党一直就面临权力来源的问题。无论是国民党政权里的众多官僚,还是作为"党魁"的蒋介石本人,他们的权力都不是合法得来的。他们的权力可能是经过战争抢来的,也可能是经过行贿上司买来的,还可能是通过尔虞我诈骗来的,当然更有可能是通过"做了女婿换来的"……就是没有经过真真正正的选举选出来的。没有经过真正民众选票的授权,权力的来路就是不正当的。行使来路不正的权力,类似于小偷使用偷来的器物,总不能理直气壮。从这个意义上讲,承担训政之责的政府和它的官僚们是心虚的。所以他们不敢相信民众的群体活动——只要这民众不是他们组织的,不是他们可以控制的,他们就害怕,他们就要禁止。

信任总是相互的,政府不相信它的民众,民众自然也就不满意这个政府。在宪政之下,公民批评政府是天然的权利;而在训政之下,这是不可以的。政府及其官僚们承担着"训导"国民之责,他们若被批评,那脸面何在？尊严何在？还怎么继续训导下去？更重要的是,这将导致"训导"者和被"训导"者间"师生关系"及相应的道德优越感的置换与错位,而这当然也是训政政府不能容忍的,所以,压制批评、打击不同声音便成了训政政府天经地义的选择。国民党政府对政治上的反对者、爱搞"批评报道"的新闻记者、持不同政见的学者和思想家,一律采用收买加暗杀的手段。此外,它还通过"党化新闻"操控舆论,在极力为"党天下"唱赞歌的同时打压那些不肯合作的媒体和文化人,强化党对新闻界的控制。

从1927年起,国民党政府一方面依靠官方新闻网络,垄断新闻的发布权和评论权,控制全国的舆论,"阐明党义,宣扬国策",另一方面还制定了许多新闻法规,钳制人民的言论和出版自由。在1929年至1934年间,国民党制定的与新闻有关的法规有《宣传品审查条例》、《出版法》、《出版法实施细则》、《宣传品审查标准》、《新闻检查标准》、《修正重要都市新闻检查办法》、《指导全国广播电台播送节目办法》、《图书杂志审查办法》、《危害民国紧急治罪法》等。自然,这些法规多属新闻"恶法",专制独裁色彩极浓。到了抗日战争相持阶段,国民党又制定了许多与新闻相关的法规,如《修正出版法细则》、《抗战时期报社通讯社申请登记及变更登记暂行办法》、《战时新闻检查办法》、《修正战时新闻禁载标准》、《修正战时新闻检查办法》、《战时新闻违检惩罚办法》、《修正抗战期间图书杂志审查标准》、《修正战时图书杂志原告审查办法》等。1942年7月,国民党还借抗战之际公布了一个《国家总动员法》,其中规定:"政府于必要时,得对报馆及通讯社之设立,报纸通讯稿及其他印刷物之记载,加以限制、停止,或命令其为一定之记载。"这样,就利用法规进一步钳制了新闻出版自由。

当然,国民党还实施严格的书报检查制度,随意扣押书报。1929年,国民党在各地设邮件检查所,实行邮电检查;1931年,在南京、上海、北京、天津等重要城市设立了"新闻检查所";1934年又专门成立了"中央宣传委员会图书杂志审查委员会";1935年又成立了中央新闻检查处,一再强化它的出版审查制度[6]。

按孙中山的设想,训政是实现宪政的一个阶段,可到了蒋介石及南京国民党政府这里,训政就成了拒绝实行民主、拒绝给民众以自由和权利的借口。本来以为是通往宪政的一个路径,现在却成了宪政之路上的一个障碍,训政思想就这样走向了它当初预设目标的反面。

四

顾名思义,宪政就是用宪法来保障公民的个人权利并协调社会各阶层的利益冲突,这是西方宪政的本义。可是,到了中国,在训政政府看来,宪法原有的人文内涵荡然无存,而它的工具性和功利性得以突显,宪法成了训政者"训导"国民、凝聚国家力量的一种工具。在西方是自由主义、个人主义产物的宪法和法律,在中国却成了集权主义者手中的一根大棒。挥舞着训政的大旗,高举国家主义、民族主义的大棒,蒋介石及其南京国民党政府一天天地走向了独裁,走向了法西斯主义。

二十世纪三十年代,由于墨索里尼统治下的意大利和希特勒统治下德国的力量日益增长,法西斯理论引起了蒋介石的注意,他十分赞赏纳粹的组织及其活动方法。1935年,蒋介石就曾在国民党蓝衣社的一次集会上宣称:"法西斯主义是衰退社会中的一服兴奋剂","法西斯主义能救中国吗?我们回答:能。法西斯主义就是现在中国最需要的东西。"在这样的思想指导下,蒋介石发起了"新生活运动"。他希望通过法西斯主义来重建中国的政治、社会秩序。他甚至深情地回忆起自己在日本军校度过的学生时代,声称那里严格的兵营纪律大体上体现了他对中国社会的理想,而日本、意大利、德国则实现了这种理想。所以,他也要把中国引到法西斯之路上去以实现他的社会理想。他在《新生活运动之要义》中说:"按照法西斯主义,组织、精神和活动都须军事化……在家庭、工厂和政府机关,每个人的活动必须和军队中一样……换句话说,必须有服从、牺牲、严格、清洁、准确、勤奋、保密……大家在一起必须坚定地、勇敢地为团体和国家作出牺牲。"

显然,"新生活运动"的价值指向是保守的和反动的。陈独秀、李大钊、胡适等人发起的"五四""新文化运动"之所以彪炳史册,就在于它是一场思想解放运动,它努力把个人从中国封建传统的桎梏中解放出来。而蒋介石及南京国民党政府发起的"新生活运动"则是一场被把个人的精神和思想拉回到传统、拉回到集体和政党的束缚中去的新的"愚民"运动。陈独秀、李大钊、鲁迅等人高呼打倒孔家店,而对国民实施"训政"的蒋介石和国民党政府则恢复了尊孔。在中国,尊孔向来都不是简单地尊重教育家孔子的意思。从"领袖"和"政客"嘴里出来的"尊孔",潜台词其实是"尊我",是要百姓无条件地放弃个人权利,做"牺牲",以尊重"领袖"、服从组织。

五

就像陈炯明1922年对孙中山的训政之说提出批评一样,中国共产党也对蒋介石及南京国民党政府以"训政"为借口不给人民以自由和民主的做法提出了强烈的批判。尤其可贵的是,延安时期的中国共产党不但在理论上指出了以训政为由行专制之实的危害,而且还通过解放区的民主实践证明了训政之说的荒谬之处。

中国百姓的文化水平低,不能很好地运用选举权,所以不能对他们实行民主,只能训政,这是当年蒋介石及南京国民党政府所持的论调。针对这种论调,1946年1月24日的《新华日报》发表了《人民文化水平低,就不能实行民选吗?》的文章进行了批评。这篇文章写道——

新名有循于旧名

这是一个老问题：中国广大人民文化水准太低，致使有些人怀疑他们是否有运用选举权的能力；反对实行民主的人，更以此为借口，企图拖延民主的实行，并从而诬蔑解放区的民主选举。如去年12月26日的《和平日报》社论就可作为代表，那社论里说："……共产党拿'普选'和'不记名投票'来欺骗人民。谁不知道，中国人民百分之八十连自己的名字都写不出，他们既不能记自己的名，更不会记共产党所指派的那一群大小官吏的名了。这样的政府只能叫'魔术'政府，不能叫'民主政府'，共产党人却掩耳盗铃，硬说'魔术'就是'民主'，简直是对全国人民的一种侮辱。"这种说法，不仅诬蔑了解放区的人民，而且推论下去就必然得出这样的结论：中国人民还无法运用民主选举，还应该由他们继续"训政"下去。居心何在，不问可知。

假若将来中国人民个个都能识字了，实行选举时一定便利得多，这是很明白的。现在中国人民文盲太多，进行选举时非常麻烦，这也是事实。但是，无论如何，选举的能否进行和能否进行得好，主要关键在于人民有没有发表意见和反对他人意见的权利，在于人民能不能真正无拘无束地拥护某个人和反对某个人，至于选举的技术问题并不是无法解决的。解放区实行民主选举的经验便是明证。我们略举几个例子，看看解放区是怎样选举的吧：

首先要说明，候选人决不是指派的，而是由人民提出的，在乡选中每一个选民都可以单独提出一个候选人。在县选中每十个选民可以联合提出一个候选人。选举的方法是分成两种：一种是识字的人，写选票；一种是不识字的人，则以投豆子代替写选票。这是很久以前就采用了的方法，在实践过程中又曾有过不断的改进和新的创造。过去的办法是由候选人坐在晒场上,每人背后摆一个罐或碗,因事不能到会的候选人仍然给他们空出位子,位子后摆上碗,每只碗上都贴着候选人的名字,选民每人按应选出的人数发豆子数粒,于是各人便把豆子投入自己所要选的那个人碗中。在投豆子之前,先由监选人向大家说明每只碗所代表的候选人……这种方法还有缺点,那就是当每个选民投豆子时,到会的人都可以看得见,实际上成了记名投票。后来就改变方法,把碗统统放到另外一个房子里,除监选人在选民万一记不清楚时从旁帮助说明外,其余的人一概不准在场。但这种方法仍有缺点,因为碗是仰着放的,哪个碗里已有的豆子多,哪个碗里已有的豆子少,都看得清楚,这样就可能使后来的投票者受先前投票者的影响,因而不自觉地失去了自主性。补救这个缺点的方法,就是用纸将每一只碗都盖起来,而让投票者从碗边把豆子投进去。最近陕甘宁边区的选举中又创造出一种新方法,在候选人数不多(乡的选举中候选人一般是不会太多的)的时候,依候选人的多少,发给选民几颗颜色不同的豆子,比如:黑豆代表张××;黄豆一颗,代表李××;玉米一颗,代表赵××。另外每个选民再发给小纸一张,如果想选谁,就把代表谁的豆子用纸包好,放在碗里,同时包几颗者作废。这种方法非常适合农村文盲的无记名投票,在某些地方实行起来结果很好。

  以上只是略略举几种方法作为例证而已,此外也还有其他的方法。这些方法的创造证明了只要有实行民主的决心,人民的文化水平低与不识字都不会变成不可克服的障碍。那些信口诬蔑解放区选举,并企图以此来拖延民主选举之实施的谎言,完全没有事实根据,才真是"对全国人民的一种侮辱"哩。

这是一篇非常有力的文章,通过它,不仅彻底颠覆了训政之说,而且还让我们看到,早在半个多世纪之前,中国共产党和国民党之间的那场较量不仅仅是两种武装力量之间的较量,而且更是民主势力与专制势力之间的较量;共产党和国民党争夺的,不仅仅是地盘和政权,更有人心的向背。要求民主、追求自由是人永恒的天性,顺应这种天性的必然要赢得未来;以训政为由压制民主、限制言论和出版自由的,则注定要失去民心。代表民意者赢得胜利,失去民意者遭受失败。历史终于以蒋介石及南京国民党政权的彻底溃败证实了这个人们耳熟能详的逻辑。

六

在全国关注的"三农"问题上,有些人认为中国农民的文化素质太低,在中国农村还不能普选,不能对中国农民实行民主。针对这种论调,李昌平——这个既有过农村工作的实践经验又有着良知的人——在《我向总理说实话》一书中进行了针锋相对的批驳,他说:"村民自治、海选村官在中国推行十多年了,看来已经走到了十字路口。我经常听到这样的声音:农民素质低,搞不好民主;农村家族势力太强大,搞不好民主;五元钱可以买一张选票,农民怎么能搞民主?……我的体会是农民要民主,民主与农民的素质没多大的关系……民主是一种需求,与素质无关;民主是解决问题的一个途径,与素质无关;民主是一种表达方式,与素质无关;民主是一个交易过程,与素质无关。民主需要学习,民主需要培养,民主需要公平,民主需要规则。一个大学教授曾对我说:农民素质太低,搞不好民主。另一个大学教授反驳说：大学里有什么民主，我们选得出自己的代表吗？不同素质的人群需要不同形式和程序的民主。农民会民主，农民有农民的民主，只要没有强权的地方，就自然长出民主。民主只与强权、专制有关。"

注释：

〔1〕参见《国民政府建国大纲》，民国十三年四月十二日孙文书，《剑桥中华民国史》下卷，中国社会科学出版社1998年版，第157页。

〔2〕参见《居正文集》上册，华中师范大学出版社1989年版，第227页。

〔3〕〔4〕《陈炯明集》下卷，中山大学出版社1998年版，第207~209页。

〔5〕参见费正清、费维恺主编：《剑桥中华民国史》下册第三章，《南京十年时期的国民党中国，1927~1937年》，中国社会科学出版社1998年版，第153页。

〔6〕参见方汉奇主编：《中国新闻事业通史》第二卷，中国人民大学出版社1996年版，第395~405页。

（郑连根 文，原载《书屋》2004年第8期）

宋教仁之后的民国宪政

第二辑 新名有循于旧名

宋教仁的宪政梦想

以前,我们的历史书上关于民国部分,几乎没有中国人追求宪政的记载,即使有,也只有对宋教仁这个"议会迷"的嘲笑与批判。承认民国有过实现宪政的努力则是近几年的事情。我对民国历史有了些许的了解之后,觉得宋教仁是中国走向宪政民主之路的唯一希望,随着1913年3月20日上海火车站的一声枪响,正在建设的中国宪政民主大厦立即坍塌,辛亥革命为国人燃起的希望之火迅速熄灭,中国重新回到专制黑暗的时代。持相同观点的并非只有一人,骆驼刺在《重读宋教仁》(《书屋》2001年第三期)一文中就写下了这样的话:"宋教仁的死打破了民初在中国实行宪政民主的梦想。"费正清主编的《剑桥中华民国史》也说:"宋教仁的计划并没有得到实现……宋氏所设想的选举、政党、国会及其与行政之间的关系,都——付诸东流……"[1]然而,通过对宋教仁之后的民国历史(北洋政府时期)的全面阅读,我不得不承认,将宋教仁之死当作民国宪政民主的结束是不正确的,起码是片面的。

应该说,宋教仁是中国议会制度的积极倡导者和政党政治的积极实践者,他一直梦想在中国建立国家权力受到约束和能够公正行使政府权力的宪政制度,并为此竭尽全力。这位年轻的政治家,在中华民国刚刚成立之时,便极力主张实行议会制(责任内阁制),反对权力高度集中的总统制,为此,宋教仁与孙中山和同盟会成员产生分歧,有人认为他有当内阁总理的野心,最终,临时参议院制订的《临时政府组织大纲》选用了总统制。可是,在权力即将移交给袁世凯前夕,临时参议院通过的《临时约法》中,又将国家政体改为内阁制,"这件事说明了临时参议院本身对国家大法不是采取了认真严肃的态度,而是感情用事"[2]。当南京临时政府将国家权力移交袁世凯之后,孙中山等人完全放弃政治诉求,甘当在野党的时候,宋教仁不放弃以合法途径取得施政权的努力,进行"毁党建党",联合"统一共和党"、"国民共进会"、"国民公党"、"共和实进会",将"同盟会"这样一个有较浓帮会色彩的团体改造为性质明显的现代政党"国民党",并担任代理理事长(理事长为孙中山)。宋教仁将同盟会的纲领进行了较大的修改,甚至作出了一些让步,目的是为适应和平斗争的形式和争取其他党派的参与,这是现代政治斗争的实际需要,宋深谙现代政治之道,他是国民党的真正创始人和该党创建初期的实际领袖。国民党成立之后,宋教仁积极投入到了第一届国会选举大战中。由于国民党政纲明确，宋教仁措施得力（奔走于南方各省，发表竞选演说，指导国民党籍人员参选），国民党在第一届国会选举中大获全胜，在参、众两院取得压倒性多数席位。宋教仁踌躇满志，准备北上组建内阁，为中国宪政作出示范。可是，就在他即将乘车北上的上海火车站，一颗罪恶的子弹结束了他不到三十二岁的生命，给热爱自由、民主、宪政的中国人以沉重打击，也让宋教仁留下了无限遗憾。

不是没有机会

不管杀害宋教仁先生的背后元凶是不是袁世凯，不管袁世凯以后做出了多少大逆不道的事情，也不管袁世凯是不是处心积虑要当皇帝，最起码在宋先生过世之后近一年时间，尤其是在遭遇国民党人"二次革命"的挑战之后，袁世凯并没有马上脱离宪政轨道。从1913年4月8日国会成立时起，到该年11月4日袁世凯下令取缔国民党籍议员资格时止，通过民选产生的第一届国会（众议院和参议院）都在正常工作，宪法起草委员会三读通过了《中华民国约法》（史称《天坛宪法草案》）。期间，包括国民党在内的政党活动异常频繁，出现了二百七十余个有政党性质的政治团体，甚至形成了国民党与进步党两党政治的初步格局[3]。媒体的发达与及时监督，也为宪政之路的铺设提供了便利条件，据统计，1913年全国报刊数已达四百八十七种，代表不同的党派、社团，发出了不同的声音，其中不乏对袁世凯和现政府的质疑，特别是宋教仁案发生之后，很多报刊把矛头直指袁世凯。参、众两院多次拒绝袁世凯派员列席制宪会议的请求，并拒绝了袁关于修改《临时约法》中有关总统权限的部分条文。袁世凯希望修改的条文主要有如下几条，即：将"临时大总统得制定官制官规，但须提交参议院议决"改成"大总统制定官制官规"；将"临时大总统得任免文武职员，但任命国务员及外交大使须得参议院同意"改成"大总统任免文武职员"；将"临时大总统经参议院同意，得宣战媾和及缔结条约"改成"大总统宣战媾和及缔结条约"。尽管如此，但手握权柄的袁大总统并没有立即翻脸，仍然耐着性子让议员们按照自己的意愿去制定宪法，让政党有恃无恐地相互攻讦，让报人口无遮拦地评说政治。

可是，结果却令人十分沮丧。1914年1月20日，袁世凯正式下令解散国会。至此，这个被国人寄予厚望，有希望成为"中国的华盛顿"的政治领袖，彻底背叛了民国，背叛了共和，背离了宪政之路。也就是从这一天起，中华民国进入了两年半的专制统治时期。

回过头来重新审视这段历史，我觉得，把民国初期宪政失败的原因完全归咎于袁世凯是有失公允的。不管袁是不是处心积虑要独裁要专制，但是，一些人的不负责任的所作所为，给袁世凯提供了口实与机会，却是不容置疑的事实。首先，在宋教仁案已经进入法律程序的时候，国民党人不应该采取武力对抗的形式，让国家陷入混乱状态。其次，"二次革命"失败之后，国民党人不应该开展一系列暗杀活动，且国民党籍的议员还参与分裂与"恐怖"组织，引起政府仇视、民众不满。第三，这一点相当重要，当时的国会只考虑自己的利益，千方百计限制总统权力，却利用立法的便利，将国会权力无限扩大，总统成为摆设，三权中的另一权——司法权也没有得到应有尊重，根据《天坛宪法草案》设计的政体，当时即被媒体称之为"超议会制"。其实，袁世凯所要求修改的几条与总统权力有关的法律条文并不过分，当时的德国、法国总统都有比这大得多的权力，

第二辑 新名有循于旧名

袁所要求的其实就是现在法国总统的权力，属于半总统制、半议会制下的正常权力分配原则。何况中国是一个刚刚从二千多年专制统治走过来的新生民主国家，袁世凯是一位旧官僚，不能逼人太甚，不能不考虑他及他所代表的北洋集团的利益诉求。根据袁世凯在宋教仁案发生之后的所作所为判断，我认为，他还是想在法律的框架内行使总统权力的，可惜，我们一些人没有给他这样的机会。

希望在黎明前破灭

1916年6月，袁世凯病逝，为中国宪政民主之路带来了突然而至的曙光。黎元洪继任大总统之后，立即恢复国会，国会亦着手制宪工作。冯国璋等大权在握的军阀们也纷纷表态：支持立宪，要求"速开立宪会议，速定宪法"。"宪法早一日公布，则约法早一日废止，法律增一份健全，则国家增一份治理……"[4] 段祺瑞对一些旧军阀干政的行为表明了强硬态度，指出：宪法应由国会编制，行政官员不得干预[5]。同时，军阀们也对国会表达了慎重制宪、希望制订出符合国情与民望的宪法的意愿。各主要政党纷纷表达了对宪政的期待，舆论更是对参与制宪的议员寄予厚望，就连普通市民也将制宪当作茶余饭后的主要话题。中国社会又一次遭遇到走向宪政的机会。

近九个月的制宪会议是在良好的政治环境下进行的，并不是像我们有些历史著作里所说的充满威胁、利诱，也不存在议员的安全得不到保障的情况。制宪会议将1913年死于胎中的《天坛宪法草案》作为蓝本，在此基础上进行删改和增添。制宪会议代表以认真负责的态度，逐条逐字地对宪法草案进行讨论和表决,针锋相对,唇枪舌剑,尤其对省制问题和总统解散国会权等涉及国体和权力分配问题,更是各不相让,直到1917年6月,"府院之争"(总统与国务总理权力之争)最后摊牌,张勋率辫子军进驻北京,导演复辟闹剧时还没有一个结果。后因黎元洪迫于军阀压力解散议会,此次制宪也便不了了之。

可是,宪政并没有就此抛弃中国,她仍然给了这块古老土地上饱受蹂躏的人民以机会。

1917年7月,张勋复辟失败后,段祺瑞政府以"再造共和"的名义决定重新举行国会选举,并于1918年底组成新国会(第二届国会又称"福安国会",以段祺瑞支持的福安社在国会中占多数而得名),选举徐世昌为大总统,随即开始制宪工作。此届宪法起草委员会决定抛开《天坛宪法草案》,另起炉灶。从1918年底至1919年9月中旬,宪法起草委员会共开会二十六次,决议宪法草案一百零一条,并已完成宪法草案说明书,只等议会表决通过了。然而,新宪法没有能够提交议会讨论,因为南北议和(即北京政府与孙中山为代表的广州政府),制宪工作被迫停顿(可惜的是,议和最终还是不欢而散),后因直皖战争、皖系军阀战败,国会任期已满,此次制宪工作也是有头无尾。不能不提的是,在此期间,一部分第一届国会议员在孙中山的号召下,来到广州,召开非常国会,制订《军政府组织大纲》,选举孙中山为大元帅,在两广和云、贵、川等省行使政府权力,并开始制宪工作。由于不足法定人数,于是自行补选议员,以求达到法定人数。同样,这个非常国会的制宪工作,也因为没有找到利益各方的平衡点,而宣告失败。

有学者认为,尽管第二届国会("福安国会")的合法性存在争议,但制订的这部《宪法草案》却是民国历史上最为完美的"宪法",她"秉承权力分立与制衡的宪政原则,汲取民国初年的政治实践经验教训,……更加接近于英、法议会内阁制度,《天坛宪法草案》的'超议会制'政体模式基本被否定,完全意义的议会制度粗具雏形"[6]。

尽管如此,中国制宪的步伐并没有就此停止,社会各界的制宪愿望也没有完全破灭。1922年6月,直系军人以拥护第一届国会为由,让第一届国会复会,黎元洪再次就任民国大总统,他号召实行南北统一,开始启动制宪程序。此次制宪以1917年制订的《宪法草案》为蓝本。由于各派争执激烈,出席制宪会议的议员常常达不到法定人数,制宪会议也只好时开时停,1923年6月,直系军阀驱逐黎元洪之后,制宪工作又一次被迫中断。曹锟政府靠收买议员的办法,争取了一批跟随黎元洪南下的议员回到北京,让议员人数达到法定多数,并于10月初选举曹锟为大总统,10月8日,第二百零二次宪法会议召开,三读通过宪法草案,10月10日,曹锟就任大总统,并于当天公布了中华民国永久性宪法。据记载:"是日众议院门前装饰一新,宪法全文用黄绢书成小楷,高揭众议院门前墙上,四周围以电灯花线,光彩夺目。两院议员皆服礼服,先后齐聚,入场之先,由两院分送每人红皮宪法印本一份,及1917年制成之宪法纪念章一枚。上午十一时,议员均入议场就席,宪法会议副议长吴景濂宣读《中华民国宪法》全文,全体鼓掌,呼宪法万岁,向国旗行三鞠躬礼……"[7]。由于冯玉祥突然反水,联合奉系军阀张作霖推翻曹锟政权,致使这部民国历史上唯一一次公开发布的正式宪法,没有实施便寿终正寝了。到了这个时候,中国制宪之路也没有堵死,段祺瑞再度出山之后,"仍抱着全国团结和重订宪法的空想"。召开主要军事和政治势力代表参加的"善后会议",组织宪法起草委员会,最后召开国民代表大会通过宪法[8]。宪法起草委员会于1925年8月3日成立,12月底完成宪法草案。随着一场军事政变和奉系军阀张作霖完全接管政权,段祺瑞的努力付之东流。1928年北伐胜利,至此,中国人的宪政梦彻底破灭。

  从1917年到1926年,中国人又经历十年漫长的制宪努力,可结果却是没有一部全国性宪法实施过一天。制宪失败的原因很多,段祺瑞以挫败张勋复辟、"再造共和"为名解散第一届国会的行为不够严谨,给军阀之间的明争暗斗提供了借口,随着段在军事上的失利,此届国会也只好解散,制订的"宪法"也不会有人去用了。1923年和1925年的制宪同样毁于军阀之手,军阀们个个自以为是,自我感觉良好,除了不愿放弃既得利益之外,就是只相信自己,认为除了自己,没有人能够实施宪政。军阀割据的危害国人都看得十分清楚,就连军阀们自己也知道不解决各自为政的局面,宪政将无法得到实施。1922年6月2日,徐世昌辞职之后,曹锟等十五省军阀电请黎元洪复位。黎在回电中说:"督军诸公,如果力求统一,即请俯听刍言,立释兵权柄。上至巡阅,下至护军,皆刻日解职……"[9],十五省督军皆复电同意此议,并开始善后工作。孙中山和非常国会却通电反对,孙还表示:"决为国民一扫凶残,务使护法戡乱之主张,完全贯彻。"[10]早在1921年5月5日,孙中山就任大总统(广州非常国会选举)时就表态:"倘徐世昌舍其非法总统,自己亦愿同时下野。"当1922年6月初,徐世昌辞职时,孙却忘记了他的承诺,导致6月15日粤军围攻广州总统府,要求孙兑现与徐同退的誓言,孙中山只好从海上逃走[11]。南方革命党人和非常国会对宪政的失败同样负有不可推卸的责任。还有,我们的国会议员,总是想把自己置于国家权力的顶峰,不愿与别人和别的

利益集团分享，根本不考虑固执己见的后果。如果说1913年第一届国会议员们的顽固不化尚能够原谅，则以后的国会议员们的一意孤行，就无法容忍了。已经有了前车之鉴，他们仍然我行我素，纯粹是不负责任，是在拿全体中国人的利益求一己私利或者过一把权力瘾！

永远的遗憾

1913年至1925年，中国经历了长达十三年的制宪努力，留下的除了一纸空文就是永远的遗憾。

制宪，让国家走上宪政轨道，是那个时代的政治家、知识人和广大市民包括绝大多数军阀们的共同愿望。尽管存在军阀割据、政局不稳的客观事实，但大的环境还是开明的、开放的，言论、集会、罢工、罢课的自由并没有受到多少干预，那个时候的统治者，不管他们骨子里是不是憎恨共和、向往专制，但是，没有一个人公开表示背叛共和背叛宪政（袁世凯除外），他们野心勃勃却"还是承认中国国家的存在……无人打算改朝换代"[12]。包括袁世凯在内，没有一个统治者不想通过合法途径取得统治权，让利益最大化。就拿1919年的情况来说，南方国会补选了数百名议员，以求达到"法定多数"，北京政府下令重新选举，由于南方抵制，只有十一省参加选举，无法达到法定人数，这一届国会因此从未召开。北京政府并没有像南方政府那样，采用非常手段"补选"，以达到能够召开国会的目的。各省的宪政运动也如火如荼，很多省都开始制订省宪，湖南则实施了迄今为止中国第一部省宪，实施时间长达六年之久。民众的法律意识、维权意识不断加强，在曹锟统治下的直隶省，议会几年来始终不通过一项公债案,军阀也不能无法无天。1913年宋教仁案发生之后,上海地方检察厅公开传唤在位的国务总理赵秉钧,虽赵以健康原因拒绝应讯,但这在中国司法历史上应该是从未有过的事件。民国初期的中国存在着制订代表大多数民众意愿的宪法并将其付诸实行的先决条件,是中国历史上一个千载难逢的机会。

有这么多制宪和实施宪政的便利条件,中国的宪政之路还是走入了绝境,这不能不说是作为中国人的耻辱,也是炎黄子孙永远的疼痛。倘若我们的政治家们能放下一己私念和小团体利益,我们的宪政也许会得以实施;倘若军阀们能够以国家民族利益为重,主动放下武器,割舍权柄,则我们的宪政也有可能会得以实施;倘若南方革命党人顺应潮流,以和平而不是以武力抗争的形式去争取权利,那我们的宪政也有可能会实施;倘若我们的国会议员们,在担负规划中国政体、国体的崇高使命之后,能够更多地考虑中国的国情,学会妥协与退让,同样,我们的宪政也有可能实施。还有,如果出现一个宋教仁似的以大局为重、能够熟练掌握政党政治技巧、团结各方力量的领军人物,中国的宪政也会大有希望。可惜,历史不能假设。

尽管中国的宪政之梦破灭了,然而,这并不说明,在民国初期的时候中国没有实现宪政的可能,也不是如一些人所说的中国不适合宪政、中国的宪政运动"是一场闹剧"[13],尽管不能排除某些政治野心家和自私自利者曾经从中作梗和无理取闹,但,中国人对于宪政的渴望是真切的,其努力也有目共睹。中国是可以成为宪政国家的,只是由于很多偶然因素,让我们错失了一个又一个机会。

注释:

[1][8][13](美)费正清主编:《剑桥中华民国史》上册,中国社会科学出版社1994年版,第216、275、267页。

[2]陶菊隐:《武夫当国》第一部,海南出版社2006年版,第131页。

[3][4][5][6][7]严泉:《失败的遗产》,广西师范大学出版社2007年版,第20、58、58、70、66~67页。

[9][10][11]张荫麟、吕思勉、蒋廷黻:《中国史纲》下册,陕西师大出版社2007年版,第168、169、167~169页。

[12](美)费正清:《中国:传统与变迁》,吉林出版集团有限责任公司2008年版,第324页。

(楚 梦 文,原载《书屋》2010年第6期)

第三辑 溯洄言之犹有病

清末民初社会和平转型的机会

中国两千年漫长的历史上，我觉得只有两次和平转型的机会，失去了非常可惜。中国是一个暴力传统非常深厚的国度，有文字记载的历史表明任何一次的朝代更迭都是暴力完成的，不是农民造反，就是宫廷政变、黄袍加身，总是这样的一种暴力模式在主导着中国社会的演变。自鸦片战争起，从来没有遭遇过的西方力量敲开中国的大门，从而打破了一个农耕社会数千年的平静，长期以来我们一直处于农民种地纳粮、皇帝垂拱而治这样的一种模式。中国的农民只要有地种，求温饱就足矣，皇帝则充分利用中国农民的顺从、忍耐，只要不把他们逼到饿死的边缘，是不会造反的，所以一种制度可以周而复始的循环，从来没有什么变化，百代都行秦政制，不管换什么皇帝，都采用一样的制度。严格地说，统治方式就是生活方式的另

一面,有什么样的生活方式就有什么样的统治方式。

两次和平转型,第一次是出现在晚清新政到宋教仁被刺杀这个历史阶段,第二次是出现在抗日战争结束到1946年政协会议,然而政协决议没得到实施,国共谈判破裂,以内战告终。这是中国可以和平转型的两次比较大的机会。

和平转型成为可能是需要条件的,第一个条件是必须有几种不同的社会力量,他们相互之间能进行较量、博弈,如果有一方特别强大,能绝对主导整个局面,那么社会就绝对不可能出现和平对话的方式。和平转型只有在这个社会有了至少两种以上的不同力量,而且力量基本上对等,或者说每一方都不具有决定性的主导权时,才有可能出现。

我们看从晚清到民国初年这个阶段大约十来年,为什么第一次出现和平转型的可能性,就是因为当时的清政府实际上已经被西方列强大大地削弱,本身已不是一个能绝对说了算的力量,这时候在民间兴起了一股强大的、以往曾经被我们忽略的力量,就是立宪派,这股力量是建立在新兴的经济基础之上的。大量开办的工厂和对外贸易都是以往传统社会不可想象的一种经济方式,随之产生了那些人、那些力量。可以说,立宪派就是清政府之外的、独立于官方的一种新经济力量,这是第二种力量。第三种力量就是社会的强烈不满分子,包括孙中山在内的主张用革命方式来改变现状的力量。当时至少出现了这三种力量的博弈。每一种力量中又有不同的小力量,比如说清政府内部,由于中央政权的削弱,地方政府的崛起,逐渐地形成了地方大、中央小的局面。直隶总督袁世凯和他代表的北洋力量几乎超过了皇室的力量,因为他掌握了当时最新式的北洋陆军,其他各地新办的新式陆军基本上都掌握在日本留学回来的士官生手里。所以，我们看辛亥革命，严格意义上不是一场纯粹暴力的革命，只是有限暴力，它是在武昌工程营几个士兵首先起事，没有发生特别大的暴力冲突，长江流域就传檄而定，各地就纷纷独立了。各地独立的基本力量实际上也不是革命党人的力量，而是新军和立宪派的力量为主，这些力量在当时的中国已经举足轻重，是朝廷不能完全控制的力量。清廷面对这样的格局，选择了一个禅让的方式，它说得非常体面，只是交出政权，继续保持皇室的尊荣。在孙中山代表的革命阵营里面也不是铁板一块，并不是都听孙中山的，他仅仅能掌握同盟会的一个派系，名义上他是同盟会领袖，但是在同盟会当中有很多不同的派系并不臣服他，包括直接导致武昌起义的组织，叫中部同盟会，这个组织跟他就没有太大的关系，是宋教仁、陈英士他们成立的，在成立宣言里面甚至不点名地批评了他，他们对于向来很敬重的、富有人格魅力的黄兴也颇有微词。浙江、安徽一带的光复会从一开始就没有真正地合并到同盟会里面。以往的历史教科书说，1905年，孙中山的同盟会、黄兴的华兴会和章太炎、陶成章他们的光复会在日本东京合并成为同盟会。事实是，这三个会从来没有以会的形式合并过，也就是说不是组织上的合并。华兴会也是一样，大部分骨干成员都加入了同盟会，当时他们曾开会研究要不要取消华兴会，讨论的意见是既然大部分骨干都已加入同盟会，华兴会就不要活动了。兴中会整个转入同盟会，兴中会事实上就不存在了。光复会只是个别成员以个人身份加入了同盟会，但光复会的名称一直保存着，在长江流域一带继续以光复会的名义活动，从来没有说它们被同盟会取而代之。仅仅两年以后，1907年，孙中山和章太炎、陶成章之间的分歧越来越大，为了经费的支配、筹集等问题，矛盾非常深，所以就分家了。已经加入同盟会

的光复会的主要人物都脱离了同盟会,自立门户,重建了光复会总部,重新去发展自己的组织,跟孙中山派系争夺筹款的资源。

在立宪派内部也没有一个领袖具有决定性的、影响全中国的能力,从来都没有。立宪派是晚清新政的产物。1900年,八国联军把慈禧太后赶到西安之后,她才意识到必须继承被她亲手扼杀的戊戌变法的遗产,在做法上甚至走得比戊戌变法更远,这才有了晚清新政。许多措施超过了1898年光绪皇帝一百零三天当中颁发的那些诏书范围,已经进入了实质性的改革层面。我们现在对晚清历史很多地方都矮化了。以慈禧为代表的决策者已经感觉到不得不走改革的道路,除了经济改革,还要政治改革。她开始意识到严峻的危机,不光来自外患,还有内忧。当时进行的官制改革做得比较完整,从地方到中央把整个官制都改过来,有些地方甚至近代化了。像农商部、学部、交通部这样的新机构都已经出现,完全摆脱了传统社会延续了多少年的六部的官制。而且,清廷的改革已超出简单的行政改革范畴。清末新政带来的最大一个遗产就是地方自治,它给予了各个地方成立咨议局的权力,而且实质性地去做了。咨议局的选举虽然不是所有人都能参加,它有一个最低财产的限制、最低教育程度的限制,来确定选民资格和候选人的资格。即使如此,一百年前做到这样,在中国来说完全是一个突破性的进步。我们不能小看大清王朝的这种度量、这种开放,要做到这一点是非常不容易的。他们的思维方式里面从来都没有想过要通过自下而上的方式来变革社会,而是自上而下的统治,一个圣旨下去一切都解决。但是,咨议局的出现意味着中国的政治文明开始跨入一个农耕社会陌生的状态。咨议局之外,全国性的带有准议会性质、名义上当作咨询机构的资政院也已经成立,由各省咨议局选出部分代表，皇室再挑选自己的代表共同组成，皇室的比例占了二分之一强，在人数上略多一些，但是由于这些人大多数是一些老朽，一些没有什么新知识的人，所以开起会来，整个会场就被那些地方选举上来的代表给完全控制了，地方代表的发言，那些官选代表无法对话，压根就没有对话的能力。这个时候实际上人数不是最主要的。一个会场里，哪怕只有一个人说出"我反对"，它的意义也是非凡的。因为这里出现了不同的声音，这是质的区别，不是量的不同。晚清中国，一种新的社会力量迅速地蹿起来。

当年英国《泰晤士报》驻北京记者莫里循去过中国很多地方，保留了大量的原始照片。其中有一幅照片，我看了非常震撼，他到了新疆，那个时代的交通条件，坐马车从北京去新疆要很多时间。他拍下了新疆咨议局的照片，那是一个非常普通的小院，却赫然挂着一块非常醒目的"新疆咨议局"牌子，门口有一棵老树，叶子掉光了。看了这幅照片，我的感觉是，当时的物质条件是很差的，跟现在无法比，如今一个小小的乡镇政府可能就富丽堂皇、豪华奢侈。那个时候一个省级议会机构不过是几间平房，看上去非常不起眼的一个院落。但是这不要紧，那块牌子就是一个新生事物，牌子就意味着新的因素。

当时的清政府和社会已经出现一种良性互动的关系。当然我们知道慈禧太后做这些并不是心甘情愿的。历朝历代从来没有一个统治者主动放弃自己掌握的部分权力、让民众来分享的，开明君主的"开明"一定是有具体原因，这个原因，我们要到历史中去寻找，他们的原因可能各不相同，但肯定都有自己的原因，绝对不可能是他们主动地让渡出一部分权力。包括蒋经国二十多年前在台湾开放报禁、党禁，走向民主化，他也是

因为有很多的压力,是综合的因素迫使他作出这样的抉择。但是一个统治者能够作出这样的抉择,无论是出于什么样的原因都离不开他主观上的决定。所以哪怕是不情愿的,是假的,最后弄假成真了,我们都得肯定这个统治者的这一举措,历史上还是要给他写上一笔。什么叫历史?历史就是"是者是之、非者非之",他做了这个事,就要把它用刀刻在一片一片的竹简上。

有了朝廷和社会之间的这种互动,到了清朝快要崩溃前几年,事实上已出现了一种和平转型的可能性,而且历史的步伐已经迈开了,但是它的步子慢了一点,被革命的步伐超过了。孙中山代表的革命力量始终是社会的重要力量之一,哪怕他们的人数最少、力量有限,哪怕他们都被赶到海外去了,但它始终在场。历史就是这样。不是因为你弱小就不存在,而且所谓的弱和强是可以转化的,有时候它的转化可能就在一个晚上。我们看东欧的当代历史,齐奥塞斯库在广场上演讲的时候还是威风八面的,他在台上侃侃而谈,那么的从容,转眼之间攻守之势易也。历史不能完全用量来衡量,有时候数学在历史当中没有太大的作用,它是无法进行精密计算的,数学算不出历史的尺度,数学也算不出王朝更迭的时间,数学更算不出历史未来变化的趋势。很多的时候,量的因素在历史当中并不起决定性的作用。

概而言之,一个社会产生了两种或三种以上不同的社会力量,而且没有一种可以把另一种立马吃掉的那种格局下,是有可能出现和平转型的。

当然,和平转型需要有第二个条件,那就是遭遇一个大的契机,这个大的契机当中非常重要的一个因素就是国际性的背景。世界进入近代之后,就没有一个国家可以孤立地把自己划地为牢,关起门来玩家家了,尤其不能再按照历朝历代玩过的旧玩法,它要融入整个国际政治新格局当中。晚清到民初,对中国影响最深的是大英帝国。由英国解密的蓝皮书可知,英国驻华机构每天都在观察中国的政局变化,然后向伦敦的外交部汇报,他们对中国时局走向的分析,简直比我们中国人还要了解中国人,他们比中国人还要关心中国人。英国驻中国公使朱尔典对推动清朝的和平交接是起了非常大的作用的,朱尔典的干预直接导致了袁世凯的上台,甚至是一个外国记者都能在关键时刻发挥意想不到的巨大作用。《泰晤士报》记者莫里循在中国近代史上是一个非常重要的人物,他多次介入了中国近代的重大事件。他在中国待了几十年,是一个典型的中国通,他跟袁世凯有一定的私交。武昌起义之后,他密切地关注中国,利用给《泰晤士报》写电讯的这个方式影响中国的政局,其影响之大,是我们今天所无法想象的。他的一篇电讯能直接影响英国的国策,英国的态度又能影响法国、德国以及其他列强的态度。英国介入中国的政局,我们今天重新面对这些问题时会觉得这是一个悖论。我们很不希望外国人介入中国的事务,但是历史就是有悖论,就像租界的存在一样。租界肯定是一个不好的东西,因为它在中国的土地上建立了一个国中之国,有治外法权。但是没有租界,中国的近代史可能就要彻底地改写,包括中共的党史。没有租界,毁灭一个新生事物,毁灭一个密谋组织几乎可以不费吹灰之力,但是有了租界就完全不一样了。所以租界也好,外国力量对中国的介入也好,我们在看到它负面影响的同时,应该也包含了一些正面的因素。它在推动中国历史的进程当中,有时候往往起到一些非常微妙的作用。英国人对中国的国策是什么?它的一个主要想法是中国不能大乱,中国要

第三辑 溯洄言之犹有病

保持适当的稳定和秩序,它不想让中国陷入一个非常动荡的局面,它希望中国保持相对的统一。这样的国际背景下,事实上为中国的和平转型提供了另一个条件。因为英国对中国的影响力非常大,它的态度直接影响了一些中国的强人,包括像袁世凯这样的人物。也就是在这样的国际背景下才有可能出现和平转型的机会。

和平转型的第三个条件是经济上出现一些新的变化。立宪派就是建立在中国有了新的经济因素基础上的。在洋务运动之前,中国几乎没有工业,中国的企业都是1870年以后出现的,最初几乎都是以军工企业为主,没有什么民用工业。中国早期的企业除了几家官办的大企业之外,其余都是外国人办的,中国人开始有自己的民营企业,真正起步是在1895年以后,是在签订《马关条约》之后。《马关条约》是一个屈辱的条约,要赔款、割地,这个条约里面有一条就是外国人可以在中国设立工厂。正是这个条款极大地刺激了中国本土的有识之士,其中就包括张謇,他是1894年的状元,1895年他正好在家守制,他父亲死了,按照惯例,他要在家守孝,就在这个期间他在南通创办了一个有名的大生纱厂。与此同时,在交通发达的长江流域开始出现一些带有民营性质的企业。这是中国民营经济的真正起点,是在甲午战争之后,屈辱的《马关条约》刺激之下产生的。现在看来,没有《马关条约》的刺激,民营企业不一定在那个时候起来。到清朝灭亡之前,民营企业已初成气候。特别重要的是清王朝居然在1905年到1909年间,制定了一系列的经济法律、法规。从今天来看,那个年代连破产法都有了。那个时代其实有很多东西已经走到非常前面,从这些经济立法的脚步可以知道当时中国民营经济的状态,这是相辅相成的,没有实践,空洞的立法怎么可能出现呢?一般来说都是实践推动立法,当然也有例外。新的工商业的崛起意味着建立在农业文明基础上的政治运作方式面临着被淘汰的可能性。王朝必须要更新自己的统治方式,更新政治结构。慈禧在1906年9月1日颁布的预备立宪诏书可以说就是一种回应。预备立宪之后的中国就不是一个朝廷说了算的中国,实际上当时已经是几种力量并存。在这个过程中,经济力量的推动力是绝对不能忽略的一个环节。清朝末年发生了三次非常大的国会请愿运动,国会请愿运动的骨干大多数是社会上相对有钱一点的人,至少是中产阶级以上的人——士绅、资本家,办企业的人、开当铺和钱庄的人,一些家里有私产的人,这些人是有钱人,有身份的人,同时又都是读书人,他们有文化,又有经济的支撑。在这场历时两年、先后有三次高潮的国会请愿运动中,我们可以看到晚清政府当时所面临的挑战,主要不是来自革命党人,而是来自社会中层强烈要求社会变革的这种挑战。这些人在社会的变化当中已经看到了必须顺应这种变化的大势。他们认为如果继续延续旧的统治方式,君主传统将保不住,另一方面也不符合他们的最大利益,他们要发展经济,要争得更大的发言权都必须要推动君主立宪,就要把预备立宪变成真的立宪,这符合中产阶级以上阶层的最大利益,他们面临的最大对手是满族贵族,连袁世凯这样的汉族重臣,他们的屁股也开始坐到立宪运动的板凳上来。整个中国在辛亥革命发生之前已经发生了革命性的变化,只不过我们从来不把有钱人参政议政的愿望当作是革命,认为那个是改良,是资产阶级的。我认为恰恰他们是真正的革命,因为他们会带来一些全新的制度,而有一些主张重新洗牌、暴力革命的人反而可能是要复制前面的制度,这一点,历史已经向我们一再地证明过了。暴力革命很可能导致新一轮的专制,而不是真正的解放。解放只有在一个意义

第三辑 溯洄言之犹有病

上才有可能成为真实的解放,那就是自我解放,自己解放自己。别人给你的解放都是要打问号的,人家怎么可能解放你呢?如果说承认别人有解放你的可能性,那就是要承认世上有救世主,只有救世主才可以解放别人,社会的解放是自我解放的过程,个人的解放也是自我解放的过程。我觉得当时的社会假如不发生辛亥革命,就按君主立宪的道路走下去,也完全有可能走通的。但历史不能假设,只能按照已经发生的记录下来。清朝到了1910年都还有一个机会,这是大清王朝的最后机会,但他们也失去了。当时状元实业家张謇已经办了十四年企业,手里掌握巨大的资本,已经是一个庞然大物,威震东南的社会新兴阶层的领袖人物,有举足轻重的影响力。他在一次跟外商见面的宴会上面透露了一些不寻常的信息。这个外商有写日记的习惯,记下了他们一次饭桌上的对话,张謇竟然在不经意中流露了对清王朝的不满,这是一个很重要的信号,像张謇这样状元出身的士绅阶层都已经跟清王朝离心离德了。1910年之前,没有任何迹象表明他有异心,对王室不忠的异心。在这个之前,他们都非常热心地去做国会请愿运动,结果他们一次、两次、三次遭到拒绝,实际上双方争夺的焦点是一张时间表。不同的社会角色之间的分歧就是一张时间表的问题。清王朝那个时间表的分歧非常小,双方的要求只相差两年,民间的要求是立即立宪、开国会、颁布宪法,朝廷给的答案是在拖两年到1913年再解决,但是1913年就来不及了,辛亥革命在1911年爆发。如果说立宪运动的要求被清廷接受,和平转型在那一刻就实现了。国会开了,宪法颁布了,君主就是有限制的君主,君主立宪的框架就可以确立起来。我们不知道清廷拒绝这些要求的非常具体的原因,但是可以知道当时的清廷也面临着自己的一些问题,这是专制统治带来的必然的东西。它的皇帝是个小孩,是由摄政王载沣来具体管理国家政事,但是载沣又受到隆裕太后的制约,所以整个中国没有一个人可以说了算,是一个多头政治的状态,不是一个有绝对权威的时代,载沣不是,隆裕也不是,她虽然可以约束摄政王,但不能具体管理国事,这样的一个状况也是不利于变革的。为什么台湾变得特别顺利,是因为蒋经国拥有绝对的权威。我们看纪录片可以知道,1987年的蒋经国是一个轮椅上的、风烛残年、病入膏肓的人,他的生命已经进入倒计时,说话都非常吃力,最后一次公开露面只说了一百零四个字,包括好几个口号在内。就是在这样的情况下他居然有能力做出重大的转折性的决定,就是因为他的权威,绝对权威,他在做出这个决定时没有其他人指手划脚。国民党在开放党禁、做出这样的决定时,内部并没有达成高度的统一,没有中委开会充分讨论、做出决定,就是蒋经国决定了就可以了,人家服从他、信任他。权威有时候也有权威的好处。历史经常有这样的悖论。清朝末年缺乏一个说了算的权威,也使它失去了一个接受民间要求迅速开国会、立宪法的可能性,接下来辛亥革命发生了。辛亥革命是有限的暴力革命,不是无节制的暴力,杀虐不是很重,而且时间很短,没有发生大的南北战争。这个辛亥革命看起来就是整个清末民初和平转型进程中的一支插曲,一支类似于放鞭炮的庆祝性的插曲。

和平转型的重心从辛亥革命到1913年的春天那段时间,可以说是中国有史以来政治上的黄金时代。中国的报纸一下子出现了五百多种,今天听来,认为五百是一个小数字,但在那个年代有五百多种报纸是一个非常大的数字。政党和具有政党性质的社会团体一夜之间冒出了几百个,当然经过分化以后留下来的不多。1912年冬天参、众两院的选举跟咨

第三辑 溯洄言之犹有病

议局的选举也有很大的相同之处。选民资格的四个条件是：文化程度，相当于小学文化强调同等学力，那个年代的人不重视文凭而重视能力，第二个条件是财产的限制，我们看西方的选举史一直就有这种限制性条款。虽然有条件限制，选举过程当中也出现了个别的越轨，包括极少数的买选票行为。但这并不表明选举本身有什么问题，而是恰恰说明了这种选举可能给中国带来真正的、全新的共和国，当时叫中华民国。随着时间的推移这本来可以慢慢改变的。这次选举产生的议员组成非常有意思，有人把咨议局和这次选举产生的议员作了一个比较，咨议局议员大都有旧的科举功名，秀才以上，有的是举人，有些甚至是进士，以秀才为主，有个别是新式学堂出身，也有从海外归来的，但是不占主流。就年龄比例来说，四十岁以上的人占多数。到了民国选出来的参、众两院代表平均年龄是三十六岁，都是少壮，学历有个别是旧科举功名的，绝大部分是新学的，国内的新式学堂毕业或者是从海外留学归来的，一下子面目全新。当时这个两会选举结束，宋教仁就踌躇满志、志得意满，认为成功了，袁世凯已经成了掌中之物了。因为宋教仁所领导的国民党占了二分之一以上的席位，掌握了参、众两院的多数。那个时候的法律是总统制和内阁制相结合，内阁总理要由多数党的领袖担任，国民党在大选中获胜意味着作为实际党魁的宋教仁将成为总理。当时还有一条法律规定，总统签署的任何法律都必须经过内阁附署，那就意味着袁世凯总统的绝对权力受到限制。所以宋教仁非常兴奋，以为凭宪法、国会和内阁这三样法宝就可以约束旧官僚、旧军阀，让中国走上宪政的轨道。他有一个非常著名的讲演，其中说，以前我们是革命党，革命党就是要拿出铁血的精神拼命，现在我们是普通政党，就要拿出自己的政纲来去跟他们奋斗。这几句话非常到位,三言两语就把复杂的东西说清楚,说明白了。普通政党就不是天生的执政党,它的合法性是建立在选举的基础上的,没有足够的选票,你就得在野。1913年代春天,宋教仁实际上已经胜利在握,但就在这一刻他被暗杀了。中国第一次和平转型的机会被1913年3月20日上海火车站的一声枪响终结了。

民国初年的两院选举是完全建立在晚清宪政的基础上的,中间的辛亥革命是个插曲,它并没有中断和平转型的进程。一个社会在大的变迁过程中,怎样不发生大的动荡、大的冲突,怎样避免出现长期的乱局,以最小的代价获得最好的结局,这是需要政治家、知识分子、民间社会的精英、企业家阶层,需要社会方方面面的人都能够运用自己高度的理性,付出最大的努力去达到这个结果,这是合理的构成,不是某一个党派、某一个组织可以做到的。历史变革的进程出来不是一家所决定的,包括那些暴力最强大的、大一统的新天下,在造成之前的那一刻其实还是有很大的变数的。

众所周知,宋教仁被杀之后,孙中山代表的革命派就选择了暴力反抗,组织了"二次革命",战争主要发生在江西和南京,所以当时叫"赣宁之役"。之后出现袁世凯称帝、张勋复辟、军阀混战,一直到了1927年以后,国民党用武力造成了一个新政权。

(傅国涌 文,原载《书屋》2009年第8期)

第三辑 溯洄言之犹有病

七十年前的宪法讨论

宪法是什么？简而言之，宪法就是限制政府权力、保障人民权利的根本大法，是人民与政府之间订立的契约。用孙中山先生的话说："宪法者，国家之构成法，亦即人民之保障书也。"自人类跨入近代文明的门槛，从英国的不成文宪法到美国开创成文宪法，宪法已与人类的政治生活密不可分，即便是极权国家往往也要出台漂亮的宪法作为门面装饰。

中国之有宪法肇始于晚清的《钦定宪法大纲》（1908年）。辛亥革命结束了两千年帝制时代。1911年冬天，一代英才宋教仁起草《鄂州约法》；1912年春天，中华民国南京临时政府正式颁布《临时约法》，标志着宪法进入了中国人的政治生活中。但是在相当长的时期内，中国只是有宪法而无宪政，宪法常常形同虚设，只是军阀野心的装饰和他们刺刀上的花环。

从1912年到1927年，短短十五年间，中国至少有过七部宪法（或宪法草案）[1]。战火延绵，水深火热，一方面，人民的权利从来就等于零，宪法规定的自由仅仅是写在纸上的空洞条文，何况有的宪法本身即矛盾百出；另一方面，军阀、政客无非是利用宪法抢椅子，政治舞台上像走马灯似的，十五年间就换了二十五个内阁总理，最短的只有几天，这还不包括发生了两次称帝、复辟的闹剧。

1927年以后，国民党一党专政开始，最初连作为门面的宪法都没有，所以胡适在1929年提出了"我们什么时候才可有宪法"这个问题。直到1931年，国民党政府才公布了一部《训政时期约法》。以国民党为保姆，以人民为无知的幼儿，这样的"约法"可想而知。从1932年开始，在"九·一八"之后的国难危机中，知识界发起了一次长达一年的宪政运动，成立了一些有利于促进宪政运动的民间组织，发表了大量文章。日益高涨的民间呼声，得到了国民党开明派的积极回应。1932年12月，国民党四届三中全会决定由立法院从速起草宪法草案。1933年1月，立法院组成宪法草案委员会着手起草宪法草案。就是在这一背景下，这一年4月1日，老牌的《东方杂志》第三十卷第七号推出了"宪法问题专号"，一下子发表十七篇讨论宪法的文章，连补白文字都和宪法有关。即使在七十年后看来，这些文章所讨论的问题、所达到的深度，也足以让我们今天谈宪法的人汗颜，甚至无地自容。

宪法专题的开篇是孙中山之子、时为南京国民政府立法院院长孙科的《我们需要何种宪法》一文。就我们要什么样的宪法这一问题，他提出了两个原则：它必须是合于我们的国情的，二必须是合于我们的时代需要的。基于这样的原则,各国的成规就只能作我们的参考,各国宪法专家的理论也不应该奉为金科玉律。他明确提出:"我们所需要的宪法,已不是以个人主义为出发点的议会政治的宪法,也不是以阶级专政为出发点的苏维埃式的宪法,我们所需要的宪法是以三民主义为依归的五权宪法。"

作为国民党体制内开明派人物,孙科的观点诚然还带有那个时代意识形态的痕迹,但宪法专题中更多的文章则是站在世界的高度,对许多发达国家的宪法都作了深刻的研究。特别值得我们今天注意的,一是他们对人身自由的关注,二是他们对宪法保障的思考。

一

宪法专家张知本在《宪法草案委员会之使命及草案中应行研究之问题》一文中认为,起草宪法"就是建立一种拥护人民自由平等的强大的法律力量之开始"。他将人民的权利分为消极的权利和积极的权利,认为消极的权利之中偏于个人方面的自由权(如身体、居住、言论、出版、集会、结社等自由),"无妨使之绝对化,换句话说,即无妨在宪法上加以直接的保障"。有了宪法上的直接保障,就是立法机关也要受其限制,而不得另外制定某种限制人民自由的法律,如制定《治安警察法》以限制集会结社自由,制定《出版法》以限制言论出版自由等;人民的积极权利则包括了人民的受教育权、劳动阶级受特别保护权等。

丘汉平的《宪法上关于人民之权利规定之商榷》认为,宪法中"人民之权利"一章乃是"宪法的重心","在法纪败坏达于极点的中国,我们的

'权利'早已剥夺无遗漏。不要说生存没有保障,一切的一切都没有保障。这是事实,不容否认。我们要研究人民的权利如何保障,就不可不注意这事实了"。他指出,并不是没有宪法就没有人权,"人之生存权是先宪法而存在","人权是与生俱来的",制宪的目的无非是为了限制统治者的权力以达到人权的保障。他批评民国元年公布的《临时约法》虽然规定了人民的基本权利,却错误地理解了约法的意义,把约法当作了赋予人民权利的源泉,表现出上帝创造天地那样的口气。其中第六条在规定人民权利时,都有"非依法律"不得限制、剥夺的后缀。所谓"非依法律"就是意义不明,这就极容易给掌握权力的人一个专制的机会,明显是约法的漏洞。如果人权只要依立法机关制定的普通法律就可轻易取消的话,普通法律岂非高于宪法了吗? 这些模糊的字句实际上为掌权者提供了一个剥夺人权的根据。"公安局时常将无辜的学生拘禁至四五个月以上,警备司令部亦时常将普通人民拘禁或枪毙",基于这些"万目共睹"的事实,他提出了在英、美早已行之有效,能保障人民身体自由的"身体出庭状":"无论何人之自由权受限制停止或剥夺时,本人或他人得请求法院于二十四小时内发给出庭状提审,如法院认为无正当理由时,应当庭释放之。""法院有发给出庭状之特权,不得以任何法律限制或停止之。"这些都列入了他提出的制宪应注意的十七条标准中。此外,如宪法只可规定国家有权限制的人民根本权利,但须提出限制的标准和程度。只要不违反宪法精神,人民就该享有宪法中并未列举的自由,如,"不得以立法方法处罚人民;法律不得溯及既往";"公务员故意违反宪法者,处无期徒刑";"官吏为人民之公仆,非一党之佣役"等。

伍廷芳之子伍朝枢以宪法草案委员会顾问的资格给孙科写了一封

第三辑 溯洄言之犹有病

信,也以《保障人民身体自由之手续》为题发表在这个专题中。他说:"宪法最大目的,在为人民谋幸福,为人民谋幸福,莫要于保障人民之自由权利,保障人民之自由权利,尤莫重于保障人民之身体自由。"所以,他郑重提出了法律上的"身体出庭状"。他说,"西哲有言:手续法尤要于实体法"。如果保障救济的手续(或程序)没有具备,而空谈什么原则是没有用的。宪法应该明确规定这一保障人权的救济方法。对此,编者在编后语中称之为"实在是代表全国人的一个大请愿"。

丘汉平、伍朝枢不约而同地提出了"身体出庭状"后,《东方杂志》编辑史国纲觉得言犹未尽,深感"人民没有自由,这是一桩很痛苦的事情",所以专门在4月16日出版的《东方杂志》上发表一篇《"身体出庭状"之研究》,从其渊源、历史出发,详细讨论了"身体出庭状"这一英美法制中保障人民的利器。他认为"身体出庭状"和陪审制,"这是人类的智慧所能想出来防御虐政最有效的方法"。但他也指出,宪法里如果只有"身体出庭状"的规定,是没有什么效力的。"关于呈请的手续、运用的方法,如何使法官接受这种请求,如何使监狱官听命,如果免了遣移被监禁的人,不至发生法律上管辖的问题,都应该有详细的规定。法律的网不可以有任何的漏洞,否则就有方法规避,弄得毫无效力了。而最要紧的,就是有了这种规定,司法必须独立——不是名义上独立,乃是事实上的独立。法官的去就,受命于执政者,那能行使其天职?这点很是明显,稍知道政治上各种问题的人,都可以知道。"他最后清楚地指出:"订立人民的权利,这是一桩很容易的事情;所难者,就是如何使人民充分享受他的权利。"

穿越七十年岁月的沧桑,这些话依然有着打动人心的力量。七十年的时光对一个个体生命来说,可能是漫长的一生,在民族的生命中却真是昙花一现。七十年前知识分子对人身自由的思索,他们对公民权利的孜孜以求至今仍值得我们深思。

二

光有一部完善的好宪法是远远不够的,如何能保障它的实施,更是关键中的关键。丘汉平在《宪法上关于人民之权利规定之商榷》中引用朱执信的话说,宪法是人民的血换来的。英国的不成文宪法,每字每句都是流血换来的。"不是血换来的宪法,无论怎样的齐整完备,却多是等于空文,无保障的效力"。过去保障人权的方式不过两种,一是革命的方式,二是制裁的方式。革命是人权保障的最后方法,人民起来推翻暴政是天赋的权利。然而更多的时候,人权是依赖制裁的方式保障的。

吴颂皋在《关于中国制宪问题的几个意见》中指出:"但须知宪法本身并无力量,必须国人拥护宪法与遵守宪法,它才可发生力量。"如果认为"只要宪法的条文细密,内容丰富,就可使宪法发生效力,政治因而清明,那是真把宪法看做政治上最万能的东西了"。他以为制定宪法时,"最不可忽视者,莫过于力求宪法之精神一贯,切合需要,如此才能引起国民的注意"。同时,他主张与其采用刚性宪法,不如采用柔性宪法:"只有放弃'宪法为一成不易之法'的错误观念,预先规定适当的修改宪法的手续,如此,宪法的存在,不仅无损于时代的演进,且可利用宪法的修改,使政治的机能日益完备,同时宪法多修改一次,人民对于宪政的兴趣,与守法的精神亦可增加一分。"

第三辑 溯洄言之犹有病

李圣五在《宪法之保障》中说，英国宪法只是不成文宪法，是由法院的判例、国会通过的法案、政治习惯以及普通法上记载的种种自由权来共同构成的。英国人的言论、结社、信仰等自由由来已久，并非先有宪法，而后才产生这些自由权，例如，著名的人权法案也只是归纳了历来法院关于人权诉讼案的判例及公认的人权条例汇集为法规，也就是将这些权利"合拢起来罢了"，不像欧洲大陆国家先有了宪法的规定，然后才有人权的赋予。既然人权是从判例和习惯中来的，早已成为普通法律上的权利，在任何时候都不能停止。其次，英国没有宪法与普通法的严格区分，无论行政官吏还是一般人民都受到法律的保护，同样适用于一种法律。在法律范围内，官吏和人民、人民和人民完全平等。行政官吏即使在执行公务之时，也自负其责，"人权的保障自然不怕行政上的侵害了"。

英国是"议会至尊"，其权力"几乎可以说不受任何限制"。好在议会由人民选举产生，任期也不长，所以英国宪法上的根本问题取决于人民，英国人自治而非被治于固定的宪法。李圣五也指出，英国宪法也不是绝无瑕疵，如果能对于根本大法的修改比较慎重，以别于修改一般普通法律的手续，同时增加一项可以宣布议会法案无效的程序，用以防止议会专横，则对英国宪法大有裨益。

至于美国，成文宪法居于至尊地位，不容立法、行政机关任意破坏，最高法院不仅有保障宪法之权，而且有解释宪法以扩大其效用之权。而最高法院在宪法上的这一地位，没有其他机关足以加以牵制，李圣五认为这是美国制度本身的缺陷。

在列举了英、美的先例之后，李圣五并未明白地指出在中国宪法保障如何成为可能。吴绂徵的《宪法与宪法法院》一文倒是说得更为明白，他直接提出了建立宪法法院的设想。他说，民国以来，哪一部宪法(约法)没有规定人民的基本权利，但只是因为人民没有可以申诉的法院，约法的效力等于一纸空文。而国民党政府颁布的出版法，其限制出版的严厉，几乎将约法规定的刊行著作自由权全部吞没了去。"如果行政机关可以任意违反宪法，剥夺人民权利，立法机关又可随时定出种种法规，去否定宪法的效力；像这样的宪法，有没有也无多大关系"。这句话几乎抓住了中国近代自有宪法以来，为什么宪法总是只写在纸上的要穴。

吴绂徵说，一切公务人员的行为，不管是依据立法机关制定的法律或者行政机关的命令，统统都应受到司法机关的制裁。握有政权的公务员的行为，要是有违犯宪法的嫌疑，被统治的人民可以向司法机关陈诉。司法控制是保障人权、维护宪法的惟一良法。英国没有成文宪法，不发生违宪问题，其他大部分欧美国家都承认司法机关可制裁违宪行为，区别只在于，有的国家违宪案件由一般法院管辖，有的国家则特别设立宪法法院，专门审理违宪案件。两种制度形式虽然不同，但以司法控制维护宪法的精神则是一致的。美国宪法尽管没有关于"司法审查权"的明文规定，但却是制定宪法时公认的一般原则，并一直奉行不悖。

"宪法的效力，完全要看它有没有机关去执行，尤其要看它有没有司法机关去控制违宪的事件。"作者认为，如果在制定宪法时，诚心要使宪法不成为废纸，"当前宪法中最要紧的问题，便是创立一个'宪法法院'，专事审理法律的违宪和行政或军事机关违法侵犯宪法保障的人民权利的案件。中国法治的实现，要中国社会不再这样纷扰，必得要一个'宪法法院'！"

这是七十年前宪法专家关于宪法法院保障宪法实施的呼喊。学者们的声音也不是毫无回响,起码在当时的宪法草案中有所体现。之后,丘汉平在《对于宪法初稿的几个意见》中称:"历次宪约法,对于宪约法之保障都不注意。这次宪草列为专篇,规定甚详,堪称特色。"而对于宪法的解释、执行违宪事项是否要成立专门的法院,学者、专家间也有不同意见(如张在本就是不赞成设立宪法法院的)。宪草当时采取了折衷的办法,既采取了德、法等国的制度,同时又注入英、美的精神。对此,丘汉平肯定地说:"这都是起草者能够采取各国法制的精髓而为历次宪草所没有的。"

在此之前,1919年制定的宪法草案中曾规定由立法、司法两院首长组成一个特别会议处理宪法解释问题。1923年公布的宪法第二十八条则规定最高法院有权在国家法律与省法律发生冲突时作出符合宪法的裁决。在此之后,1936年颁布的宪法草案规定,法律是否违宪,当在其通过后六个月内由监察院提交司法院作出解释,但草案没有明确规定是由司法院下属的最高法院还是其他专门法庭来作出解释。

顺便说一句,如果不将1949年公布的具有临时宪法作用的《共同纲领》计算在内,自1954年以来,我国已有过四部宪法。颁布于1982年的现行宪法也有过几次修改,但有一条从来没有改变过,即全国人民代表大会常务委员会始终拥有包括监督宪法实施、解释法律等的职权。这表明人大常委会具有保障宪法的功能,可以撤销一切违宪的法律及行政法规、命令等。但在实际生活中由于全国人大缺乏人员、机构、制度保障等方面的原因,它并不能很好地履行这些职能,未能充分行使解释宪法、监督宪法实施的职能。如何有效地保障宪法实施,依然有很长的路要走。

三

在七十年前的宪法讨论中,高一涵、陶天南两位学者分别提出了宪法上的监察权与行政审判权等问题。

高一涵的《宪法上监察权的问题》一文,很坦白地指责了当时推行的监察制度的缺陷——重事后弹劾,而忽视事前的监察。他说,假如监察院仅仅是事后的监察机关,不能行使事前监察的权力,监察权只不过是弹劾权而已。他进一步指出:"如果说,今日监察院所行使的职权,就是中国从秦汉以来御史的监察权,那么,监察权的解释,便不能这样的狭义。因为中国的御史,权力非常广大。"即使在清代,都察院的特权中也包括了建议政事权、弹劾权、监察行政权、考察官吏权、辩明冤枉权、封驳诏书权等十项。这位著有《中国御史制度的沿革》一书的政治学家以史为证,说明过去的监察权不仅可监察法律范围内的事,也可监察道德范围内的事,不但可弹劾犯罪于已成事实之后,也可弹劾犯罪于成为事实之前。监察权虽不能按照历史上的成规,扩张到无限,但除了弹劾之外,监察院还应该有知道各行政官署施政状况、任免人员经过以及考核人员成绩等的权力。同时,监察院如果只能弹劾,不能审判,或只是"半弹劾",对此情况,高一涵主张弹劾案的审判权应归监察院。

行政诉讼是否应该以别于普通法院的审判机关来审理?换句话说,宪法是否应规定在普通法律之外有行政法?在普通法院之外有行政法院?这是陶天南《宪法中之行政审判问题》讨论的重点。他认为,行政审判官要有关于公务组织及实施的知识、经验,同时熟悉行政机关公务上的

实际需要。而普通法官往往缺乏这样的经验和知识。司法官判决案件往往依据条文,而行政法并无法典可依,这不是普通法官所能胜任的。他主张设立行政法院,认为法国的行政法院保障人民的权利远胜于该国的大理院,这是法国知识分子引以自豪的一件事。为此,他逐一驳斥了英国大法学家戴雪的经典著作《宪法精义》中对行政审判制的抨击,希望制定宪法的人不要被戴雪的学说所惑。

在当时的制度框架下,学者们所作的这些思考已经达到了相当的高度。他们的立足点无非是从宪法入手,无论在事先还是事后都能有效地监督、制约行政官员的作为,也就是形成以权力制约权力的良性关系。众所周知,没有约束的权力必然导致腐败,宪法应该确立一些最基本的规范、程序,用来约束行政权力,这是不言而喻的。也因此,探讨监察权与行政审判权才具有了相当重要的意义。

四

何炳松的《国民教育与制宪》一文并不是直接讲宪法问题的。何炳松认为,立足于现代世界的一个基本条件就是教育的普及,没有这个条件,就算是把英国的《大宪章》、《权利请愿书》、《权利法典》以及法国的《人权宣言》全部抄过来公布施行,也是无济于事。他提出了为什么西方的自由平等一到中国就会面目全非,反而成为为非作恶的借口这一尖锐的问题,其答案全在国民教育上:

> 国民有教育,才会发生人格自尊心;有人格自尊心,才能赏识平等自

由的真谛,不卖身求荣,不屈于无理的威武。

他开宗明义指出那是一个"上无法守下无道轨"的时代。所以他认为要救中国,"岂但制宪,必从急起直追,普及国民教育入手,才是办法"。

其实,普及教育与宪法的知识,首先应是普及公民的常识。长期以来,公民教育的缺失是中国教育最大的遗憾之一。何炳松的文章没有说清楚,他所说的国民教育指的是普通教育,而在普通教育中,尤其在中小学生中实行公民教育是不可回避的。而普及教育,从根本的意义上是要养成公民资格,也就是通过教育造就学生自立、自治的知识、能力,特别重要的是培养学生独立思考的能力,对学生进行文明常识的教育,尤其是人格教育、宪法教育。

在"宪法问题专号"的十七篇文章中至少有七篇是有关外国宪法的,如史国纲的《美国宪法之背景及其特点》、张明养的《西班牙的新宪法》、叶作舟的《日本宪法的特质及其对于现阶段政治的影响》、张梁任的《德国宪法之研究》、周还的《欧战后国家立法权与行政权的消长》等。这些文章从不同侧面对各国宪法作了相当深入的研究,从中不难看出七十年前中国宪政学者的眼界之宽、视野之远,以及他们思考、观察中国宪政问题的起点之高,特别是他们对苏联宪法的看法更值得咀嚼。

实际上,从居庙堂之高的孙科到处江湖之远的胡愈之,实际上都没有窥见前苏联的庐山真面目,所以孙科会说:"苏俄的宪法是劳动阶级革命成功以后的产物,它是由劳动阶级牺牲了头颅热血换得来的,所以它是那样鲜明的确立劳动阶级独裁的政权,那样绝对的保障劳动阶级的利益。"曾以记者身份亲临苏联采访的胡愈之才会洋洋洒洒写下《苏联的政

治组织》一文,热情地讴歌这一新型的政治制度,无一字批评。今天读来可能会感到幼稚可笑,可是他当时的写作却完全是真诚的。后来,张知本在《中华民国宪法起草意见》一文中也认为:"苏俄共产主义国家宪法,尤特别承认民众集会结社等之真正自由。可见社会愈进步,而于人民自由之保障愈趋严格也。"而对于苏联制度的本质,惟有郑允恭在《欧战后之新宪法》第一节"苏俄宪法之根本思想"中,称之为"市井无产阶级及贫农之独裁政治":

实际上政治仅由一小部分人民运用,且惟为该部分人民之利益而运用。虽然,赤党尚未能完全实行其理论,形势政权之权利,实际上之限制,遥大于宪法上之限制。凡反抗现政府,无论出于劳动民众或无公权之阶级,均严厉扑灭之。

俄宪之思想,对于他国有相当之影响,尤其大战后数年间所影响更大。赤党努力宣传其主义,遇有必要诉诸武力。故侵入波兰及波罗的地方,一时在芬兰及爱索尼亚设立苏维埃制度,并欲合并之。然此等国家为民族独立而奋斗,卒能拒绝苏维埃制度。

郑允恭的这些判断是1933年作出的,离前苏联的消亡还有半个多世纪,他的见识越过苍茫的历史迷雾,透过林林总总的表面现象,看到了其弊病所在。一种制度积重难返,到头来即使想变革也来不及了。考虑到那个时代,孙科、张知本、胡愈之的政治背景各不相同,他们对社会的看法也很少有共同点,可是对苏联宪法却表示了差不多一致的看法,这不能不让后人感到吃惊,同时也让我们对郑允恭刮目相看。

五

在那场宪法讨论中,让编者感到不无遗憾的是,"宪法上关于民生的问题——生存权、劳动权等均付阙如"。本来学者陈启修从北平来信通知《东方杂志》,表示要写一篇《中国制宪运动失败之社会经济的原因》,多少和宪法上的民生问题有关,可惜没有如期寄到。

宪法草案初稿之后,当年7月16日出版的《东方杂志》第三十卷第十四号曾发表两篇评论:罗敦伟《宪法草案初稿评论》、丘汉平《对于宪法初稿的几个意见》。

罗敦伟从四个方面批评了宪法草案初稿:一是缺乏社会基础。虽然草案对"生存权"、"劳动权"有一些规定,但对社会公益、罢工权及劳动权的内容都没有提及。至于在职业选举中劳动民众在法律上特别需要的保障,却一个字也没有。他认为:"法律既承认契约自由,那么,劳动者要求'不行为'之罢工,也不能不视为正当。"二是忘记了民生主义。他指出草案只重视民族主义和民权主义,而忘记了民生主义。草案除了写有"土地制度"四个字及防止荒废或集中的规定外,关于土地制度的内容却没有一个字说到;社会福利、劳动民众的特殊规定也都缺乏。三是他批评草案只是一部非生产的宪法,只知道把表面上好看的文章,有多少写多少,而实际有关重大的"生产"方面,却不大注意。比如说人民应该有生存权、劳动权、受教育权……虽然有中央、地方均得设立经济委员会一条,但一则太有弹性,二则权力太小,只是一个建议机关,连计划、检阅的权力都没有,执行更谈不上,就是这些机构都设立了也没有什么权威。他认为至少要把经济委员会列为专章,把它的权力扩大,即不仅是设计、检阅机关,而且应该是执行机关。四是忽略下层基础。关于人民的组织最低只到县市为止,忽略了城、镇、乡。五是他指出了草案本身的矛盾与缺陷,比如草案一方面规定人民依法行使选举、罢免、创制、复决的权利,另一方面又规定人民所有的四权由国民大会代为行使,这是自相矛盾的。比如法律交付复决,复决的手续如何,并无明确的规定。而实际上立法院如果专横不能限制,所谓复决权就会成为泡影,而条文本身也会陷于矛盾之中。此外,草案的缺陷还有很多,如农业政策很详细,而工业政策却一字不提;如立法院、行政院必要时是否可以解散;总统与行政院长联带负责,如果政见发生冲突时,如何处理;现役军人在选举上的限制如何,等等,都没有规定。

丘汉平严厉抨击了草案第三十八条规定的对人民各项自由的限制,认为以"维持公共利益或避免紧急危难所必要"为限,对什么是"维持公共利益"这一概念的表述本身就是模糊不清的。他一针见血地指出:"照现行宪草的规定,就是宪法公布之后,中国人的权利保障仍是一个零。例如出版法、危害民国紧急治罪等等都可借口第三十八条之理由而存在!"他认为:"法律是制治之具,而不是制治之本,今不求减除人民的痛苦和纠正青年的思想,而以严刑峻法绳之,欲望国家得治,无异植树斩根了。古今中外,没有一个国家曾经用严刑峻法收效的。"

11月1日,《东方杂志》第三十卷第二十一号还发表了张知本的《中华民国宪法起草意见》。这位起草宪草的专家在这篇长文中提出了许多见解,有些即使今天读来也足以醒人耳目。有鉴于民国以来战祸不断的教训,他提出,为了防止妨害民权的军阀政治复活的可能,应该防微杜渐,在宪法上禁止军人干涉政治,限制军人充任行政元首,规定"军人除服从国家命令防卫国土外,不得发表政治上之言论"。至于限制军人当选行政元首,各国虽无先例,但中国几次大乱几乎都是由于军人当总统或觊觎总统之位而引起的,为此他列举了六条理由。

在蒋介石统治下的中国,诚如毛泽东1945年重庆之行所言的,"国民党实行独裁的劲不大,像灰尘一样可以吃掉的"。"蒋介石失去大陆的主要原因,就在于他'没有路线',搞民主无气量,行独裁无胆量;既不能以民主争取民心,又不能以独裁巩固政权,两边不到位"[2]。这其实也算不上什么秘密,恰恰是"国民党实行独裁的劲不大"才为二十世纪上半叶的中国文明史保留了几分元气。也正因为蒋介石的独裁不够彻底,没有太多的言论禁区,知识分子们才有可能在影响广泛的《东方杂志》上无所忌讳地公开讨论宪法问题,对宪法草案说三道四。即使对洪水猛兽般的共产主义苏联,从官僚到学者肯定的声音也很响亮,而国民党当局并没有禁止这些言论。七十年后我们或许会感到奇怪。

落花流水春去也,1933年那个春天,中国知识分子关于宪法的讨论早已淹没在历史的灰尘中。

注释:

[1]1912年,中华民国南京临时政府颁布《临时约法》,1913年的《天坛宪法草案》,1914年袁世凯颁布的《中华民国约法》,1916年黎元洪以《天坛宪法草案》为基础的《中华民国宪法草案》,1919年拟订的《中华民国宪法草案》,1923年曹锟的"贿选宪法"《中华民国宪法》,1925年段祺瑞执政时拟订的《中华民国宪法草案》。

[2]转引自单世联:《近距离的观察——读〈胡乔木回忆毛泽东〉》,《书屋》2000年第4期。

(付 阳 文,原载《书屋》2004年第2期)

第三辑 溯洄言之犹有病

制度转型视野中的民国初年
——读《袁氏当国》

长期以来,如何评价民国初年令人炫目的政治变化,以及当年叱咤风云的历史人物,一直是人们争论不休的议题。唐德刚先生的《袁氏当国》一书视角标新,观点立异,为民初政治讨论的深化做出了新的努力,非常值得一读。

在告别帝制、走向共和的制度转型漫长进程中,民国初年虽然只是一个短暂的阶段,但是这一阶段的政治发展却非常耐人寻味。对此,唐氏的眼光相当敏锐,迥异于伤感当年民主化命运多舛的传统视角。他在书中不仅生动地描述了民国初年诸多富有戏剧性的历史事件,而且对袁氏当国的最后结局并不悲观,认为以民主代议制度为目标的制度转型,决不是三年五年之功。从东西方的历史经验来看,历时数百年,始能毕其全功。

因此,民国初年的政治发展,不能仅从民主化成败的角度来评价,更多的需要关注过程与经验。回顾1912年中华民国的建立,不难发现从晚清新政开始的传统政治社会变迁进程开始加速,在民初的两年里,政治权力、政治合法性、政治参与、政治文化等结构性因素的变化速度,事实上超过了过去人们的判断与认知,正如美国学者列文森所说:"君主制的种种象征已被如此彻底地消除了。这一事实的本身就提醒我们,新的共和国不仅是形式,而且也是内容。"

在经验的层面上,从《临时约法》的颁行、竞争性议会选举的开展、言论出版的自由,到国会政治的运作与宪法草案制定,民初中国经历了一个完整的制度转型过程。这些政治发展不仅无可置辩地成为政治民主化的重要内容,而且表明当时的中国实际上正处于从专制政体向民主政体的转型时期。民主转型是民主制度的创建过程,宪法的制定与宪政制度的实施是民主转型的主要内容。经验表明,转型期是民主化进程中最不稳定的阶段,时刻具有被旧政权颠覆的危险。民主转型是民主政治建设的第一步,随后才是决定民主制度存续的民主巩固阶段。从民主化的角度观察民国初年的政治发展,其实更符合民主转型的特征,即一个皇权专制政体开始解体,形成某种形式的民主政体,或回到某种形式的威权统治,或出现革命政权。

当然,民主转型在民国初年只是昙花一现,其发生与失败同样迅速。失败的原因同样是人们感兴趣的话题。唐氏的解释也颇有新意。他不仅看到袁氏只是一个老官僚,平生只注重权位和荣誉的个人悲剧性因素,更重要的还发现制度因素,即革命党人以内阁制取代总统制,让袁世凯做虚君元首的制度设计,与袁氏抵死不做虚君的权力诉求发生冲突,这是导致最后政治破局的重要起因。这样,民国初年制度选择的重要性浮出了水面。

1913年末民主化试验的失败,确实与当年政治精英的制度选择密切相关,其中最致命性的原因是国会制定的《天坛宪法草案》中"超议会制"宪政模式。从宪政理论上来说,"超议会制"是一种严重违背宪政分权与制衡原则的畸形政治制度,核心是立法(国会)至上,而不是三权分立与制衡。权力之间缺少互相制约的关系,行政权对立法权不能发挥平衡作用、司法权对立法权也不存在制约作用,立法权却可以过度侵占行政权与司法权,凌驾在两权之上,形成立法对行政、司法权力单向的制约关系。不言而喻,这种宪政制度如果实施,将会给国会议员们带来巨大的政治权力。

而且"超议会制"政体并没有满足北洋派的总统权力目标。1913年8月19日袁政府宪法研究会向国会制宪会议提交一份宪法草案大纲,提出的总统权力主要有:一、有任命国务员及驻外公使,无得议会同意之必要;二、对于两院之议决有复议权及拒绝权;三、有发布紧急命令权;四、有令国会停会权;五、得参议院之同意,有解散众议院权;六、行政最高权委任于大总统,内阁总理及各部总长辅助。在《天坛宪法草案》披露后,袁氏对草案全文最深虑者有两点:一、大总统任免国务员有无得国会同意之必要;二、大总统对于国会有无解散之权。10月16日,袁在增修约法咨询文中就提到取消参议院对国务员及外交大使的同意权,改为"大总统任免文武职员"。袁还振振有词地认为:"查国务员同意权不容于内阁制之国,惟总统制美国始有此规定。"应该承认此时北洋派提出的制宪要求,除要求总统行政主导权外,基本上属于当时法国责任内阁制中总统权力范畴,与当代法国半总统制下的总统权力更加相似,并没有超出宪政框架。

但是国会制宪会议拒绝考虑北洋派的政治利益要求,其总统权力目标在宪法草案中基本上落空。对此,袁世凯及其支持者的反应是非常强烈的。袁在10月25日、11月4日两次通电中公开抨击宪法草案的政体设计。宪法草案中弱势总统权力的规划,还意味着北洋派政治权力在未来制度实施后将进一步丧失,其既得政治利益也会受到重大损害,所以袁世凯认为宪法草案是"消灭行政独立之权,比较临时约法弊害尤甚"。这种削弱大总统与政府威信的做法,"使对内对外均无以保其独立之精神,而为国会之役使",这些是袁断然不能接受的。

在制度主义者看来,政治制度变迁的实现要通过制度主体的创新行为来实现。当时决定中国政治制度变迁的最重要力量并不是国会,而是袁世凯的北洋政治集团。对于袁世凯这样的实用主义政治人物来说,以较少的代价攫取更多的政治利益是其最主要的政治目的。袁氏在1912年接受共和制度,其实就是建立在这种判断之上。以他不多的现代政治知识,当然会期望民国国家元首的权力与地位要远远超过他在前清的职权,在民国为自己谋求比旧制度中更多的政治利益。如果这一期望受挫,袁氏自然就会改变最初对共和民主制度的不反对态度。民初的两年,就是袁对民国新政治制度态度发生转变的一个过程。

但是《天坛宪法草案》,特别是其中的"超议会制"政体,既没有充分承认当时左右中国政坛的北洋集团的政治利益,也没有从制度创新方面实现北洋集团提出的正当的权力目标,从而失去了北洋派对政治制度变

第三辑 溯洄言之犹有病

迁的支持。对渴望在新体制中攫取更多的权力与利益的北洋政治集团来说，由于政治目标在宪政制度框架设计中落空，不满之情是难以抑制的。民主转型也因此失去了对他们的吸引力，更无法奢望获得他们的支持与推动。制宪最后的失败，恰好是北洋政治集团害怕在未来的政治制度变迁中丧失已有权力而激烈反对的结果。但是袁世凯在1914年以后的制度选择也是错误的，无论是他在1914年建立起来的"超总统制"的威权体制，还是后来恢复帝制的努力，都无法获得稳定的政治发展，也无助于政治现代化的实现。

其实考虑到中国行政集权制度传统、北洋派总统权力与国会各政党立法权力的不同利益诉求，合理的宪政制度选择可以是类似于当代法国的"半总统制"。意大利学者萨托利说："最适用的政体，就是最好的政体。"这种政体制度兼有总统制与议会制的长处。一方面总统有相当大的政治实权，政府总理对总统负责，可以满足袁世凯这样的政治强人对实权总统地位的权力需求，另一方面行政与立法关系容易协调，当政府与议会发生冲突时，总统在同总理及议会两院议长磋商后，可以宣布解散议会，重新举行选举，在宪政制度框架内解决总统与议会的政治冲突。当代法国"半总统制"政治运作相当成功，不但造就了一个强总统，而且产生了一个相对稳定与有效的内阁。二十世纪第三波民主化经验也证实，对民主转型国家而言，半总统制比纯粹的内阁制或总统制更有吸引力。

最后值得一提的是，民初政治发展的过程与结局，不仅验证了唐氏特别强调的制度转型的艰难性，而且包含制度转型失败的合理性。各国民主化研究表明，一国的民主转型过渡到威权或极权政治，这种失败结局意味着民主的崩溃。民国初年民主转型的结局，就是民主崩溃的一种形式。1914年的中国是二十世纪世界上第一个民主转型变成威权政治的国家。不过,世界范围内各国民主化经验不断启示我们,民主化是一个过程,是专制政体不断实现民主化的艰难过程,它不是一个直线过程,而是一个曲折复杂多变的过程,不可能一帆风顺。民主崩溃其实是一种普遍与合理的政治现象。上世纪二三十年代欧洲一些威权主义政权如萨拉查的葡萄牙、佛朗哥的西班牙,以及法西斯国家意大利、德国都是对本国民主化失败的反应。正如亨廷顿所说,"在二十世纪,极少的国家能够在第一次尝试中就建立起民主的政治体制。"

(唐德刚:《袁氏当国》,广西师范大学出版社2004年版)

(严　泉 文,原载《书屋》2005年第10期)

第三辑 溯洄言之犹有病

君主立宪在近代中国何以不可能

——兼论中国专制政治传统的世俗性特点

君主立宪：昙花一现的政治设想

近代中国政治变革的重要内容之一就是结束传统的君主专制制度，向现代立宪政治转型。在戊戌维新及其后的十数年间，君主立宪被康有为、梁启超等部分社会名流和政治人物视为实现这一政治转型的最佳途径，甚至也得到清廷当局的认可。清末"新政"的一项重要内容就是预备立宪。然而这项重要的政治制度改革直到辛亥革命爆发，也始终停留在"仿行"阶段，并无实质性进展。民国成立之初，君主立宪的论调暂时平息了数年。但随着民初政局的动荡，政争、内讧不断，党派倾轧，国家贫弱依旧，种种不如人意使部分社会、政治人物对共和制产生某种失望心理,于是到了1915年,便又有了君宪说的出现。此时正值袁世凯暗中酝酿复辟帝制并制造舆论之际,君宪说恰逢其时,自然得到袁氏的支持。不过,当时舆论界主张君宪说最有影响的人物如杨度、古德诺之流,倒也并非完全为了迎合袁的政治需要,主要还是出于他们自己对中国政治问题的理解。随着袁世凯复辟帝制的失败,君宪说从此在中国政界销声匿迹,不过在理论界、思想界却不时依然有其知音。如身为美国政治学学者的古德诺,在其晚年的封笔之作《解析中国》(1927年)一书中,依然坚持君宪是中国政治变革的最佳途径,对于清末君主立宪未能实现颇觉"惋惜",认为"若非辛亥革命的发生,中国按理说到1917年就可建成具有一定的有限君主制性质的代议政体"。近年学术界一些学者也有类似看法,认为晚清新政是渐进式的现代化变革,如果没有辛亥革命,这条渐进式改革道路是有望引导中国走上现代化正轨的。其中,君主立宪作为一种非暴力革命的政治变革方式,其积极意义应当予以充分肯定。

君宪说无疑是受到像英国、日本这类君主立宪国家的成功经验的启发和鼓舞,同时也是鉴于拉美等国实行共和制过程中出现政治动荡、战乱频仍的历史教训。民国初年的政治乱象确实也说明共和政治并不能立马给国家带来和平、稳定和繁荣。

君宪说认为,实行君主立宪的最大好处在于可避免政局动荡,尤其是可避免流血、暴力、战乱等等非理性的政治现象。对于中国这样一个贫弱的大国而言,此类非理性现象将使国家长期陷入恶性循环而得不到稳定和发展。加以近代中国面临的国际环境颇为险恶,更不容长期的政治动荡。那么,君主立宪何以有利于保证政治稳定、理性有序呢?其理由最

主要的不外是中国国情,中国有着悠久的君主专制传统,人民的政治素质不高,皇权思想、权威崇拜意识根深蒂固,所以一下子由君主专制变为民主共和必然不能适应,而君主立宪则是最佳的过渡方式。筹安会称:共和国主权全在人民,大权采于国会,"若人民知识不及法美而亦握此无上之权,则必嚣乱纠纷……不能图治,反以滋乱"。杨度说:"欲求富强,先求立宪;欲求立宪,先求君主",中国之所以不能像法、美等国那样以共和国体实行立宪,是因为中国的"人民程度不及法、美",并以民国初年的政争及二次革命为例,称在共和制下"中国将来竞争大总统之战乱不知已于何时","唯有易大总统为君主,使一国元首立于绝对不可竞争之地位,庶几足以止乱"。古德诺也同样认为:"中国数千年以来狃于君主独裁之政治,学校阙如,大多数之人民智识不甚高尚,而政府之动作彼辈绝不与闻,故无研究政治之能力。四年以前由专制一变而为共和,此诚太骤之举动,难望有良好之结果者也。"他说如果当初中国不推翻清朝帝制,则在帝制下逐步发展立宪政治的效果将比现在更好。在他看来,中国实行共和制最大的危险就是权力更替容易引发内乱,内乱往往最终导致最坏的政府形式即军事独裁制的出现,而重建帝制的合理性也仅仅在于帝制可以使这个问题得到更加稳妥的解决,结论是"中国如用君主制,较共和制为宜,此殆无可疑者也。盖中国如欲保存独立,不得不用立宪政治。而从其国之历史习惯、社会经济之状况与夫列强之关系观之,则中国之立宪,以君主制行之为易,以共和制行之则较难也"。

君主立宪作为立宪政治的一种形式,在近现代世界一些国家得到成功的实践,典型者即如英国、北欧、日本等。然而在近代中国,它却终究只是少数人士的政治设想,根本没有实现。不过这并不能说明君主立宪本身的错误,从理论上分析,毕竟君宪说的根本还是要在中国实现立宪政治,君主制不过是服务于这一目标的手段、形式而已,所以不宜将君宪说简单地等同于维护封建专制。比如1915年古德诺发表《共和与君主论》时,梁启超就明确表示,只要政体是立宪政治,国体为君主还是共和并不重要,所以在清末君主制存在时自己主张君主立宪,而在民国共和国体已经建立数年之际则主张共和(民主)立宪,总之没有必要在国体问题上折腾。这种看法应当说是比较理智、公允的。如果我们肯定立宪政治是近代中国政治变革的正当方向,那么,需要拷问的就不是君主立宪是否应当,而是君主立宪是否可能。

立宪与君主的矛盾

君宪说的致命问题在于忽视了在中国的政治文化背景下立宪与君主之间天然地存在着内在的紧张与深刻的冲突。

君宪说意识到在近代中国实行宪政殊非易事,而最难者莫过于立宪之初,即宪政之何以创立。正如杨度所言:"难莫难于立宪之初,易莫易于立宪之后。创宪政者,如以人力扛火车使入于轨道,其事至难;守宪政者,如以机器驱火车,使行于轨道,其事较易。"所以他们希望由一个类似德国威廉第一、日本明治天皇那样的"盖世英主"出来为中国手创宪政。为此,他们不惜赋予这样的"英主"以专制君主的权力,幻想其能"善利用其专制权力,有以迫促宪政之速成"。在杨度们看来,专制权力就像一种工具一样,既可为善也可为恶,所以说"夫以专制行专制,适以疾国;以专制行立宪,乃以利国,所谓事半而功倍者也"。可见,君宪说是企图借助于君

主来走立宪的捷径,以维持政局稳定,避免暴力革命等非理性现象。但如此一来就等于将立宪的希望完全寄托在所谓英主的身上。杨度等就认为清末立宪失败原因乃在于"有适宜宪政之国体(指君主制——引者)而不得实行宪政之贤豪"。严格地说,这其实不过是所谓开明专制的变种而已,早已背离立宪政治的本义。

开明专制与真正意义上的君主立宪显然格格不入,立宪政治的核心就是对统治者权力的限制、制约和规范,立宪的君主是权力有限的君主,甚至干脆就是不管事的虚君。因此,君主立宪绝不可能通过一个权力无边的专制君王来推行。而按照近代中国君宪派的想法,则只能是由开明专制的君主来自我限制、约束其权力,这不啻于缘木求鱼。所谓以开明专制求立宪之论,其实是将立宪当作少数政治精英的救世伟业,骨子里依然是中国传统的圣贤政治的思维,与真正意义的立宪政治可谓风马牛不相及。事实上,那些成功实现君主立宪的国家没有一个是靠所谓英主来实现的,相反其君主总是处于消极地位。比如,英国近代君主立宪肇始于1688年的光荣革命,而这次革命却是一场由英国议会发动的更换国王的行动,国王在其中不过是政治符号而已,完全扮演着被动的角色。日本的天皇在君主立宪之中也同样仅仅充当政治符号而已。

君宪派之所以鼓吹以权力无边的君王来推行宪政,从根本上说与他们对宪政的理解有密切的关系。在他们看来,立宪是稳定政治秩序、实现国家富强的手段,立宪的实质是"盖立宪者,国家有一定之法制,自元首以及国人皆不能为法律外之行动……贤者不能逾法律而为善,不肖者亦不能逾法律而为恶"。那么,立宪政治何以能保证自元首以及国人都能切实信守法制、不逾法律而行动呢?其实这才是最根本的问题。对此问题的回答直接揭示了宪政的本质所在。宪政就是通过国家权力与公民权利之间的合理安排而达到制约公共权力、保护公民权利的目的,离开了这个核心问题,就根本谈不上法治的意义。而君宪说的致命之处也正在这里:完全回避了制约公权、保护公民权利的问题,把保障法制的希望完全寄托在统治者对法律的信守上,这无疑依然是人治的思路。

杨度们的宪政观是典型的法律工具主义,简单地以国家富强的物质标准来衡量政治法律制度的良善与否,因而对于法治本身并无坚定的信念,这从他们对德国、日本的立宪模式的推崇和对英国模式的有意忽略中可以很清楚地看出。英国是近代立宪政治的起源,也是君主立宪的典型。但是,杨度们特别赞赏的却是德国、日本模式而非英国模式,其原因就在于德、日当时是后起的强国,它们的经济发展速度、国力等正赶超英国。君宪派丝毫没有觉察到德、日宪政模式内在的问题和危机,后来这两国走上军国主义的历史充分证明了其宪政的致命缺陷。立宪政治从长远看是有利于国家的富强,但是如果一开始就将宪政目标仅仅锁定在片面的物质主义方向上(富国强兵,或工业化之类),把宪政当成纯粹服务于经济发展的手段、工具而完全无视宪政本身的政治、伦理意义和内在价值,那么其结果势必与立宪政治的基本精神背道而驰。所谓"挟专制之权以推行宪政"之类谬说,其实正是这种浅薄庸俗的工具主义思维的必然产物。

近代中国君主立宪说的两度幻灭,都证明了以所谓开明专制来实现立宪完全是政治呓语。清末搞预备立宪,主事者清廷的目的只在于维系其皇位之永固,而对宪政本身既缺乏真正的理解也缺乏热情和诚意,连立宪派也深感失望,即使没有辛亥革命发生,君主立宪也只能是有君主无立宪。至于洪宪帝制，主事者袁世凯根本不过是借君宪之名行君主专制之实。

退一步说，假如摒弃开明专制的思路，在近代中国是否可能实现真正意义上的君主立宪呢？杨度等人的开明专制倾向固然荒谬，但其君宪说有一个重要的动机却不可忽视，这就是希望通过将君位世袭明定于宪法来保证不会发生王位争夺之祸，以利于政局稳定有序。立宪君主不同于专制君主，它是权力有限的甚至是虚君；同时，它也不同于一般意义的国家元首或政府首脑，它是世袭的而非竞选的。因此，君主立宪就意味着确立一个世袭的虚君，虚君在很大程度上只是作为国家的象征性符号而存在。这样的世袭虚君要能保证政局稳定、不发生王位之争，其前提条件就是君主享有无可置疑的神圣性，这种神圣性必须得到全体国民的普遍认同和拥戴。从这个意义上，可以将这样的虚君理解为由国民供养着的"活菩萨"，其神圣性只能或者是来自某种宗教信仰，或者是源于民族悠久的政治、文化传统，而绝不可能来自君主自己的人为宣传和制造。惟其如此，任何篡夺君位者都难以获得国民的认同，从而保证无人敢于觊觎君位。因此，君主立宪要能在中国实现，首要的前提条件就是君主的这种神圣性必须获得来自宗教的或政治文化传统的支持而具有无可置疑的稳固基础。

然而考察近代中国，无论是清朝皇帝还是袁世凯以至于任何政治人物，都根本不具有"活菩萨"那样的公认的不可动摇的神圣性。他们若不掌握绝对的统治权力，其君位就难以保住，而且在社会上也就根本不具有全体国民普遍仰戴的教主式神圣权威和地位。所以他们的至尊地位总是跟绝对的权力紧密相连，这也就注定了他们不可能成为活菩萨式的虚君。其实,历代中国的统治者如果要保证其世袭君主地位神圣不可侵犯,都不得不诉诸绝对权力,包括玩弄开明专制的把戏;反之,如果要真正实行立宪政治,废除专制权力,就不得不同时废弃世袭君主的国体形式。总之,君主立宪在近代中国之所以行不通,根本原因就在于中国的君主制与立宪政治之间存在着深刻的矛盾冲突,无法协调、统一。

与此相反,英国、日本之类君主立宪国家的君主,却可以在不掌握绝对权力的同时享有受国民普遍仰戴的神圣地位和教主式威望,且毫无被篡夺君位之虞。英国国王、日本天皇的神圣地位并不是他们自己蓄意制造出来的,而是源自其民族的政治、宗教文化传统。可见,尽管从表面上看中国的历史传统与英国、日本等君宪国似乎有共同之处,比如都有君主制的漫长历史,人民都有崇拜君主的传统心理,君主在国家政治生活中的地位都很神圣,但在这貌似的表象背后却存在着微妙而深刻的政治文化传统差异,使得中国与这些君宪国的君主的神圣性实际上建立在完全不同的基础上,从而也就决定了君主立宪在中国必然要遭遇完全不同于在英国、日本等国家的命运,后者的君主制能与立宪政治和谐并存,而中国的君主制却几乎是先天注定了只能与专制独裁政治为伴。

那么,这种政治文化传统的差异是怎样形成的?有着数千年历史的中国君主,其神圣地位又何以如此脆弱以至于不得不依赖绝对权力的支撑呢?

专制政治传统如何抹掉了君主的神圣灵光

中国政治传统中的君主,其神圣地位与绝对权力的密切关系,大体

第三辑 溯洄言之犹有病

上说是由两方面因素造成的：其一是君主的产生方式，其二是视国家为私产的家天下传统。两千多年来，中国历代王朝无不是通过暴力、阴谋夺权的方式建立起来的，并且总是将"天下"视为君主一家的私有产业，绝对不容他人染指。正是这种"打江山者坐江山"的政治游戏规则决定了君主在中国只能是掌握绝对权力的专制君主而不可能是活菩萨式的虚君，从而使君主的神圣地位与绝对权力不可分离地紧密结合起来。但是，暴力、阴谋可以夺取权力却不能证明权力的神圣性；同时令中国的历代君主们没有料到的是，一旦皇帝的神圣性是依靠绝对权力来维护和体现，那么这种神圣性基础注定了必然是虚弱的，是外强中干的。越是依赖绝对权力就越是使君主头上的神圣灵光褪色，所以中国的历代皇帝严格地说并不具有真正意义的"活菩萨"地位。

1915年杨度等人抛出君宪说论调时，远在日本的章士钊就以秋桐为笔名撰文指出，杨度所倡的帝制断断不可能与立宪相容，"盖此种帝政与沿于历史本乎神权者不同，后者可言立宪，而前者则否"。其原因在于这种帝制是通过"以谲而不以正"的阴谋手段建立起来的，"凡源不正者其流不清，帝政由是而立，而望其从容入乎宪政之轨，其事诚与逆行求前无异"。君主的产生方式规定了君主制的性质，也决定了君主的统治合法性来源。中国的政治文化传统与英国、日本等君主立宪国家的根本区别实际上就渊源于此，中国与这些国家的君主统治的神圣性、合法性基础之差异也是由此决定的。

君主制的权力交接模式是依照父死子继的宗法血缘关系，但是王朝内部的君位交接之合法性、神圣性必须由这王朝本身的合法性、神圣性来保证，而王朝的合法性则来自王朝的产生方式。就是在这个问题上，中国主流的政治文化传统存在着致命的漏洞。儒家虽然提出了抽象的天命论来给世俗皇权设置一个超越性的权威,但却没能提供相应的可操作的程序或宗教性的仪式,结果反而让世俗的统治者窃取了天命的话语权,由王朝统治者自己给自己论证其天命。历代王朝都企图依照儒家的汤武革命说来为自己的"出身"提供合法性证明。汤武革命的本意是说,一个不得民心、德行败坏的君主必然是丧尽天命的,因此以暴力将其推翻是正当的。就此而言,儒家天命说未尝不可视为是对专制统治的一种软制衡,具有某种积极意义。但问题在于,天命无言,对于丧失天命的统治者,谁有资格代替他,或曰如何认定接替者的资格?汤武革命模式的致命缺陷恰恰在于,它无法提供任何可操作的、得到公认的合法程序,哪怕是某种宗教性的仪式,来认定合法的权力接替者。于是,新的统治者就只有自己证明自己的天命。这样的合法性证明基本上只有两种途径:其一是通过实行仁政之类的实际政绩,其二就是通过意识形态的宣传策略。前一种方法并不总是可靠的,光让百姓安居乐业虽然有利于稳定政治秩序,但并不能证明君主的神圣性。特别是当社会经济状况出现问题时,更是迫切需要来自意识形态的神性证明。这样,历代王朝都必须自己出面大力制造其统治的神圣性,通过意识形态的宣传证明自己是天命所在,是真龙天子。这就极大便利了那些通过暴力、阴谋夺权开国的王朝统治者,因为他们可以先夺了权再来证明其天命。通过这种手段产生的君主,其统治的合法性最终只能依靠统治者的自我论证,而不可能来自某种被社会公认的宗教仪式或传统习俗。然而这种自我论证的意识形态策略却不可避免地为其合法性埋下危机的祸根,因为这种愚民术并不能欺骗所有的人,特别是那些觊觎大宝的野心家就根本不可

第三辑 溯洄言之犹有病

能相信真命天子之类的神话。历代王朝以暴力、阴谋夺权为共同特征的开国实践本身就为所谓天命做了最真实的注解,给觊觎者树立了最好的榜样——只要夺权成功,就可以自己证明自己是理所当然的天命所系。这样一种缺乏程序理性的天命论传统在实际政治生活中不可避免地导致成王败寇的游戏规则,因而势必使关于君主的神圣性成为纯粹的欺骗性宣传。

与中国历代王朝的开国史相比,日本的君主天皇就不是靠武力打天下夺得君位的。天皇的神圣地位是在日本民族漫长的历史演进之中逐渐形成的,与日本民族的宗教信仰紧密相连,神道教是天皇制度的宗教支撑,天皇被视为神的化身。在这样的宗教传统之下,君主的地位不是靠君主自己打江山得来的,而是通过某种宗教性质的传统仪式、习俗等程序,所以其神圣性就具有深厚的宗教性基础,能得到社会民众的真诚认同和信仰,成为公认的神的化身,其地位无人可以替代,也无人敢于替代。至于英国,尽管1688年"光荣革命"时其君主的产生也经历了一场政变,但却完全不同于中国式的宫廷政变,它不是新君主与老君主之间的夺权式政变,而是议会由于对现存君主不满意而更换一个新君主,新君主不是自己打江山夺权登极的,而是被议会邀请到英国来的。这就决定了新君主不可能以中国式的"打天下者坐江山"的姿态凌驾于议会或国家之上,而只能是一个接受议会制约的权力有限的虚君。

暴力夺权的君主建国方式与打江山坐江山的家天下传统密不可分。暴力夺权的动机源于视天下为私有产业的观念,此即黄宗羲所谓"视天下为莫大之产业,传之子孙,受享无穷",而暴力夺权的结果则又强化了这种家天下的观念和传统。既然君位是通过抛头颅洒热血的代价换来的,那么一旦到手,就格外显得弥足珍贵,君主必然会将绝对的权力视作自己打江山的合理回报,所以绝不可能接受任何制约、制衡或监督,更不可能甘心作虚君,而必然把公共权力当作实现君主一家利益最大化的工具。但是,君主越是将绝对权力视为私产,君权越是包含巨大的利益,那么对君位的争夺也就必然越激烈。为了防范篡权,君主又不得不加强其绝对权力,从而形成一个无法摆脱的以争夺绝对权力为中心的恶性循环。于是,君主的神圣地位愈益离不开世俗权力的支撑和充实,不掌握绝对权力的虚君就成为不可想象之事。一方面是君主自己不可能甘心于当虚君,另一方面是觊觎者的存在使在朝的君主不能也不敢做虚君,否则势必江山易主。

这样,在中国的政治文化传统中,君主就仅仅是绝对权力的代名词,利益最大化的代名词,而缺乏宗教意义上的神圣性,君主的神圣性不是来自某种超越性的权威,而是来自绝对权力的支撑。所以在中国,君位就不是绝对不可动摇的圣物,而是各路豪杰可以争夺的对象,所谓"市井之间,人人可欲"。两千多年的中国政治史贯穿着连绵不绝的君位之争,血雨腥风的宫廷内斗、盈尸遍野的王朝更迭战争,无不是围绕着夺取皇权而展开。而在英国、日本历史上就鲜见如此频繁如此惨烈的君权之争,原因就在于其君主既不是靠暴力、阴谋夺得江山,也基本上不拥有绝对的专制权力。在中国,不但政治精英们不认为夺权行为是亵渎神圣,而且社会公众也默认了这种打江山者坐江山的游戏规则。不错,中国人传统上确实有很强的皇权崇拜心理,但是中国人对皇帝的崇拜不同于日本、英国等民族对天皇、国王的崇拜,二者之间貌似相同,实则出于完全不同的心理:中国人崇拜的与其说是皇帝本人,倒不如说是皇帝所拥有的绝对权力,是对权力的崇拜而不是对皇帝本身的崇拜;而日本人、英国人对天皇、国王的崇拜就是对天皇、国王本人的崇拜,是把天皇、国王当作神的化身来崇拜,而不是因为看中他们手里的权力。所以严格地说,中国人是"皇权"崇拜而非"皇帝"崇拜,一字之差,充分体现了中国式的君主制与英国、日本的君主制的最大最根本的区别所在。这就不难理解何以中国民间流行"皇帝轮流做,明天到我家"的谚语。无论在日本还是在英国,我们都不可能听到类似的民间说法。比如"天皇轮流做,明天到我家"在日本人听来简直是匪夷所思;而在将国王视为神的化身的英国人看来,"国王轮流做,明天到我家"也无异于是凡人要想成为上帝的发疯念头,至少也是一种渎神之念。这表明,皇帝在中国人传统的心目中到底有几许真正意义的神圣性(即宗教意义的神性)是值得怀疑的。

　　绝对的权力不仅绝对地使人腐败,同时也绝对地蜕去了掌权者(君主)身上的神圣灵光,这大概是后者始料未及的。中国如此,欧洲也是如此。欧洲各国几乎都有君主制的历史传统,其中凡是有着君主专制传统的国家,最后都未能走上成功的君主立宪道路,如法国、德国、俄国等;相反,凡是成功实现虚君立宪的,其君主几乎一无例外地都不具有强大的专制统治的传统,如英国、北欧诸国等。有着君主专制传统的民族在以立宪政治的模式建立现代民族国家的进程中,君主再也无法成为足以凝聚国民的有效的政治符号,无法充当民族国家的神圣象征。无疑,这将使民族国家面临着不同程度的合法性危机,但既然这种宪政国家已无法继续利用君主来充当政治合法性的象征符号,那就只能直接以全民的意志为合法性基础,所以,其立宪就只能是民主共和的立宪而非君主立宪。

结　语

中国的主流文化传统一向具有很强烈的世俗色彩,虽然中国社会有多种宗教信仰存在,作为主流意识形态的儒家学说也包含有一定的宗教神秘主义因素,但是总体看中国民族对待宗教的态度是务实的、实用性的,中国文化更注重的是世俗生活的秩序和价值,所谓天人合一实质上是将天合于人而不是相反。这种世俗倾向在社会生活中自有其积极意义,可避免像某些民族那样陷入宗教迷狂之中不能自拔。但是,这种世俗倾向的文化传统却给政治统治的合法性依据出了一道难题。儒家的天命论虽然赋予君主某种神圣色彩,但同时却始终未能形成仪式化的或宗教性的最高权力产生程序,只能听任各路豪杰以暴力、阴谋夺权打江山。自从秦汉以来逐渐形成一个传统,君主通过暴力夺权上台之后,再利用天命论给自己制造统治合法性,这样,君主的神圣性就完全来自统治者的自我论证。这种神圣性是由世俗权力支撑、构建出来的,因而注定是脆弱的,因为政治统治的有效合法性不可能来自统治者的自我宣传,而只能来自社会公众的认可。这种认可主要诉诸两种方式:一种是民众普遍尊奉、信仰的传统习俗或宗教仪式,另一种则是民主的法理程序。君主制依靠的就是前一种合法性认定方式。然而,在高度世俗化的中国政治文化传统中,世俗的君主并非来自宗教领袖,同时由秦皇汉武为表率的打江山坐江山的丛林规则也已彻底打破了远古时期的禅让接替传统,使得这种和平的权力交接方式在中国传统中早已不复存在。成王败寇的游戏规则与对绝对专制权力的追求紧密相连,最终彻底抹掉了中国君主身上的神圣灵光。君主成为纯粹世俗权力的化身,根本上就是一个俗物,并无神性可言。在这样的传统里,统治者的神圣性地位寸步离不开绝对的专制权力的支撑,不掌实权的虚君不仅无法体现君主的神圣性而且简直是不可思议,甚至根本无法存在,因为其君位必然要被别人篡夺。所以,中国的政治文化传统根本不可能容纳虚君,也根本产生不了虚君,而具备先天神圣性的虚君是君主立宪得以可能的前提条件。这是中国政治文化传统不同于英国、日本等民族的一个重要特点,后者的君主神圣地位源于其民族的宗教文化传统,"活菩萨"即使不掌握绝对权力也依然具有神性,所以当然可以长久存在于国家政治生活之中,并作为民族国家的政治象征与立宪政治下的有限政府共存。这个区别决定了君主制在中国与在英国、日本等民族那里具有不同的意义和命运,决定了君主和立宪政治在中国不可能相容共存。中国近现代的政治制度变革可以走向共和宪政,也可能走向某种形式的君主专制、个人独裁或寡头政治等等,但唯一不可能出现和存在的就是君主立宪。

近代中国的君宪说幻想让根本缺乏神性的君主来充当现代民族国家的政治符号和合法性象征,为此不惜进行人为制造君主神性的尝试。这样抬出来的君主要么毫无号召力,根本无法成为民族国家的政治象征和符号(比如张勋复辟抬出的溥仪);要么就依然是专制的君主(比如所谓开明专制),总之不可能是立宪的君主。在一个纯粹的俗物身上寻求神性,非要让凡人当菩萨不可,这就是近代中国君宪说的根本谬误所在。既然在中国,政治统治的合法性已经不可能来自某种超越性的神威,既然中国的政治文化传统早已将政治统治世俗化了,那么在近现代民族国家的政治重建过程中,与其沉湎于不现实的神性幻觉之中以致耽误了历史时机,倒不如干脆直接在世俗生活中建构新的合法性基础,比如现代民主法理程序就是一种理性的世俗化的政治统治合法性基础。与一般的似是而非的看法相反,我认为,就中国政治文化传统的世俗禀性而言,最现实的选择恰恰不是向没有灵魂的君主乞灵招魂,而以民意为号召、以大众参与为特征的现代民主政治比起君主制来更可以为民族国家政治重建奠定真实的合法性基础,因为民主政治契合中国政治文化传统的世俗气质,而且有利于消除传统政治文化中关于统治合法性的虚假神性谎言,从而切切实实地把世俗的政治生活合理化,用理性的权力产生、运作、交接程序代替延续数千年的成王败寇的丛林规则,这才是正道。

(**阚光联** 文,原载《书屋》2008年第11期)

第三辑 溯洄言之犹有病

抗战时期宪政运动与第三种力量

——读闻黎明《第三种力量与抗战时期的中国政治》

闻黎明先生的《第三种力量与抗战时期的中国政治》，是近年来国内不可多见的一本研究抗战时期第三种力量（中间势力）政治活动的专著。该书以史料见长，不少篇幅涉及到抗战时期两次宪政运动，过程叙述相当精彩。不过遗憾的是，该书在对史事平铺直叙之时，却很少深入挖掘政治现象背后的复杂原因。同样地，在近年来学界陆续出版的一些有关中间势力精英人物的传记文章中，出于历史的原因，人们也多是同情他们后来的政治遭遇。但是，回顾抗战时期的宪政运动，我们不难发现，这一时期恰好是中间势力领导人的黄金时代，他们的民主宪政理念在当时盛行一时。然而迟至今日，当人们在津津乐道那两次宪政运动时，却很少有人能够不为尊者讳，仔细发掘当年宪政改革口号背后的利益诉求,进而认真反思抗战时期宪政运动的得失经验。

在宪政制度设计方面,"期成宪草"一般被认为是抗战时期第一次宪政运动(1939~1940年)的唯一成果,是当时中间势力借鉴西方代议制度,对"五五宪草"进行了一次较大的修改,初步实现了从"五五宪草"的总统制到"期成宪草"的议会制的转变。不过,很少有人提到,"期成宪草"矫枉过正,最后形成的"议会制"却是一种有缺陷的宪政制度,主要是在权力制衡方面存在较多问题,立法、行政、司法三权之间分立有余,制衡不足。

例如,"期成宪草"在设计立法权与行政权的关系时,作为民意机关的国民大会及议政会对总统及行政院的制约是单向的,没有形成双向的均衡关系。主要表现为:1.罢免权。国民大会选举、罢免正副总统,亦可罢免经总统任命的行政院、司法院、考试院院长。2.同意权。总统经议政会议决方能公布法律案,并得依法行使宣战、媾和、缔结条约及大赦、减刑等职权,依法宣布戒严和解禁。3.不信任权。议政会通过对行政院正副院长及各部委长官的不信任案时,上述行政官员即应去职。4.弹劾权。议政会通过监察院提出的对行政院正副院长的弹劾案时,被弹劾的院长即应去职。5.议政会受理监察院提出的对正副总统的弹劾案时,总统应即召集临时国民大会,以作出罢免与否之决定。以上五点表明,总统及行政官员在诸多方面受国民大会及议政会的有力制约。

与此形成鲜明对比的是,总统牵制议政会的权力却是乏力的。虽然"期成宪草"规定对于议政会通过的行政院正副院长的不信任案,总统有不同意权,可由总统召集临时国民大会为最后之决定。如国民大会否决国民大会议政会之决议,则应另选国民大会议政会议政员,改组国民大会议政会。不过在实际政治中,很难想像与议政会同属立法机关的国民大会能够否决议政会的决议,所以总统的这种间接否决权,并没有多大的实际作用。

更重要是在立法与行政两权关系中,与议会不信任权形成制衡关系的总统解散权却没有明确规定。在议会制度中,为确保立法与行政两权之间的平衡,针对立法机关的不信任权,行政机关同时保有解散议会的权力。"解散议会成为内阁责任的对应物。这样就建立起行政与议会之间的制衡,因为如果议会解散政府,政府也可以解散议会作为回敬。这就使内阁能够避免完全屈从于议会,而使两个相互反对的力量多少旗鼓相当,这才会造成两者之间可能和必要的合作。"[1]

立法权与司法权的关系也是如此。在"期成宪草"中,议政会只要通过监察院提出的对司法院正副院长的弹劾案,则正副院长即应去职。而且国民大会及议政会创制、复决的法律一旦生效,司法院就必须执行,除非它被宪法解释委员会宣布为违宪。但是司法对立法权的制约同样没有实际意义。"期成宪草"规定的宪法解释权并不是司法院单独享有,而是掌握在宪法解释委员会手中,司法院只是宪法解释委员会的三名成员之一,同样地国民大会议政会也是其中的成员(第三位成员是监察院)。这种规定,与一般宪政民主国家都是将宪法解释权作为一种司法权力,让最高法院或宪法法院等司法机关单独行使的做法截然不同。由于司法院在宪法解释委员会中并不占有多数地位,这就使得司法机关在审查法律是否违宪的处分权上大打折扣。

"期成宪草"在立法权制度设计方面,依然延续了民国初年《天坛宪法草案》的某些做法,主要是为了防制行政权过大,过分突出立法权的地位与作用,从而违背了分权与制衡的基本宪政原理,不切实际地形成了立法(国会)至上,权力之间缺少互相制约的关系,行政权对立法权不能发挥平衡作用,司法权对立法权也不存在制约作用,立法权却可以过度侵占行政权与司法权,凌驾在两权之上,形成立法对行政、司法权力单向的制约关系。在这种体制下,不仅国民党的党治将难以持续,而且国民党的权力亦将受到严重束缚并被置于强有力的监督之下而难以再为所欲为。

因此,国民党对此的反应可想而知。1940年4月,在第一届五次国民参政会上,许多国民党参政员反应强烈,蒋介石本人也"对于宪草中牵制政府势力之规定表示不满"。据梁漱溟回忆说,当时蒋介石的态度之强硬"为向来所少见",蒋在即席演说中不但批评该案"袭取欧西之议会政治",与孙中山的五权宪法"完全不合",进而指责"期成宪草""对执政之束缚太甚",实"不能施行之制度","今后国人如以国事倚畀于人,亦就不要束缚人才行"。

在翌年10月民主政团同盟成立后公布的《中国民主政团同盟对时局主张纲领》中,一些政治主张也相当积极。如第二条要求当局实践民主精神,结束党治,在宪政实施以前,设置各党派国事协议机关;第六条主张军队属于国家,军人忠于国家,反对军队中之党团组织,并反对以武力从事党争;第七条强调在党治结束下,应严行避免任何党派利用政权在学校中及其他文化机关推行党务;政府一切机关实行选贤与能之原则,严行避免为一党垄断及利用政权吸收党员;不得以国家收入或地方收入支付党费;取消县参议会及乡镇代表考试条例,这其实是对国民党统治合法性的全面否定,无异于宣判国民党训政体制的死刑。张群曾对梁漱溟说:"老实对你讲,国民党的生命就在它的军队,蒋先生的生命就在他的黄埔系……你向谁要军队就是要谁的命!"

但是中间势力并没有停步不前,相反在1941年11月开幕的二届二次国民参政会上,民盟按照成立宣言与政纲目标要求,提出了《实现民主以加强抗战力量建立建国基础案》,直接向国民党方面提出了政治民主化的要求。其中在改革目标方面,要求"政府明令于最短时期结束训政,实施宪政"。在立法权方面,要求成立战时正式中央民意机关,其职权必具备现代民主国家民意机关最基本的本质;在政党体制方面,要求"任何党派不得以国库供给党费"。同时,政府机关不得歧视无党、异党分子,及利用政权吸收党员并强迫公务人员入党。在军队国家化方面,要求"停止军队中任何党派之党团组织,借以防止以武力从事党争"。

提案在递交到参政会秘书处后,秘书长王世杰就认为它的要点在于"主张取消学校、军队中之党部及早日实施宪政,迅即扩充战时民意机关之职权"。而这些正是蒋介石最为忌讳的。蒋下令禁止将提案提交大会讨论,并怒气冲冲地指责张澜:"把我当成宣统了。"国民党机关报《中央日报》也发表评论:"任何国家,一值战争,便需权力集中,行动迅速,对于平时的传统民主政治,无不迫于形势,略加修正。因苟不如是,不足以应付非常,克服时艰。"民盟方面的反应同样激烈,主席张澜在与蒋介石发生冲突后,不理会国民党方面的反对,自行将提案油印散发。事实上国民党方面对民主化进程问题已经作出一定的妥协,在王世杰起草的《促进民治与加强抗战力量案》中,就提出:"(一)抗战终了日召开国民大会制宪;(二)扩充战时民意机关职权;(三)用人不歧视党外之人;(四)保障人民之合法自由。"

第二次宪政运动时期(1943~1944年),特别是中共提出建立联合政府主张,而国民党以召集国民大会相抵制时,中间势力的政治行为更加积极。一些人先是主张取消国民参政会。青年党主办的《新中国日报》刊文指出:国民参政会自设立以来,"不但不能与民主国家的议会相提并论,而且对于国事是依然无权干预的,它仅仅是政府的一个咨询机关而已,说得不客气一点,则是政府的装饰品、点缀品"。民盟云南支部则以昆明文化界的名义发出通电,全面否定参政会成绩与作用,反对民盟参政员出席参政会,"至最近数届会议中,参政会不但不能主持公道,调解党争,且每每以冒牌民意机关之名,供一党排斥异己之用,卒使重要在野党派之代表,深惧被迫同流合污,裹足不敢列席。于是国内党派之分裂冲突,乃不得不愈演愈烈,而所谓国民参政会者亦已名存实亡矣……就实现民主而言:直至今日,国民参政会之组织、职权、工作,乃至其一切表现,殆无一不与民主精神背道而驰"[2]。

随后中间势力又反对召集国民大会,人们愤怒地谴责蒋介石宣布召集国民大会是"蒙蔽国际视听","拖延国内民主",是"国民党内的少数分子要继续维持权位",不肯接纳"各党各派开诚合作共挽危局等等要求",认为这简直是"拒绝抗战胜利"。他们要求以"国是会议为战时过渡的最高民意机关,由该会议产生举国一致的民主联合政府,以执行战时政纲,并共同负担抗战及参与一切国际会议、奠定世界和平的责任"。在军队国家化问题上,主张"彻底改组国家最高统帅部,使统帅部成为超党派的国家机构,以统一全国军事指挥,集中全国军事力量,以便配合盟军反攻,彻底消灭日寇,争取抗战胜利,并保障在民主政治基础上实现军队国家化的原则"。

第三辑 溯洄言之犹有病

与此相呼应的是,出席国民参政会的黄炎培等以不参加讨论国民大会参政会会议的做法,间接表示反对召开国民大会的立场。青年党参政员们则直接表示反对,左舜生等人提出召开国民大会的议案,左案提出目前急需解决的绝不是召集国民大会,而是"由政府正式承认各党派之合法地位,听其公开活动"。"由国民政府从速召集全国各党派及无党派人士所组织之政治会议,解决一切重大问题,包括政府改组,并重订召集国民大会之时期与具体之办法"。在提案说明中,左强调召集国民大会一事"关于国家前途甚大",必须先行实现民主措施,始可再行定期召集国民大会。左用强硬的语气宣称:若国民大会非在本年召开的话,"我们依于我们对这个问题的看法,依于我们对国家的责任感,我们便只好采取另一步骤,保留提出另一最后声明"。

中间势力之所以反对召集国民大会,表面原因似乎是为了宪政改革理念,但是最重要的还是自身的政治利益考虑。对中间势力来说,联合政府主张若能实现,无疑意味着长期在野的中间势力领导人第一次有机会直接参与政治决策,获取政治权力。有学者指出:"联合政府的口号一经提出,立即显示出巨大的政治吸引力。如果说宪政只是为第三方面提供了一个'研究明午之菜肴'的前景,那么,联合政府则提供了'眼前如何得食'的可能性。联合政府就是多党联合执政,从而最大限度地代表了第三方面的政治利益。"[3]而国民党召集国民大会的主张如果能够实现,中间党派并不能保证在未来的国民大会选举中取得优势。权衡两种政治方案的利弊得失,中间势力当然不会再支持自己过去一直主张的召开国民大会的政见。

最后值得一提的是,中间势力在这一时期忽略了对国民党内民主派的争取工作。其实,国民党内一直存在要求宪政改革的民主派,其中以立法院长孙科为代表。孙科是民主色彩浓厚的人物,曾多次指出:"如果宪政不能推行,则民权主义便无从实现,三民主义也无从实现,而所谓政治建设也只等于一句空话。"他承认,宪政时期应当允许别的政党存在,"不许他党的合法存在,便不是真正的宪政"。1944年元旦,孙科在中央广播电台讲《认识宪政与研究宪政》。他一方面批评国民党内某些人在宪政问题上的错误观点,说这些人"忽视抗战建国同时并进的最高国策,不明白宪政运动就是我们政治建设的根本"。一方面他强调宪政的实施是"人类生活和国家组织的进步",它使"古代战斗厮杀的野蛮行动进到了近代和平礼让的文明行动",因此必须迅速完成我们民主宪政的建设。抗战胜利后,"人民的思想和能力,不但不是民国初年的时代所能比拟,也许比现在进步得多"。他相信"三民主义的宪政必能随着这次中华民族起死回生的抗战胜利而彻底实行",也相信"因为宪政有效,训政未竟的工作,在未来的一二年内必有更大的进展"。其他人物像国民参政会秘书长王世杰曾著有《比较宪法》,是一位知名的自由主义宪法专家。他在草拟参政会组织条例时,在参政会的职权、参政员的遴选条件、在野党派在参政中的人数与比例等问题上,均采取了较为开明的立场,并且极力主张赋予参政会立法权,使其成为民意机关。

中间势力从政的精英人物,并不是不知道国民党方面的政治目标与策略,但是作为在野的政治势力,长期以来,他们的权力目标与利益诉求一直被当局压制,一旦有机会参与政治决策,就迫不及待地希望在未来的制度设计中进行有利己方的权力安排,以增进自身的政治利益。从理性选择的角度来说,这种做法是符合利益原则的,但是它却忽略了严酷的政治现实,作为掌权的实力派,不仅不会同意自己在未来的制度改革中太多的利益损失,而且还希望通过制度改革增进自己的利益。一旦发现改革有损于自己的根本政治利益时,国民党政府的反应与民国初年袁世凯北洋政府的反应并无不同,所以无论是"期成宪草"的立法至上,还是民盟政纲中的军队国家化主张,都不可能得到当局的积极回应。从这个意义上讲,抗战时期的民主派精英,与民国初年的议会政治精英相比较,似乎并无大的进步,依然延续了民初议会政治的传统。

注释:

〔1〕施雪华:《当代各国政治制度——英国》,兰州大学出版社1998年版,第148页。

〔2〕《昆明文化界致国民参政会电文》,中国革命博物馆手稿原件。

〔3〕邓野:《联合政府与一党训政》,社会科学文献出版社2003年版,第37~38页。

(严 泉 文,原载《书屋》2006年第10期)

第四辑
隔有屏风难相见

1919：一个人和他的国家

又是一个逢"九"之年，不由得人不再次提起五四运动的话题。对于它，人们似乎已经太熟悉了。可今天又有多少人知道，五四运动与顾维钧和中国第一代职业外交家们的干系？殷鉴非远，九十年仅似白驹过隙。

一、顾维钧其人，及其与中日"廿一条"交涉

1914年夏天，欧战爆发。疲于应付二次革命及白朗暴动，并秘密酝酿帝制的袁世凯政府匆忙于8月6日宣布中立。东邻强虏日本却以为抓住了一个扩大在华权益、巩固其远东国际地位的天赐良机。新任驻华公使日置益尚未履任即有"怕他不战，战则大妙"之语，野心昭然。8月23日，日本

第四辑 隔有屏风难相见

对德宣战,开始伴动攻击德国在远东和中国山东的军事目标。其时,德国无暇东顾,遂有意将胶州湾权益无条件交还中国。北京政府不仅未敢理会,竟然照会列强各国,"依日俄战争旧例",划出胶州湾战区供德日交战,真乃咄咄怪事。9月2日,日军在龙口(非德租界!)登陆,至11月攻陷青岛,德国在山东权益悉入日本之手。此时,正是袁世凯加快实行帝制的步伐,亟须寻求列强支持之际。日本大隈重信内阁认定"根本解决中国问题"之机会已至,不仅毫无从山东撤军之意,更于1915年1月18日命日置益公使向袁世凯面交了意欲一口吞下中国的"廿一条",辅以支持帝制的交换。被外交次长曹汝霖为首的亲日派裹挟的袁世凯,原以为秘密让渡些许国权即可换取日本支持帝制,却未曾料想,"廿一条"势如洪水猛兽,遂采取拖延之策,以观望英美列强态度。在中日"廿一条"秘密交涉中,日方在中国代表名单中坚持排除有英美背景的外交部参事顾维钧,以防英美势力染指。

顾维钧,字少川,英文名 Wellington(惠灵顿),江苏嘉定人,1888年1月29日出生于上海。三岁入塾发蒙,十岁进入基督教卫理会英华学院,十二岁考入基督教圣公会圣约翰书院(圣约翰大学前身),其时已知"中国每次和列强打交道,都以失败告终","令人厌恶、最灰心、最沮丧"。1904年,顾维钧赴美,先入纽约库克学院,一年后进入名校哥伦比亚大学攻读国际法与外交学,先后获法学硕士和哲学博士学位。在美八年的学习及其间回国省亲绕经欧陆的经历,铸成了顾维钧的修养与品格,也带给他一系列重要的人生机遇。他先后结识了施肇基兄弟、王宠惠、汪大燮、颜惠庆、伍廷芳、张荫棠等一大批才俊之士和外交官,更受到1908年专使美国、谒见西奥多·罗斯福总统商议庚款善后的唐绍仪的青睐。这些人对他尔后的外交生涯影响甚深。1909年,经人介绍他曾与孙中山作彻夜谈,深为中山先生的人格魅力所折服。顾维钧积极参与了哥大留学生的社团与刊物活动,结识了不少美国政治家。在哥大一班大学者中,有两人对顾氏影响最深:一是行政法教授古德诺,此人后来赴华任袁世凯的政治顾问,曾鼓吹复辟帝制;另一位是国际法和外交学教授穆尔,此人多次出任助理国务卿,学问深厚,被顾氏终身倚为恩师和首席顾问。1912年,民国初成。2月,驻美公使张荫棠向顾维钧转达了袁世凯力邀其回国担任秘书的电报,此事是时任民国首任内阁总理唐绍仪力荐的。顾氏不得不提前于3月进行学位论文答辩,论文题目是《外国对中国政府的权利要求》。1912年4月底,顾维钧回国履任中华民国总统府秘书并兼任唐绍仪私人秘书,联络于府院之间。回国一年后,顾维钧被擢升为外交部参事,同时行走于总统府。唐绍仪爱才至切,以爱女唐梅(乳名宝钥)许之,招顾于东床。这年顾维钧二十四岁。

在中日"廿一条"交涉中,顾维钧虽被日方排斥于谈判之外,却参与了所有的内部磋商。在袁世凯的默许下,顾始终与英国公使朱尔典、美国公使芮恩施及外国报刊记者们保持接触,每次会后,即晓以详情,交涉内幕遂不胫而走,"廿一条"内容也即"泄密"于天下。一时间,中外舆论哗然,国内民情激愤,列强蠢蠢于施行干预。5月7日,日本发出最后通牒迫袁氏就范。急于实现皇帝梦的袁世凯最终于5月25日与日本签约换文,把自己钉上了历史之耻辱柱。今天,回观这段历史细节,慨叹之余尚应实事求是地指出的是,在顾维钧等一班职业外交家几个月的折冲周旋之下,总称为"民四条约"而最后签订的"廿一条"文本,不仅在一些要点上挽回了许多利权,而且删除了为祸最甚、有鲸吞中国之意的第五条款。时值病中的顾维钧建议并担当起草了《北京政府关于中日交涉始末宣言书》，告白天下，这个宣言成为以后巴黎和会和华盛顿会议重议山东问题之重要依据。这些便是其时这班职业外交官力所能及之事了，顾维钧也因而展露其外交才识。

1915年7月，驻美公使施肇基改任英伦，袁世凯问材于曹汝霖，曹力荐顾维钧使美。及至任命，碍于顾氏资历太过浅显，遂先任命其为小国墨西哥公使，赴任途中旋即改任驻美国公使，以为台阶。顾维钧这年二十七岁。

二、"中国战胜"：天大的历史误会

及至1918年，欧战结束，中国一夜间成为第一次世界大战的战胜国。其实，这实在是一次天大的历史误会。

如前所述，欧战爆发，中国恪守中立，"廿一条"交涉接踵而来。袁世凯称帝不成反丧了卿卿性命。随后几年，在远东国际关系日益复杂化的同时，中国国内南北政权对立，势同水火；北京城里府院相争，波谲云诡。颇有戏剧性的是，中国是否宣布参战本是中国主权内的问题，却蹊跷地成为列强争夺在华利益的口实，一时间竟成为外交与内政诸多矛盾的焦点。

"廿一条"签订之后，日本又先后与英、法、意、俄签约，争取列强认可，引起尚未参战的美国不悦。1917年2月，美国姗姗来迟地宣布对德绝交并参与欧战，同时要求中国参加协约国方面作战，希冀以此掣肘日本在华扩张。此时欧战大局已定，日本认为中国参战将危及战后它在山东的权益,便以攻为守,一改几年来反对中国参战之方针,转而与英、法、俄、意四国交涉,以四国承认战后日本继承德国在山东权益为条件,支持中国参战。其时,中国南北两个政权对峙,北京政权内部大总统黎元洪与内阁总理段祺瑞之间的府院之争正如火如荼。黎元洪原本主张与美国一道对德宣战,但鉴于日本通过亲日派曹汝霖等人拉拢段祺瑞参战,而地方督军们又大多希望趁参战之机大肆扩充实力,遂认为参战将会中日本的"圈套",转而坚决反对参战。

黎反对参战态度明朗,在袁世凯身后成为政治强人的段祺瑞,即成为美、日以参战借款为饵争相控制的对象。外交问题竟成为府院之争的一步大棋。驻美公使顾维钧密电北京政府,提出联美抑日对策,并透露美国政府援华两亿美元战费案已提交国会的消息。日本则通过曹汝霖等人大力活动,允以同样巨款助段,并指出:美款须经国会辩论,期限未可预知,中国必须以出兵欧陆为条件,且专款专用,不得挪借;日款则允许段氏以此款编练参战军,并可借此武力"先清内乱"。至于出兵欧陆一事,日本则以自身参战经验为例说明,中国只要增援欧洲粮食物资及派出民工,无须真的派遣军队。一个是期款,一个是现钱,一个真参战,一个真募兵,自然是日本的意见正中段氏之下怀,此可谓投其所好。结果,参战之争导致黎、段摊牌,5月23日黎元洪免去段氏总理之职。之后,黎电召"辫帅"张勋晋京调停时局,反被张挟持,演出一幕引狼入室、致使清室一度复辟的丑剧。抓住这一天赐之机,段氏随即在河北马厂"誓师讨逆"。8月4日段祺瑞拥兵返京后颁行的第一道政令,就是对德宣战,中国终于成为欧战参战国,而欧战已近尾声。欧战中,中国除增援粮秣物资之外,共派出十七万劳工充当挖掘战壕工事的苦力,其中十四万赴法国前线,三万赴美索不达米亚(今伊拉克)前线,最终归国者甚少。而段氏政府所获"战费"则尽为编练自家军队所用。

1917年11月2日,日美签订《蓝辛-石井协定》,在有关双方在华权益问题上达成妥协。1918年9月24日,就在欧战结束前夕,日本政府利用段祺瑞急于"武力统一"中国之机,又一次以借款为饵,与北京政府签订了《中日关于山东问题之条约》,进一步扩大了其在山东权益。在双方换文中,北京政府使用了外交术语"欣然予以同意"云云,钻入日本设置的外交陷阱,为尔后巴黎和会的外交失败埋下毒种。

1918年11月,欧战终于结束,在最后一刻跻身于协约国之列的中国,突然间成为与列强比肩的战胜国,一时间举国欢庆,国民心气大彰。美国总统威尔逊此前发表的《十四点和平宣言》,勾勒了一幅战后各国主权平等的世界和平蓝图,更为中国人所欢迎。北京大学学生游行到美国使馆,山呼"威尔逊大总统万岁"。东单北大街上的"克林德坊"也换成了"公理战胜"字样。既然公理战胜了,中国战胜了,中国自然可以平等身份分享战胜国之权利,至少可以体面收回战败国德、奥在华的权益了。然而,事与愿违。中国在巴黎和会上碰到了意想不到的尴尬局面,并触发了民国以来最大的外交和政治危机。

三、报国有志,回天无力:巴黎和会中的顾维钧们

就在陈独秀热情撰文说威尔逊是"世界第一好人"、李大钊在"公理战胜"坊下激情演讲《庶民的胜利》和《布尔什维主义的胜利》之际,有一个人却以职业外交官的冷静心思,远在万里之遥的异国他乡,为中国谋

划着外交善后的安排。1918年夏天,在驻美公使顾维钧的主持之下,公使馆研究小组连续向北京发回报告,建议政府未雨绸缪,着手准备战后和会,提议政府应"理直气壮"地在和会上提出山东问题,并不必顾忌被迫签订的"廿一条"。同时,顾本人曾当面向美国国务卿蓝辛指出"美日协定"对中国以及美国利益的危害。时任大总统的徐世昌也视和会为挽回国家利权之唯一契机,遂召集社会名流组成专门会议,研议对策。梁启超、张謇诸流及国内各党派也开始为政府谋划或参赞。这年10月,顾维钧爱妻唐氏不幸患西班牙流感病逝。12月中旬,顾氏与威尔逊总统同船赴欧,为中国代表中最早到达巴黎者。

中国朝野积极备战和会,一年前曾积极拉拢中国参战的日本政府却在外交空间大肆活动,以中国参战不力为由,妄图取消中国的与会资格。北京政府急令驻欧美公使们斡旋争取列强支持。顾维钧多方奔走美国国务院游说,获得成功。美国根据协约国规定的出席和会之原则,提议邀请中国赴会,得到英、法等国同意。

资格问题甫解决,又遇到席位问题。因此前美、日等国在拉拢中国参战时曾有许诺,战后和会中将视中国为平等大国,中国遂希望派出与大国同等数目之代表。然而,英、法列强却自食其言。参战国与会席位分为三等:一等是英、法、美、意、日五大国,每国五席;二等是巴西等国,每国三席;余为三等,每国两席。中国被列为三等,虽一再交涉却未尝改变。同时,中国国内的南方政府,曾一度意欲另组以孙中山为首的代表团单独赴会,后因孙氏无意赴会,才以"一致对外"为由派代表参与。这样,虽然中国代表团1918年即抵达巴黎,但直到1919年1月28日,代表团名单才正式公布,而巴黎和会已正式开幕十天,正所谓起了个大早,却赶了个晚集。中国代表团团长为外交总长陆征祥,团员为南方政府外交次长王正廷(美国耶鲁大学毕业)、驻英公使施肇基(美国康奈尔大学毕业)、驻美公使顾维钧、驻比公使魏宸组(曾留学法国)。其中,陆、王为正式代表。其他成员还有驻法公使胡惟德、驻丹麦公使颜惠庆(曾在美国弗吉尼亚大学留学)、驻意公使王广圻等,另有专家十七人、外籍顾问五人、行政技术人员二十人,总计五十二人。代表团集中了其时中国最优秀的职业外交人才,大多曾出洋欧美留学,可谓阵容豪华,充分反映出政府对此次赴会所寄之外交厚望。

起初,在此次和会上中国应实现何种目标,政府与民众主张相距甚远。民间呼吁以此为契机,挽回可能之所有利权。段祺瑞却认为中国参战太迟,不宜有过多要求,应以山东权益为主。政府对于和会的方案迟迟不决,直到代表团到达巴黎之后,才发去了拟定的方案。方案中最终顺从民意,提出了一大批难以兑现的要求,却惟独把山东问题置于次要地位,显示出外交上的幼稚。与此同时,日本政府在组成强有力代表团的同时,制定了详尽可行的有关确保其山东利益的预案,而此前1918年的中日换文,也已从法律上保障了它已攫取的山东权益。

启程赴会前夕,适值丧妻之痛的顾维钧也对巴黎之行充满了梦想,认为中国既已战胜,就应在和会中享有平等地位。作为驻美公使,顾维钧也是中国代表团中惟一对山东问题进行过深入研究和周密准备的人。他还把中国的希望寄托于美国,认为美国能维护中国权益并影响英、法、日等国。临行前他拜会了威尔逊总统,留下了威氏同情中国并将在和会上以"十四项原则"倡议建立世界和平新秩序的印象。国内朝野也对威氏出席并领导和会表示乐观,认为此次外交胜券在握。事实上,许多美国人包括国务卿蓝辛也都认为,和会应当制止日本对中国山东权益的侵占。美国驻华公使芮恩施说,美国不能容忍美国人用生命换来的胜利演变成日本在中国势力的扩张。然而,仅从前述与会资格、席位、代表团组成诸事宜所遭遇之阻碍,以及外交目标设定之不当,即可预知顾维钧们此行将步履维艰。

1919年1月18日,巴黎和会在法国外交部大厅开幕,与会者凡二十七国。和会完全被五大国操纵,直到1月27日中国代表竟始终未能与会。1月27日上午,日本代表牧野伸显在"十人会"[1]上突然提出讨论山东问题,并认为此事与中国无关,主张不让中国参加。在美国的坚持下,"十人会"乃决定在下午会议上邀请中国代表与会申诉。得到通知后,中国代表团陷入一片混乱,不仅是由于代表团自身行政事宜尚未落定,更是因为行前对山东问题并未做充分准备。关键时刻,代表团接受美国国务院远东司司长卫理的建议,首席代表陆征祥外长称病不出以"留有余地"。在其他成员一再互相推诿之后,决定由王正廷和顾维钧代表出席,并以英语流利为由指定顾氏发言。此时时间紧迫,顾维钧仍挤出时间于会前拜访了美国国务卿蓝辛,彼此达成了会上合作的谅解。在当天下午的会议上,日本代表牧野发言,申辩日本应无偿享有德国在中国山东权益,并发表了1917年日本与英、法、俄、意四国达成的秘密谅解。同时,他暗示1918年中日曾于此事有秘密换文,意思是山东问题已非悬案,因为从条约上、法理上论,日本已经获取了山东权益,此事只要和会确认即可。中国代表由于仓促上阵,因此在牧野发言后大感狼狈。顾维钧遂起立声明,山东问题事体重大,希望会议给中国代表团一个研究准备的时间。"十人会"同意次日再行讨论此议。

当天晚上陆征祥、顾维钧邀宴卫理商讨对策。在卫理的一再探询下，陆征祥遂承认中日1918年秘密换文事。卫理当即表示，"廿一条"尚可视为日本强迫中国签署，而秘密换文则出于中国自愿，使美国爱莫能助。卫理走后，中国代表团进行了长时间讨论，推举顾维钧准备次日的发言。1月28日下午复会，大会主席、法国总理克雷孟梭即请中国代表发言。顾维钧由于对山东问题研究有素，因而并未展念讲稿，而是即席作了长达三十分钟的慷慨论辩。他从政治、经济、历史、文化诸角度申明了山东是中国主权之不可剥夺的一部分，提请和会尊重中国主权领土之完整。顾氏雄辩陈词之后，日本代表牧野起而辩解，称中日之间已有成约在先，试图以中日换文为武器把中国逼至墙角。顾维钧针锋相对地强调指出，"廿一条"是举世公认被迫签订的，其法律效力存疑，从而巧妙地避开了中日1918年秘密换文事，充分利用了日方不愿公开这一换文的心理。所以，当美国总统威尔逊当场询问中日代表能否公开中日间有关条约（指"廿一条"）时，牧野表示须"等待请训"，顾维钧则当即应允，击中了日方痛处。顾维钧这次发言，是中国外交史上空前成功的外交演讲，当场置日方于尴尬地位。顾氏发言完毕，会议主席克雷孟梭立即于席上大声道贺，美国总统威尔逊、英国首相劳合·乔治、英国外交大臣贝尔福、美国国务卿蓝辛等人上前祝贺，意大利首相奥兰多也对顾氏发言极为"赞美"。中国代表团离场时，更受到与会的比利时、塞尔维亚等小国代表围拢道贺，其场面之热烈，与日本代表牧野受到的冷落成鲜明对照。一时间，巴黎和会上顾维钧名噪一时，以至于几十年后友人问他一生中做的哪件事令他最为满意时，顾维钧答曰：巴黎和会。友人又问，当时有那么多显赫的大人物在场，你何以能够毫不自卑，勇气万分，沉着发言，有此成就？顾氏答曰：

"我满腔热忱,爱国情深,只想为国家做点事。山东是我国的国土,德国是我们的敌国。敌国既败,应把从前在我领土内强夺去的权益归还我国,是名正言顺之事,既符国际公法也合公理正义,无需假手日本还我河山。我相信凡是有正义感的人,对我国只是同情,只有赞助,对日本的强词夺理只有驳斥,只有厌弃。"

然而,顾维钧1月28日的雄辩演说,只是暂时扭转了中国在和会中的被动局面。日本政府在"十人会"论战失败后,即转而向北京施压。日本驻华公使小幡酉吉1月31日向中国外交部提出抗议,随后又专访代理外长陈箓,并以一百五十万陆海军相威胁。陈箓竟以顾氏擅自发言推诿,即电令中国代表团不得发表"中日密约"。社会上也传出小幡要求撤换王、顾二人的谣言,一时民情激愤。中国代表团态度坚决,复电表达不为所动的立场。美、英、法三国亦指责中国对日外交不力。此时,公布"中日密约"问题遂成为关注焦点。在各方压力下,北京政府勉强同意公布。由于列强五国中,英、法、意早已与日本有密约,故而袖手作壁上观。顾维钧只得赶在威尔逊总统临时回国之前,全力寻求美国支持。中国代表团准备好了所有相关密约、条约、外交文件十九件及顾维钧起草的《中国要求胶澳租借地胶济铁路即德国所有他项关于山东省权利之直接归还说贴》,于2月13日送达威尔逊。威当面向顾表示了对外交说贴的满意和美国政府支持中国的立场。2月15日,中方冲破日本代表团的重重阻挠,说贴和全部附件送达了"十人会"及相关国家代表团。此后,中国代表团又陆续向和会提出三个主要说贴,以力争保守国家主权。

但是,由于日本代表作梗,英、法受对日密约掣肘,而巴黎和会上五大国的注意力此时已转向战后国际格局安排及欧洲分赃问题上,中国山

第四辑 隔有屏风难相见

东问题遂一度搁置。被中国人称为"第一好人"的威尔逊,因其建立国际联盟计划在国内遭受政治挫折,故急转谋求列强支持。因此,威尔逊在3月重返巴黎时,对山东问题的立场已判若两人。3月25日,顾维钧再次拜会威尔逊讨论山东问题,希望得到美国支持。会见中,威氏虽仍对中国立场表示同情,但又明确表示此后不再支持邀请中国与会研讨山东问题。4月中旬,欧洲政治分赃完毕,和会重心又转回山东问题,中国代表却被排斥于会外。此后的会议上,支持中国立场的美国代表势单力薄,英、法、意三国态度暧昧,日本代表更以退出和会相要挟,情势急转直下。4月22日下午,陆征祥、顾维钧应邀出席英、美、法、意等国组成的"四人会",这是中国代表第三次也是最后一次莅会讨论山东问题。会上,列强之间已有默契。"第一好人"威尔逊彻底改变原先立场,转而支持日本,抓住1918年中日秘密换文不放,宣称条约之神圣性。顾维钧起而辩解,但终究只能含糊其辞,无法说出当时段祺瑞是为二千五百万日元借款而与日本签约换文的实情,情势十分窘迫。会议最终在所谓条约神圣的幌子下,不顾顾维钧的强烈反对和抗议,强加给中国代表一个要求承认日本在山东权益现实性的方案。休会后,顾维钧等人开始了紧张的会下斡旋活动,包括游说蓝辛、卫理等亲华人士及提出接受五大国共管方案的说贴,4月29日,威尔逊阐明了对山东问题的最终立场:(1)中国政府的彻底衰弱与腐败,使美国维护亚洲风险太大;(2)日本应有生存空间;(3)如果谈判破裂,美国人不会为中国山东而对日作战。4月30日,"四人会"对山东问题做出最后裁决,决定在对德和约中将山东问题从中国问题中单独列出,即有名的《凡尔赛和约》第一百五十六至一百五十八款,批准由日本接管德国在山东的所有特权。至此,中国在山东问题上的交涉完全失败。顾维钧和他的同事们在巴黎和会上艰苦卓绝的努力付诸东流。

九十年后,翻检故人故事,令人无法不肃然起敬的是,其时之中国所处国际环境,正可谓豺豹环伺,虎狼觊觎,而中国的第一代职业外交官顾维钧和他的同事们,此时仍不辱使命,苦苦抗争于挽救国权的荆棘丛途中。5月1日,中国代表团向英美法"三巨头"会议提出强烈抗议,次日即将中国代表之立场见诸报端。由于得不到北京政府明确有力的支持和指示,尽管苦力支撑,情势仍日加严峻,无须臾转圜空间,陆、王、施、顾、魏等五代表乃于5月3日致电北京请辞,电文中"和会仍凭战力,公理莫敌强权","力竭智穷,负国辱命"等语,甚为悲壮。在北京回电挽留之下,代表团继续坚守一线,勉力奋争。

然而,远在万里之遥的巴黎的顾维钧们,万万没有想到,巴黎和会的外交失败,迅速诱发了改写中国现代历史的五四运动,使在巴黎的中国代表团更处于内外交困之境地。今人扒梳历史细节发现,五四运动之兴起,乃是由于时任外交委员会委员长的王大燮(晚清以降曾出任驻英、日公使,民国教育总长、外交总长)不满北京政府的暧昧软弱态度愤而辞职后,于5月3日傍晚打电话给好友蔡元培,诉说了巴黎和会外交失败及北京政府密令签约之立场。蔡氏即于当日晚九点假北大法科礼堂召开学生代表会议宣布此事,遂激起师生巨大爱国之热潮,导致次日北京学生的大游行。学生运动的爆发,使孱弱的北京政府态度更加暧昧,而代表团的立场却反而趋向于强硬。就在北京天安门广场民众情绪趋向白热化的时候,5月4日,远在巴黎的代表团向"十人会"提出一份措辞强烈的抗议。5月6日,"四人会"正式向协约国成员国公布将于第二天交付德国的《巴黎和约》文本,中国代表陆征祥外长当场宣读了中国代表团对和约中

第四辑 隔有屏风难相见

山东条款的抗议宣言。同日,代表团请示北京"签字与否"。顾维钧们与美国总统、国务卿及英法代表紧密磋商,提出保留签字权的立场。5月19日,法国外长毕勋对陆征祥说:"保留签字,万办不到。"22日,英方称:"此事关系极大,和约为协商及共事各国对于敌国之约,不但无不签字之理,抑亦无保留办法。"25日,威尔逊对顾维钧说:"至于约上保留办法,予亦不主张。"列强一致拒绝保留签字的理由,是不愿开此先例。23日,北京政府电令陆征祥,如不能保留,即全约签字。就在这最后的外交努力趋于失败之际,5月28日,中国代表团召开秘密会议,讨论和约签字问题,代表团内部却出现了严重的意见分歧。主张签字者,有驻法公使胡惟德、驻意公使王广圻、代表团参议伍朝枢,其主张签字之理由有三:其一,对德和约,如不签字,则对奥和约,许我签字与否,尚不可知;其二,如德、奥和约都不签字,则德、奥租界不能收回,对德、奥关税不能自主,德、奥领事裁判权与德、奥赔款,亦不能撤销及停止,为害甚大;其三,将来中国与日本直接商洽山东问题,其结果能否比今日三国所商定者更有利益,亦无把握。至南北分裂,为时已久,纵不签约,亦不能使南北统一。驻意大利公使王广圻认为如果拒签,日本若以武力威胁,无法得到其他列强的援助。驻法公使胡惟德表示:"签字一层,利于国家,毅然为之,不必为个人毁誉计。"伍、王二人同声和之。主张不签字者为王正廷、顾维钧、施肇基,其主张不签字之理由有二:一为尊重民意;二为免使南北分裂。顾维钧说:"日本志在侵略,不可不留意。山东形势关乎全国,较东三省利害尤巨。不签字则全国注意日本,民气一振。签字则国内将自相纷扰。"陆征祥和魏宸组没有明确表态。在五位全权代表中,有三位明确反对签字。随后,施肇基以接待梁启超访英为名,返回伦敦住所。颜惠庆等几位公使也陆续返回各自住所。代表团长陆征祥在向北京请辞不允情况下,"旧病骤发",住进法国圣·克卢德医院。王正廷以南方政府代表身份不宜终决为由退缩。中国代表团的最后交涉工作自然全部推给顾维钧一人,而此时苦苦等来的北京指示却是"自酌办理"。

1919年6月28日下午三时,凡尔赛和约签字之时,顾维钧代表诸公"共同决定,不往签字",并发表拒签宣言。拒签当日,陆、王、顾、魏联名致电北京政府,电文悲情充溢,曰"此事我国节节退让,最初主张将保留字样,注入约内,不允。改附约后又不允。改为另用声明,不用保留字样,又不允。不得已改为分函声明,不因签字而妨及将来再议声请之权,竟至完全被拒……大会专横至此,竟不稍顾我国纤微体面,曷胜愤慨。弱国交涉,始争终让,几成惯例。此次若再隐忍签字,我国前途将更无外交之可言。"署名各位以"猥以菲材,谬膺重任,来欧半载,事与愿违,内疚神明,外惭清议,自此以往,利害得失尚难逆睹,要皆由祥等奉职无状,致贻我政府主座及全国之忧"为由,请求罢免,"交付惩戒","另简大员"。此情此景,此言此行,悲愤与悲壮之情状,至今读来仍催人泪下。拒签悉出巴黎诸公自决之举,这些平日敬业从命、温文尔雅诸君,此次奋起违抗政府意旨,自作主张,拒签和约,自是以国事为重,不计个人之毁誉荣辱,也是深受五四运动爱国精诚感召之结果。时下一般史书中所谓"被迫拒签"说,恐怕只是庸人之臆想。

四、华盛顿会议与顾维钧:山东问题终有结局

诚如顾维钧所料,巴黎和会中国拒签和约,不仅未有严重后果,反获

国际社会广泛同情，收到哀兵之效。中国外交界也因此发现，依赖列强反被出卖已成近代外交之通例。中国外交尽管积弱，却也可以从恪守国际法和提高外交艺术之中获取成果，而职业外交官则是此现代外交的倚重之材。中国因签署了《对奥和约》而得以加入国联。由于顾维钧杰出的外交才干，1920年8月他履任中国出席"国联"全权代表，9月出任驻英公使，12月任中国出席国联理事会代表，当选非常任理事，1921年8月旋又当选为国联理事会主席。中国的国际地位有所提高。1919年春夏，即在巴黎和会期间，北京徐世昌政府即开始推行所谓"无约国新外交"。此后，中国上下更掀起废除不平等条约的热潮。1920年12月6日，美国与小国暹罗签约，美国正式宣布放弃其在暹罗境内享有的领事裁判权。此事对中国修约运动产生巨大鼓舞。外交部训令驻外使节，启动与各国修约谈判。1921年9月26日，中国驻墨西哥公使王继曾与墨西哥外交部长巴尼在墨西哥城签署《暂行修改中墨1899年条约之协定》，墨政府宣布："将来正式修改该约，本国政府放弃在华之领事裁判权。"此事件开中国"废约"之先河。中国虽在巴黎拒签了《对德和约》，但北京政府却在其后积极推进了对德关系正常化。1921年5月20日，《中德协约》正式签字。德国宣布放弃此前取得的所有在华不平等特权，两国在平等基础上实现了关系正常化，这是近代以来中国与西方大国签署的第一个平等条约。

巴黎和会结束后，山东问题尽管写入了和约，却因中国拒签而仍为国际上一重大外交悬案。山东问题不仅成为中日间悬案，而且继续为国际社会关注。以美国为首的国际社会仍在为山东问题斡旋，日本政府也一直在诱使中日直接交涉。1921年，英日同盟又届十年期满，面临续约。

因其中涉及中国利益之条款,北京政府全力展开反对英、日续约之外交斡旋。同时,在诸如顾维钧氏这些处于一线的外交官们的不懈外交努力下,北京政府在全国民众激昂民意的推动下,不与日本直接交涉山东问题的立场愈趋明确强硬。

1921年夏天,美国政府邀请中、英、日、法、意等八国参加华盛顿会议,讨论战后军备控制和远东-太平洋问题,以兑现美国一以贯之的对华"门户开放"政策的实施,遏制日本,确保美国在远东和太平洋的战略利益。这样,解决山东问题,遂成为哈定总统为华盛顿会议设计的最重要外交目标之一。

此时的中国国内政局,亲日的皖系军阀刚刚被亲美的直系军阀打败,本为华盛顿会议收回利权带来利好,可南方广州政权与北京政府的对抗加剧,又为此蒙上了一层阴影。中国政府为赴会做了充分准备,组成以施肇基(驻美公使)、顾维钧(驻英公使)、王宠惠(大理院院长)为全权代表的一百三十多人的庞大代表团。已濒临财政破产的北京政府囊中羞涩,无力筹措代表团赴美费用,只得电请各省摊派襄助,及至9月29日一行人才蹉跎启程。日本代表由海军大臣、驻美大使和外务省次官组成,火药味十足,并在行前即大打宣传战,又是花钱雇用美国艺人上演丑化中国戏剧,又是制造中国已然四分五裂的谣言,致使国际舆论对中国代表团的合法性提出质疑。美国国务卿休斯拟定的关于中国问题的议程,在确保中国领土与主权完整前提下,强调门户开放,各国机会均等。这一议程恰与中国代表团拟定的在确保主权基础上,全面实行门户开放政策,争取列强支持,矛头直指日本的方针相吻合。

1921年11月11日—战停战纪念日,华盛顿会议开幕。在山东问题上,中国代表团以废除"廿一条"、根本解决问题为目标。中日双方对"廿一条"、修改条约、租借地和关税等问题,发生了激烈辩论和广泛的会下磋商。双方讨论的议题包括胶州租借地交还,公产移交,日本军队撤退,青岛海关、胶济铁路、济顺高徐铁路、矿山、胶州租借地开放、盐场、海底电线、无线电台以及优先权、烟潍铁路、邮务局等一系列问题,争论极为激烈,旷日持久,会外磋商即达三十六次,谈判多次濒于破裂。由于美、法等国对日本的巨大外交压力,由于中国外交官们所付出的智慧、专业能力和巨大劳动,1922年2月4日,中日双方全权代表最终签署了《关于解决山东悬案条约》及《附约》,规定日本将胶澳租借地交还中国,中国赎回胶济铁路,收回海关,日本放弃所有德国在山东的特权,日军撤出山东。终于,在华盛顿会议上,在一班中国优秀的职业外交家的不懈努力下,经过极为艰苦卓绝的谈判,将此前的"中日民四条约"、中日山东问题换文,以及《对德和约》关于山东问题的条约统统推翻。当然,中国仍付出重大代价,如开放原胶州租界地及对日支付的高额赎金等项。中国山东问题,因欧战而起历时八年,至此终获解决。

在华盛顿会议最终签署的《九国公约》有关中国的条款中,缔约各国协定:各国尊重中国的主权、独立与领土完整;保证中国的门户开放和各国在华机会的均等;各国不得在华谋取特权和划分势力范围,等等。会议期间,中国各位全权代表不辱使命,在一系列事关废除列强在华特权问题上奋力博弈,相继提出中国关税自主案、撤废领事裁判权案、撤退各国驻华军警案、废止各国在华租借地案、撤废各国在华邮局案、撤退外国无线电台案、解决有关中国成约案、尊重中国战时中立案、废除"廿一条"案等十余项废除列强在华特权的议案。尽管中国与列强各国在与此相关的讨论中，最终未能取得更多实质性进展，在诸如关税自主、租借地、领事裁判权等方面仍未能从列强手中收回利权，但此类问题被郑重提交国际社会，已比较巴黎和会取得了重大进展。

纵观整个华盛顿会议上中国代表团所取得的成果，诚如顾维钧所说，"中国所获已超过（预设目标的）百分之五十"。有史以来，中国政府第一次被平等邀请参与国际论坛，致使中国第一次获得申诉清季以来所受各项不平等待遇与压迫之机会，并第一次收回所丧失的部分国权。在延绵了半个多世纪的中国外交史上，此役已不啻为中国在弱国外交情势下所获得的第一个最重大胜利。

由"廿一条"秘密签订，中经巴黎和会，终至华盛顿会议，围绕山东问题展开的旷日持久的夺回国权的外交交涉，竟至于成为中国近代外交史的一个缩影。在这一历史过程中，今人不难看出远东地区大国关系聚焦于互相争夺在华利益，不难看出被夹于列强之间的中国之弱国外交的窘迫，可贵的是，仍有如顾维钧和他的同事们这样一班职业外交家壮怀激烈，专业才具精湛而又敬业克己。在艰巨至极的外交荆棘之中，前有虎狼鬼魅，后无国家倚援，他们仍奋然前行不已，身心疲惫辛劳之状，恐是外人无法窥其一二的。

但愿，九十年后国人还记得起他们。

附记：顾维钧，此后曾任中华民国政府之外交部长，财政部长，驻法、俄、英、美大使，先后参与国联"李顿调查团"、蒙巴顿橡树园会议、旧金山联合国会议、对日和约谈判等重大国际活动，以及举凡所有中国近代之重要外交交涉，1956年出任海牙国际法院大法官并曾任副院长，1967年退休后定居纽约，口述英文巨著《顾维钧回忆录》，1985年11月14日客逝于曼哈顿寓所，享年九十八岁。

注释：

〔1〕"十人会"是巴黎和会期间由英、法、美、意、日五国首席和第二代表组成会议，拥有决定一切重大问题的权力，主席为法国总理克雷孟梭。此后，美、英、法、意四国首脑又组成"四人会"，以日本首席代表非国家首脑为由将其排除在外。再后，英、法、美三国首脑又以意大利欧战出力不多为由，由三国首脑组成"三巨头"会议。巴黎和会遂成为英、法、美三国秘密交易的场所。

(马小军 文，原载《书屋》2009年第5期)

我们的政治主张
——民国史上一次知识界的「参政」经历

1922年《努力周报》第二号发表了一篇《我们的政治主张》,在这份"宣言"上共同签名的有十六人,其中包括蔡元培、李大钊、陶行知、梁漱溟等,"全是一班大学的人"。这份宣言主张"政治的清明全靠好人出来奋斗",并提出宪政的政府、公开的政府、有计划的政府等政治要求,同时对当时北洋政府与南方护法运动之间的南北和谈、裁军等具体问题提出一些方案[1],这也被人们概括为"好政府主义"。

应该说,这还够不上是自由主义知识分子的政治梦想,只是在世纪初复杂政治格局中无党派知识分子提出的低调的政治要求。在具体的情境中,此事看似偶然,但却开创了中国现代著名知识分子联名提出"政治主张"

第四辑 隔有屏风难相见

的传统。仔细想来,这是中国知识分子第一次以独立的姿态公开表明自己的政治态度,公开提出自己的政治要求。这与东汉太学生、明代东林党都不同,也不同于近代著名的"公车上书"——因为后者毕竟还是"请命"。然而,正是由于具体的情境、具体的结果,而且更重要的是由于在中国现代史上,这条路子的没有走通,所以几十年来"好政府主义"得到的评价都不高。

"好政府主义"是民国初年一批知识分子在关心政治、跃跃欲试的背景下产生的。单就知识分子的"政治宣言"来说,据蔡元培回忆,就有"(民国)八年的春季,华北欧美同学会在清华学校开会,有一部分会员提出对于政治问题的意见,在会上通过。我那时就问他们:'我们提出去了,万一政府置之不理,我们怎么样'。我个人的意思,要是我们但为发表意见,像新闻记者的社论一样,那就不必说了。若是求有点效果,至少要有不再替政府帮忙的决心"[2]。而 1920 年,北京大学七教授发表一篇《争自由的宣言》,"开口第一句,就是'我们本不愿意谈实际的政治'"[3],可见当时大学里知识分子"政治表态"的风气表现在形式上,《我们的政治主张》不为特例。

1921 年,胡适在给教育总长范源濂谈教育资金的信中就说:"好人做官,自然不是为名利。为的什么呢?为的是有一个做点好事的机会。"[4]这也许可以看做是"好政府主义"最朴素的表达。

列名十六人"好政府主义"宣言的梁漱溟早在 1917 年感于南北军阀战祸之烈,就写出《吾曹不出如苍生何》,说:"或问所谓吾曹者果谁指也?吾应声曰,吾曹好人也。凡自念吾好人者皆吾曹也。……自政治方面而言,有待吾曹之出而组织国民息兵会。吾曹不出,悉就死关;吾曹若出,都是活路。而吾曹果出,大局立转,乃至易解决之事,乃必成功之事。今日之宇内更无有具大力量如吾曹者,握全国之枢机者不在秉之当局,而在吾曹。"[5]这完全是一副天降大任于我,充满自信的口气。他在1922年上半年写给胡适的信中说:"今日人民太无生气,好人太无生气,故闹到如此地步。吾曹好人须谋发挥吾曹之好者,谋所以发挥人民生气者,则今日恶局势乃有所转移。"[6]梁与胡在"五四"前后关于中西文化的论战中是截然两个阵营中的人物,而在政治问题上却能取得共识,可见政治抱负在当时知识分子的心中很重。1922年,丁文江在《努力周报》上发表文章说,我们若想将来做政治生活应作几种准备:"第一是要保存我们'好人'的资格。""第四,就是我们认识的朋友,结合四五个人,八九个的小团体,试作政治生活具体准备。"[7]如果说梁漱溟的"吾曹不出如苍生何"还是表达了中国知识分子传统的儒家情怀,那么,丁文江则表达了具有英美留学背景的知识分子的政治承担意识。

过去评论说"好政府主义"——"好人政治"就是(古希腊的)贤人政治、少数人政治,因此是与人民大众相悖的,这有点望文生义了。其实,多读一点胡适关于"好人政治"的陈述可以明白,这更多的功能是一种公民责任政治的说法。胡适在1923年7月为《努力周报》写的"这一周"时评的一篇中说:"我们很希望山东的'好人'大家出来,援助地方派的议员,第一步打倒军阀与军阀的走狗,第二步监督地方派,使他们不致流为腐败与黑暗。"[8]

《我们的政治主张》本是胡适写的第一篇政论,当初本来是专为《努力周报》而作,后来觉得"此文可用为一个公开的宣言",脱稿时胡适半夜打电话与李大钊商量,决定第二天在蔡元培家合计此事,"邀几个'好人'

加入"。到"会"者十五人,后来有一人退出二人加入,就签了名。显然,这不像是什么很正式的组织行为。

在《胡适来往书信集》中有梁漱溟的这样一封信:

适之先生:

……今日人民太无生气,好人太无生气,故闹到如此地步。吾曹好人须谋发挥吾曹之好者,谋所以发挥人民生气者,则今日恶局势乃有所转移,否则将长此终古矣。星期二晚七钟后奉约吾兄到前门内沈宅聚谈(西城根自来水公司隔壁三十八号),并请转约同志数人(如有责任心者最好)同聚是感。

手敬

刻安

漱溟顿首

李守常、陶孟和,并乞代邀钧儒(衡山)[9]

这封信没有具体日期,也像是约的就是那次产生了《我们的政治主张》宣言聚谈的一些人,但所述与胡适不同。山东人民出版社《梁漱溟全集》从《胡适来往书信集》中录入此信,加的标题为《就"好人政府主义"致胡适》,不知哪一个说法更确。

在这个"宣言"发表前后,梁启超的等曾主动向这些人提出共同办一个政治团体,蔡元培不主张组织政治团体,主张发表宣言。后来发表"宣言",也撇开了梁启超这一派人,可能是嫌后者的名声不大好。

世纪初留学英美的知识分子,受英美政治生活的吸引和熏陶,多少都有些政治情结。徐志摩在英国留学期间曾挨门串户为工党作政治宣传[10]。胡适在留美期间,"每居一地,辄视其地之政治社会事业如吾乡吾邑之政治社会事业。以故每逢其地有政治活动,社会改良之事,辄喜以闻之"。1916年7月17日,胡适在留学札记中写道:"我国今日现状,顽固官僚派和极端激烈派两派同时失败,所靠者全在稳健派的人物。这班人的守旧思想都为那两派的极端主义所扫除,遂由守旧变为稳健的进取。况且极端两派人的名誉(新如黄兴,旧如袁世凯)皆已失社会之信用,独有这班稳健的人如梁启超、张謇之流名誉尚好,人心所归。有此中坚,将来势力扩充,大有可为。"[11]这就是后来"好政府主义"的"思想苗头"了。

正因为留学英美时的那种平和的政治生活的背景,加上这些知识分子自身并未经历过从清末到民初中国政治失败和激烈化的政治生活带来的失望,所以他们对平和的规范政治仍然抱有信心和兴趣。然而,到了1922年胡适他们兴致很高地提出"好政府主义"的时候,老一辈的"稳健派"梁启超等人早已在政治的漩涡里弄得伤痕累累,只剩下失望和厌倦了。

以上都是"好政府主义"的思想背景。如果光是宣言也就罢了,然而,这种思想背景到了1923年遇到了一个现实政治的契机。胡适在1923年10月15日写的《一年半的回顾》中说道:"当日北方的政局骤然呈现一大变态,横行关内的奉军,正在纷纷退出关去;安福的国会早已消沉了;安福的总统也快要倒了……""那时北方的优秀分子都希望政治有比较清明的机会。""我们当日对于北方政府,确曾抱一点希望。一来呢,当日的阁员中,有一部分颇负时望,虽是虚声,但虚声究竟远胜于恶名。二来呢,当日的阁员,多数都是不要钱的好人。三来呢,当日董康、高恩洪、罗文干的裁官政策,颇能实行,在北京的政治史上总算是开一点新气象。"[12]

实际上,在这些阁员中,有一些人与《我们的政治主张》的签名者有着较好的交谊。如蔡元培回忆:"在私情上罗君(文干)是我在北大的同事,而且于考虑教育时最为密切的伙伴,他的操守,为我深信。"——所以后来罗文干因金佛郎案受诬陷被非法拘捕时,蔡为表抗议辞去北大校长。有着学界背景(如王宠惠、罗文干等人都是北京大学教员),自然使知识分子有亲和感。据耿云志的《胡适年谱》载,1922 年 6 月间,胡适曾在李大钊家与蔡元培、李石曾等同吴佩孚的高参孙丹林晤谈;他还参与了由蔡元培、王宠惠、罗文干等发起的谈话会,在颜惠庆宅讨论政治问题;就在《我们的政治主张》发表前后,胡适还为南北议和的事写信给吴佩孚的参谋[13]。看来,他们对"实际的政治"已经涉足不浅了。就这样,一篇知识分子的政治宣言与一次军阀政府的组阁联系在一起了,"好政府主义"与"好人政府"联系在一起了。

社会名流以"调人"的身份介入政治势力之间,本是民国初年特殊政治格局中的风气。例如 1918 年由熊希龄、蔡元培、王宠惠等人组织的和平期成会,就是社会名流以非党派组织的形式介入北洋军阀政府与南方护国运动势力之间促进停战的努力,当时促成了南北和会的召开。当然,南北和会最终是破裂了。数年之后,提出"好政府主义"的一班知识分子也是把自己摆在"居间"的立场上,却无形中"趟了浑水",颇受人讥。

这份"宣言"在 5 月 14 日发表于《努力周报》上之后,立即引起知识界注意。北京的《晨报》在 15 日的二版"时论"栏目转载,并于 16 日为此发表社论《政治主张的根本问题》说,教育界人士发表这样一个"政治主张",不仅要以理解,而且应当响应,"蔡胡诸君的政治主张,大都是普遍的心理所同,没有很大问题的……但要实行这些具体的主张,十之八九都不能不责成于所谓'好政府'。这其间却有一个根本问题,就是这好政府从哪里来?"在这篇社论最后问了两个问题:"好政府从哪里来?社会的优秀分子要如何才能大结合起来和恶势力奋斗?我很望诸君们注意,并给我们大家一个解答。"这是在逻辑和伦理上挑剔的眼光,但还算温和。

而南方党派报纸则对此持批评态度。邵力子在上海的国民党机关报《民国日报》上发表评论《读蔡子民、胡适之诸先生的政治主张》,指出"好政府主义"就是不敢革命,"好政府"不能在彻底改革之前形成。此后邵氏发表《好人的手》、《好政府在哪里》、《再看好政府在哪里》、《告主张好人政府的诸先生》、《好人入瓮》,也都是对"好政府主义"进行抨击或讽刺的[14],这是国民党方面的态度。而刚刚成立不久的中国共产党,对胡适等人的"好政府主义"也提出了批评,指出他们的政治主张是"妥协的和平主义"、"小资产阶级的和平主义"。

在北京的青年学生也对"好政府主义"很不满意,指出其主张的不彻底,与军阀政府划不开界限,以至于到了1925年胡适应段祺瑞之邀参加善后会议,先前提出的"好政府主义"便被人疑为早有想在军阀政府中平步青云的野心。弄到后来,就如1927年顾颉刚致胡适信中所言:"'好政府主义'这个名词,好政府主义下的人物的政治试验,久已为世诟病。如果先生再发表政治的主张,如果先生再从事政治的工作,无论内容尽体现好政府主义,但是天下人的成见是最不易消融的……"[15]

因此,可以说"好政府主义"最终竟把胡适弄得很臭,这当然是他始料所不及的。其实当时即使在朋友中,也有人说:"你们的意思都很好,但你们要想好人出来做政治,决没有这回事!"[16]他的朋友汤尔和在事隔多年后说:"我记得民国十一您主张好人政府的时代,我说,不晓得政治内幕的人,千万少开口……"汤自己就是被胡劝说入阁之人,应该算是经验之谈。胡适的朋友季融五来信说:"这种现实政治,无法解决,如先生和蔡先生,犯不着去问,一问之后,势必把本来的事业抛荒了。"[17]以至于当时的《晨报》主笔天云写信给胡适说:"凡事不是好人都可以包办的……你不要迷信好人是万能的啊!"胡适提出"好政府主义",的确有不明了政治内幕的原因:这内幕既包括北洋军阀政府内部的政治黑暗,也包括南方国民党进步势力与北洋军阀政府反动势力的斗争。

如果说《我们的政治主张》本身因具体内容和对象而显出一种暂时性色彩,那么,与此相较,一年前胡适在安庆的讲演"好政府主义",则有一套稳定的理论逻辑,"是《我们的政治主张》的学理上的基础"[18]。它阐明:"好政府主义的基本观念是一种政治的工具主义。"而"工具主义的政府观"的引申意义有如下三点:其一,因为把政府看做工具——"社会用来谋最大福利的工具",那么就有了评价政府的标准,"凡能尽此职务的是好政府,不能尽此职务的是坏政府;妨碍或摧残社会福利的是恶政府"。其二,工具是随时可以修理的,由此产生人民参政的原理,"宪法、公法、议会,都是根据这个原理的"。其三,工具不好,修好它,修不好,另换一件——"从此可得一个革命的原理"。可见,胡适基于英美政治思想,又为法国政治思想源流开了一道门的"好政府主义",并非把目光局限于"好人",也并非当时和后来被人所误解、讥评的那样肤浅。但是,一个"主义"与它的实现和表现毕竟是有距离的。在历史上产生很大影响的毕竟不是这个1921年在安庆讲演的"主义",而是1922年在北京提出的《我们的政治主张》。而供人评价这个"主义"的根据,则是《我们的政治主张》发表后不久一时形成的"好人政府"的政绩。

《我们的政治主张》发表两个月后,在十六位签名者中,有王宠惠、罗文干、汤尔和三位入阁。9月20日,由于前内阁过不了中秋"节关"突然倒台,王宠惠还做了代理国务总理,后"改代为署",有了自己一试身手的机会。但是,这样一个"好政府"是一个怎样的班子呢?顾维钧回忆了这样一个由留洋博士和军阀幕僚组成的内阁:

> 1922年8月5日,王宠惠博士被任命为代理总理,他要我当他的外交总长,高恩洪当交通总长。内务总长是吴佩孚的另一幕僚孙丹林,财政总长是罗文干博士。我了解到每个阁员的提名都电告洛阳取得同意。……这个内阁实质上是保定、洛阳两派达成协议并与吴景濂为首的'益友爱社'取得谅解后的产物。经国会批准时,孙丹林和高恩洪得不到国会的同意,理由很明显,许多国会议员认为,孙和高不够资格当内阁阁员,其政治品质也不清楚,他们的名字能列入内阁名单,就因为他们是吴佩孚的人。此外,还认为内阁名单中收罗了一些钻营禄位的人。人们都知道王宠惠博士是处于孙和高的影响之下,王通过他们两人特别是孙与吴将军保持密切联系。吴将军是强有力的人物,是内阁的后台。[19]

胡适日记中明确记着:"推亮畴代理,是特别是举动,是洛阳的意思。"[20]亮畴就是王宠惠的字,洛阳指的是吴佩孚。

当时的《晨报》于9月22日发表文章说:"新内阁之产生,为洛系之两阁员暗中活动大成功,人尽知之。故王宠惠就在署揆之第一日,吴佩孚及属于洛系之实力派萧耀南、齐燮元等均已先后发来贺电,推荐奖备至。惟距京甚迩之保定,则反寂然未有所表示,各阁员未免忐忑不宁。"

洛系之两阁员就是董康和高恩洪,保定则指直系另一派军阀曹锟。在这种情势中产生的内阁,埋着日后的危机。

董康和高恩洪虽有军阀背景,但还是有些作为的。胡适1922年6月19日至25日在为《努力周刊》"这一周"栏目写的两篇文章中评说到:

此次高恩洪在交通部的整顿,我们认为大致是合宜的。高氏做的最痛快的两件事,一是废止各铁路货捐,一件是取消各报馆的津贴。报馆的津贴是十几年来中国舆论界的一大污点,它的害处比那摧残言论自由的法令还要大无数倍。摧残自由的法令至多不过是把舆论当作仇敌来看待,而津贴与收买竟是把报馆当作娼妓与猪狗了!北京一处报馆和有些通讯社的津贴,竟有十二万五千元之多。这真是骇人听闻的事!至于各铁路货捐的非法与病商害民,教训都是大家所公认的。当此财政奇绌的时代,高氏竟能提议废止这一笔很可观的入款,我们不能不说他是有毅力的了。[21]

高恩洪和董康都为军阀吴佩孚所荐,一个掌交通部,一个掌财政部,他们往往要到吴佩孚所在保定去密授机宜。如6月23日的《晨报》所说:"自直军胜奉之后,中央一切行政,多半请示于吴佩孚而后行,高恩洪、董康为吴氏所荐,府院与吴往返接洽,多彼二人任之。"因此,有这两人在的内阁,实是由军阀遥控的内阁。所以"王内阁为洛系所把持,已无可讳"。但是,这两个人初上任,也确实有一番作为的气象。就拿后来尖锐批评此二人的《晨报》在5月28日也说:"高恩洪此次来掌交通部,外间早传其对于交通积弊,怀有摧陷廓清之想,果然到部之第二日,即实行裁员,计昨日被裁人员,单算顾问谘议,已有二百余人……此辈每月坐领工薪千二百元或八百元,至少亦在二百元以上。高氏能为国家省此一大笔糜费,真是大快人心。……多年交系把持之路政,高氏果能积极整顿,不但可使吴佩孚夸耀推荐得人,而国人亦将赞美于后也。"

看来,胡适对高的评价还是有根据的。但是,这两个人的来历背景也是"好政府"被人责骂的原因之一。况且,正是因为这二人直接听命于吴佩孚,国家大事要跑到吴佩孚那里去面授机宜,而根本不理会总统曹锟,引起曹、吴反目,也是"好政府"内阁倒台的原因之一。

尽管如此,王宠惠内阁的人员构成有知识分子特色,还是引起了某种期望。《晨报》9月24日星期日刊发表张维周的文章《我对于王内阁的希望》说:"王宠惠博士是一般人所指为'好人'的,至于阁员中如顾维钧、罗文干、汤尔和诸位,也都在社会上负有盛名。这次王博士提出他许多同系的人来上台,有些人承认这是'好人的内阁'。即在我们的眼光看,也觉得近年以来,差不多完全是'饭桶的内阁'。而这次内阁中的人物要算是差强人意了……王内阁的色彩,诚所谓虽不能做到'清一色',然而也可算是'凑一色'了。"他认为王内阁是可以有一番作为的,但若是仰军阀鼻息做傀儡,则不会有什么作为。

当时胡适在《努力周报》的时评栏目"这一周"上有一篇文章评论"好人内阁"的作为的:

王内阁里有三位阁员曾经签名于我们在五月中发表的"政治主张",因此,王内阁成立以来,很有些人爱拿那篇宣言里"好人政治"的话来挖

苦他们。我们在那篇宣言里,本不曾下"好的"的定义。但我们理想中的"好人"至少有两个方面:一是人格上的可靠,一是才具上的可以有为。在普通人的心里,一个"好人"至少要有可靠的人格。现在罗案的发生,正是试验"好人政治"的最低条件的机会了。好人政治的涵义是:进可以有益于国,退可以无愧于人。我们对于王、罗诸君的政治上的才具,确是不满意的。但我们至今还承认他们的人格上的清白可靠,我们希望这一案能有一个水落石出,叫大家知道"好人政治"的最低限度的成效是"人格上禁得起敌党的攻击"![22]

这是一篇很悲观的评价。

王宠惠等人上台后,当初提出的政治主张并未见实行,一起签名提出"我们的政治主张"的其他人很感尴尬,召集了一个聚会给在台上的三位施加点压力,要他们赶快实行,结果弄得不欢而散。这些,都受到了当时舆论的批评,一些党派报纸一旁看笑话。有的报纸说话很难听:"分赃不均,虽教育政客之团体,亦难保其不破裂矣。"[23]胡适把这些报道记在日记里,没作任何评论。事实上,"好人政府"的上台并没有改变军阀政府的根本性质,他们的作为也有限,如邵力子所指出的,罗文干本人"入阁(做司法部长)以后,对于种种蹂躏人权的法例与命令,不但不能力争废止,反而随声附和"。这一届政府也很快就在军阀势力的交替和政治倾轧中倒台了,"好政府"的理想也就烟消云散了。

"好政府主义"所表现的知识分子的政治积极性在当时应该算是正常的。对政府的期望,乃至对政府——内阁构成的期望,任何时代都不为过。但是,有意味的是,1922年,这可能是中国知识分子第一次,也是最后一次既不是以参与者的身份,也不是以反对者的身份对政府提出政治要求。此后,即使如胡适那样执拗地只愿做诤友的"爱惜羽毛"的人,对国民党政府的关系也远非"好政府主义"时代那样超脱了。

此后的中国现代史上中国知识分子的"政治宣言"有:1941年,共产党和国民党的关系因"皖南事变"急剧恶化,由梁漱溟、张君劢、罗隆基、左舜生、黄炎培等著名人士也曾以居间说和的身份写了一个意见给蒋介石,签名的人数刚好也是十六人[24]。1945年,由昆明文化界著名人士闻一多、罗隆基、潘光旦等三百四十二人联名发表的《关于挽救当前危机的主张》,提出了通过召开国是会议以促成联合政府成立的具体意见。这些,犹有"我们的政治主张"之风,但性质已同1922年直接入阁参政的架势完全不同了。

注释:

[1][8][12]《胡适文存》二集,黄山书社,第297、378、359页。

[2]《关于不合作宣言》,见《蔡元培教育论著选》。

[3]《胡适书信集》(上),北京大学出版社,第278页。

[4]据《邵力子文集》,第374页。

[5][6]《梁漱溟全集》第四卷,山东人民出版社,第519、692页。

[7]见胡适:《丁在君这个人》,《自由之师——名人笔下的胡适,胡适笔下的名人》,东方出版中心。

[9][15]见《胡适来往书信集》。

[10]《政治生活与王家三阿嫂》,见《徐志摩全集》第三卷,广西民族出版社,第39页。

[11]胡适:《藏晖室札记》之《国事有希望》,见《胡适散文》,中国广播电视出版社,第306页。

〔13〕耿云志:《胡适年谱》,中华书局香港分局,第76页。

〔14〕《邵力子文集》上册,中华书局。

〔16〕〔17〕〔20〕〔21〕《胡适的日记》,中华书局香港分局,第418、426、417、376页。

〔18〕胡明:《胡适传论》下卷,第610页注3。

〔19〕《顾维钧回忆录缩编》(上),第86页。

〔22〕胡适《这一周》第四十八则,《胡适文存》二集,第409页。

〔23〕引自《黄报》,见《胡适的日记》,第469页。

〔24〕事见梁漱溟:《我努力的是什么》,《梁漱溟自述》,漓江出版社,第135~136页。

(马少华 文,原载《书屋》2002年第2期)

生死关头：民主人士与土改运动

土地改革简称土改，当年的翻身农民称之为"分田分地"，中共称之为一场彻底摧毁封建土地制度的群众运动。中共把实行土地改革，废除封建半封建的土地所有制，消灭地主阶级，作为新民主主义革命的一项基本任务，并为实现这个革命任务进行了长期的斗争。1929年秋天，毛泽东在指挥红四军攻占上杭后，有感于闽西工农武装割据的一片大好形势而填词《清平乐·蒋桂战争》，精彩地描绘了土地革命战争的一个图景："风云突变，军阀重开战。洒向人间都是怨，一枕黄粱再现。红旗跃过汀江，直下龙岩上杭。收拾金瓯一片，分田分地真忙。"[1]到新中国成立时，中共已在约有一亿一千九百万农业人口的老解放区（总人口约有一亿三千四百万）基本上完成了土改，尚约有二亿九千万农业人口的新解放区（总人口三亿三千六

第四辑　隔有屏风难相见

百万)需要土改[2]。在这些新区,封建土地制度依然存在,广大农民仍然受着地主阶级的剥削压迫。完成新区土改,成为建国初期执政党面临的一个重大的革命任务。由于中国民族资产阶级、民主党派和民主人士中不少人同地主阶级、同土地有不同程度的联系,有些人本身就是工商业者兼地主或地主兼工商业者。少数从地主阶级分化出来的民主人士,同土地的关系就更加密切。总体来说,民主人士自身的经济利益同土地改革是相矛盾的。用改革开放以前的一句常用话讲,土改运动对民主人士来说,真是"革命革到自己的头上了"。新区土改成为开国之初民主人士必经的生死大关。中共和毛泽东等领袖人物是如何处理与民主人士在土改问题上的矛盾的?民主人士又是如何度过土改这一"起死回生大关"的呢?

一

执政党和参政的高层民主人士之间在土改问题上的矛盾和斗争集中表现在1950年6月召开的全国政协一届二次全会上。土改问题是这次会议的中心议题,中共中央向会议提出了土地改革法草案。刘少奇在会上作《关于土地改革问题的报告》,在系统地说明了土改的"必要性"、"正义性"和各项相关方针政策后指出:"明确地说明土地改革的这一基本理由和基本目的,现在仍然是必要的。因为这个基本理由与基本目的可以驳倒一切反对土地改革、对土地改革怀疑以及为地主阶级辩护等所根据的各种理由。而现在各种反对与怀疑土地改革的意见,实际上仍然是有的。"[3]因为会议的重要目的就是要统一思想,尤其是要打通民主党派和民主人士的思想,所以他特别强调,在城市各界人民中"解释人民政府的土地改革政策和法令,使他们了解,并同情农民,帮助农民,而不要去同情地主,帮助地主,更不要去庇护地主,庇护自己亲朋戚友中的地主分子,应该告诉这些地主分子,要他们老老实实地服从人民政府的法令和农民协会的决定,而不要去进行反抗和破坏活动,以免遭受可以避免的打击。这也是组成反封建统一战线中一项极为重要的工作"[4]。

在会议讨论中,不少民主人士表露出"和平土改"的幻想,主张"只要政府颁布法令,分配土地,不要发动群众斗争"。一些从地主阶级营垒中走出来的开明绅士和起义将领,则对土改表示怀疑、不满以至抵触。他们说"地主养活农民","地主和佃农相依为命,谁也离不开谁","地主的好处不可一笔抹杀","土改偏差很大","斗争过火"等等。有的甚至说,党和国家的干部"上层好,中层少,下层糟","地方的农会常常被土匪流氓把持",等等。不少人以"江南无封建"等言论,对土改进行抵制。出席会议的城市民族资产阶级的代表人物对这些言论也表现附和和共鸣[5]。难怪,出席会议的中共中央统战部部长李维汉认为,在土改问题上的争论是一场严重的阶级斗争。

针对上述对土改的各种怀疑、幻想和抵制言论,中共在会议过程中以团结和斗争相结合的传统手法,对民主人士进行反复的说服和教育。中共中央主要领导人分别约请各民主党派、无党派民主人士和一些从地主阶级分化出来的民主人士,进行协商座谈,沟通思想,交换意见,并在小组和大会上开展批评和自我批评,摆事实讲道理,力图在共同纲领基础上统一认识。结果,民革主席李济深、民盟主席张澜、民建中央召集人黄炎培、民进主席马叙伦、农工民主党主席章伯钧在会上分别表态,宣布

第四辑 隔有屏风难相见

拥护土地改革法草案;起义将领刘文辉、卢汉、邓锡侯等也表明支持和拥护土改的立场。然而在会议上的表态,一般来说并不能说明表态者的思想真的没有异议。邓锡侯的话就值得注意:"这样一个土地制度的改革,在我个人,我可以坦白地说,是和我本阶级(地主阶级)的阶级利益相冲突的。""我愿诚恳地拥护这样的一个土地改革,我要坚决的放弃本阶级的利益,来服从全国人民的利益,服从整个革命的利益。""我抱定决心,不仅做到军事上的'起义',而且更要做到阶级上的'起义'。"按照唯物史观,思想境界再高,要放弃自身的根本利益是难以自愿的。显然民主人士鉴于大势所趋,胳膊扭不过大腿,不表态也得表态了。毛泽东也很清楚,民主人士还有思想问题。他在6月30日作题为《做一个完全革命派》的闭幕讲话,着重点就在于要民主人士过好土改关。毛泽东为翻身农民摆功说劳,并说明如何对待土改是关系到是否革命的严重的立场问题,要求民主人士不但在口头上而且在行动上站在农民一边。他说:"我为新中国数万万农村人民获得翻身机会和国家获得工业化的基本条件而表示高兴,表示祝贺。中国的主要人口是农民,革命靠了农民的援助才取得了胜利,国家工业化又要靠农民的援助才能成功,所以工人阶级应当积极地帮助农民进行土地改革,城市小资产阶级和民族资产阶级也应当赞助这种改革,各民主党派各人民团体更应当采取这种态度。战争和土改是在新民主主义的历史时期内考验全中国一切人们、一切党派的两个'关'。什么人站在革命人民方面,他就是革命派,什么人站在帝国主义封建主义官僚资本主义方面,他就是反革命派。什么人只是口头上站在革命人民方面而在行动上则另是一样,他就是一个口头上革命派,如果不但在口头上而且在行动上也站在革命人民方面,他就是一个完全的革命派。战争一关,已经基本上过去了,这一关我们大家都过得很好,全国人民是满意的。现在是要过土改一关,我希望我们大家都和过战争关一样也过得很好。"[6]同时,毛泽东又似乎在鼓励民主人士,而实际上依然以居高临下的态势向民主人士采取一种心理攻势,即民主人士只有过关否则是绝路:"只要战争关、土改关都过去了,剩下的一关就将容易过去的,那就是社会主义的一关,在全国范围实行社会主义改造的那一关。只要人们在革命战争中,在革命的土地制度改革中有了贡献,又在今后多年的经济建设和文化建设中有所贡献,等到将来实行私营工业国有化和农业社会化的时候(这种时候还在很远的将来),人民是不会把他们忘记的,他们的前途是光明的。""我认为讲明这一点是有必要的,这样可以使人们有信心,不致彷徨顾虑,不知道什么时候你们不要我了,我虽想为人民效力也没有机会了。不,不会这样的,只要谁肯真正为人民效力,在人民还有困难的时期内确实帮了忙,做了好事,并且是一贯地做下去,并不半途而废,那末,人民和人民的政府是没有理由不要他的,是没有理由不给他以生活的机会和效力的机会的。"[7]

二

历史已经证明,民主人士在政协会议上对土改运动所表示的担心并非多余。一贯严格执行上级指示的著名的传奇女革命家、广东省土地改革委员会专职副主任李坚真晚年回忆:"土地改革是一场激烈而又复杂的社会革命,特别在广东阶级关系比较复杂,又是新解放区,无论干部或者群众,都没有这方面的实践经验,虽然中央在方针、政策、办法方面做

第四辑　隔有屏风难相见

了明确的规定,但一接触到实际,还会碰到许多实际问题。"[8]其中的一个主要问题,就是风起云涌的新区土改运动,还是对民主人士造成一定的伤害。

　　起义将领、广东省人民政府委员李洁之四十年后依然对土改时他家的遭遇记得非常清楚:"我家兄弟两人。抗战后,我们家里的人都出来了,哥哥到广州做生意。……土地改革时,我家有水田十二亩(老亩),最先要我退租退押五百元,后来又要我退一千八百元,前后共退了二千三百元。按规定是退三年的租和押,但所退的已超过了许多。"[9]中央人民政府委员蔡廷锴将军也曾因家乡在土改时伤了他的感情,心中一直不快。蔡将军是广东罗定人,土改时基层干部违反政策,在分田地斗地主时,不分青红皂白,把蔡廷锴保存在家中的一些东西当作"浮财"分了。而更使他痛心的是,将他在淞沪抗战打日本鬼子时负伤的血衣和指挥刀丢失,甚至连他母亲的坟墓也破坏了[10]。

　　第一届全国政协委员、中南军政委员会委员兼土改委员会委员张文是一位很通达的著名民主人士,对土改法和土改政策理解得很好,但在实践中也有教训。他的部下杨奎章回忆:"记得解放初,广东农村土地改革正风起云涌,城乡关系一度紧张。许多地主跑到广州,而城里有些人对急风暴雨式的土改斗争也顾虑重重。各民主党派开展对其成员及所联系群众的思想工作,鼓励大家提高认识,过好土改关。这时,张文同志的家乡梅县有位姓陈的绅士跑来广州找他。这位陈先生被评为工商业者兼地主,解放前曾多次掩护张文、郭翘然等同志在他家乡进行反蒋民主运动,应该说是开明人士。张文同志一面说服这位陈先生回梅县去,采取正确立场,支持农民土改翻身;一面向有关领导部门说明情况,希望正确执行党的土改政策。但是,陈回乡不久,即在农民土改翻身的狂飙烈火中被镇压了。张文同志后来和我谈起这件事,心里仍不免惆怅。"[11]

历史似乎在开更大的玩笑。李章达建国初担任中央人民政府委员、广东省人民政府副主席、广州市副市长(当时广州是中央直辖市),可以说是在广东地位最高的民主人士了。但土改也搞到他的头上。请看这样的一种奇特现象:1950年秋,广东省人民政府遵照《中华人民共和国土地改革法》、《中南军政委员会关于土地改革的决议》及根据本省具体情况,制定《广东省土地改革实施办法》,并于10月27日发布关于土地改革问题的布告,号召"全省广大农民,以及全省人民一体遵行,共同努力,为彻底完成全省土地改革的伟大历史任务而奋斗!"布告发布人是"主席叶剑英,副主席方方、古大存、李章达"。有意思的是布告贴出不久,在土改的第一阶段,即"清匪反霸、退租退押"八字运动阶段,长期被压在社会底层的李章达家乡东莞厚街的农民,满怀翻身做主人的狂热,牛气冲天,成群结对,开赴省城广州,开进宣德中路(现东风中路)的省人民政府所在地,要拉李章达回乡去退租退押。幸亏李章达心脏病发作在家休息,被古大存挡住,否则后果不堪收拾。近半个世纪过去了,当年古大存的秘书杨立依然记忆犹新,尽管他回忆的重点在于颂扬古大存如何做统战工作和农民工作:"土改中,东莞厚街派了一批农民到省人民政府找李章达,要拉李章达回乡,退租退押。李章达身体不好,没有到机关办公。古大存听到后,自己跑到会客室去见农民。在问明对方来意之后,和蔼地说:'你们可知道李副主席的历史吗?'他继续说:'李副主席是个革命者,从青年时代开始便追随孙中山先生反对满清的统治,他在国民党统治时期救过我们许多革命同志,是我党的好朋友。'来人说:'他家是地主,收田租,剥削过

农民。'古大存说:'那是历史造成的。李章达先生从青年时代就出来革命,他没有直接参加过剥削,他拥护我们党的土改政策,你们要退租,我相信他是会同意的,为什么要拉他回去呢?'"[12]如果不是古大存这一番苦口婆心的话,谁能保证东莞农民不会赶到光孝路祝寿巷四十四号李章达私宅将这位当省副主席的民主人士从病榻上拉去乡下批斗?

中共中央对土改中农民到城里抓人是有严格的政策界限的。1951年1月20日周恩来在中央统战部举行的茶会上谈到对待民主人士的态度问题时指出:"在土改中,有些恶霸地主逃到城市中来,农民到城市来捉人,是正义的。但要有组织有秩序地行动,不要像过去曾经发生的那样,把城市的工商业搞乱,把社会秩序搞乱了。""不捉,罪大恶极的分子都躲到城里来,就会得罪广大群众,变成右倾。如无限制地捉,坏一点的统统要捉,就会波及很广,牵连民主人士和工商业者,那就不利了。所以应该有区别地去捉,即不可不捉,不可多捉。"[13]东莞农民到省城要捉李章达回乡批斗肯定是大错特错的,因为他不仅不是恶霸地主,而且是一位老革命、一位堂堂的省人民政府副主席。基层干部和农会、农民敢于闯进省府捉人仅仅因为他这个副主席是民主人士!

北京城里的民主人士又是什么感受呢?未见有农民到中央某个部门拉民主人士回乡的记载,但家乡土改的消息不时通过亲友的来访和信函传到北京。因为民主人士或大多在家乡有土地出租或直系旁系亲属是地主,所以经常有土地被分掉、亲属被农民打杀、地主被迫自杀的不妙信息传来,使他们心情很不好。柳亚子的心境就很能说明问题。据宋云彬《北游日记》载,在江南刚解放而尚未开始土改的1949年7月,因家乡政府征粮触动了柳亚子,使他情绪很消沉:24日"至益寿堂看柳亚老,即在亚老处午餐。亚老精神又由亢奋而转入消沉,宛如去年在香港时候矣。柳太太谓余言,亚老在故乡有稻田千亩(原文如此——引者注),解放后人民政府征粮甚亟……折缴人民币,无垢因此售去美钞六百元。又云,乡间戚友为无法交纳征粮款,纷纷来函请亚老向政府说情者,亚老皆置之不理。此亚老识大体处也"[14]。识大体不等于没有意见。1950年冬柳亚子在《跋中山先生墨宝后》中,就正在进行的土改所触及自身的利害发出了"有代价有补偿"的感慨:"余虽土改后丧其田产,以滥竽中央人民政府委员,故月得小米若干,犹不虞冻馁。"[15]作为毛泽东的老朋友、中国最高层民主人士之一的柳亚子尚且如此,其他民主人士便可想而知。

三

像柳亚子一样,北京城里的高层民主人士不仅自家的利益受到土改的冲击,而且不断收到家乡的地富亲友对土改的告状信,诉说"斗争过火"、"偏差很大","好多地主被迫自杀"、"连小地主都被斗死"等等。民主人士心里很不是滋味,又不好公开发作,胆大的将信的内容转告中共有关部门,像黄炎培那样与毛泽东有较多交往的则直接向毛泽东告状。思想有差异行动必然有抵触。毛泽东感受到民主人士的抵触情绪,并预见到这种情绪的危险。他必须亲自出马帮助高层民主人士过关,要让他们下乡到第一线去感受真实的土改。

在1951年1月的土地改革、抗美援朝、镇压反革命三大运动高潮中,中共中央召开第二次全国统战工作会议,主要讨论三大运动中的统战工作和帮助民主党派的问题。毛泽东在会议过程中同参加会议的各中央

第四辑　隔有屏风难相见

局、大城市党委统战部长谈了话。在谈到土改时,毛泽东强调指出要让民主党派和民主人士前去参观视察:民主人士到各地去视察,各地不要以此为累赘。让他们去听听农民的诉苦,看看农民的欢喜。我们有些什么缺点和错误,也可以让他们看看,这是一件有益的事情。状元三年一考,土改千载难逢。应该欢迎他们去看。他还说,分土地,镇压反革命,发动群众,都是好事。土改一项从尧、舜、禹、汤、文、武、周公、孔子直到孙中山都没有做过,我们做了什么坏事呢?有什么怕人家看的呢?对于工商业家、宗教界人士、校长、教员、开明绅士和爱国分子,我们都应该采取积极的态度团结和教育他们,决不能置之不理。有话应当让他们说,写万言书也好,我们可以给大家看看,好的接受,不好的解释。如果不进行教育,有事不让他们与闻,这是不对的[16]。1月15日,中共中央发出有关文件:"为了教育若干民主人士,使之了解我党的政策,并与群众见面,打破其只从书信中反映地富的意见,中央通知各地,中央政府准备请若干民主人士回到原籍去视察土改工作与镇压反革命工作,要各地认真接待他们。"[17]中共中央统战部会同全国政协开始组织大批民主人士到全国各地参加或参观土改。

毛泽东在1950年秋就提议梁漱溟到广东看看。梁漱溟因为刚从东北、华北参观回京,没有立刻行动。到1951年春,中共中央组织了赴西南土改团,梁漱溟才悟出毛泽东要他到广东参观的目的是让他看看土改情况,便报名参加土改团。梁所在的土改团由章乃器任团长,共有二十多人参加,于5月上旬入川。梁漱溟晚年回忆他参加土改和返京后毛泽东与之谈话的情况时说:"我们这个团,在川东合川县。因为大多是年龄稍长的各民主党派和无党派民主人士,实际并未参加土改工作队,而只是参观土改。大家都住在县城里,白天安排参加一些土地改革的会议和活动。我和随我去的黄艮庸商量,既然来了,就要深入下去,不能只当参观者。我们提出的要求得到部分满足,不久便下到这个县的云门乡,晚上宿在镇上一家地主的住宅里,白天就有了更多的机会和方便参加各种活动,包括贫雇农诉苦,清算斗争地主,分田地,发土地证,以至直接与农民谈话等等,都参加了。同我们去的还有于学忠。""8月30日回到北京,9月3日晚间毛主席就约我去谈话了。他派车到颐和园把我接到中南海,还是在老地方。在我进门时,章乃器刚刚告退,他主要也是来报告到西南参加土改情况的。毛主席对我说,土改团的情况,章乃器刚才来讲过了,我们不用多谈,先开饭吧……饭后,毛主席问我,对土改、对四川,你的印象如何?随便聊聊吧。我大致说了两点。一是对土改,我看到贫苦农民的愿望和要求,土改很必要,也很及时。但我也指出,有些政策执行得不好,比如政策规定不许可打地主,但我亲眼看到在斗争会上打得很凶,有一对地主夫妇因此一块跳河自杀。这个问题要引起注意,不然地主感到自己没有活路,不是反抗,就是自杀,后果不好。对于这一点,毛主席笑着说,你说的情况别的地方也有发生的,我们总的政策是斗倒地主,给他出路。大多数地主不会自杀,也不至于反抗。问题是贫雇农受苦受压多少年了,怒火一点着,就难以控制,于是对地主非打即骂。我们应该认真贯彻政策,努力说服农民,关键是土改工作队的干部。"[18]梁漱溟的回忆很传神,从"毛主席笑着说",看出毛泽东的阶级立场是那样鲜明地站在翻身农民的一边,即使有些过火行动的土改也是像当年的湖南农民运动一样"好得很";"毛主席笑着说"也意味着他认为梁漱溟所说的偏差尽管具有普遍性,但毕竟是很轻松的容易解决的问题,就像吃一碟小菜一样。梁漱溟参加土改，对他思想毕竟有很大的触动，他认识到自己的乡村建设搞了那么多年，并没有抓住农民所关心的最根本的土地问题，因此费尽力气农民也不愿意真心实意跟他走。而四川土改中农民是那样自觉地跟着共产党，打倒地主分田地，翻身运动热火朝天。同年10月他在《光明日报》发表题为《两年来我有哪些转变？》的长篇文章，形象地评论中共与农民的关系："此次到西南看了看，才知道高高在上的北京政府，竟是在四远角落的农民身上牢牢建立起来，每一农民是一块基石。"他不由感叹说，中国自古领导农民运动的，从来没有像共产党与群众结合得这样好。

蒋光鼐是个特例，这位全国政协常委、纺织工业部长对土改看得很开，加上毛泽东的帮助，因此轻松过关。他和一般地主有所不同，他虽占有土地但不是靠剥削农民来生活，而是将土地全部捐助家乡办教育事业。比如，他在家乡办的吉云小学，经费来源就是出自地租收入。根据土改的有关规定，不能把他的这种地租收入完全视为土地剥削，因而在处理上也应有所不同。1952年毛泽东要他到广东视察土改。蒋光鼐到广州后亲自写信要吉云小学校长出来，交待中共的土地政策以及处理土地和学校的正确办法，并要校长把历年的收支情况列为账单正式交给政府。蒋还请随行人员代他写信给当地政府和农会，表示把自己土地和学校交给政府。就这样，他轻松地度过了土改这一"起死回生关"[19]。

对于年高德劭的高层民主人士如中央人民政府副主席张澜、全国政协副主席陈叔通等人，毛泽东确实比较尊重他们，不但没有强调他们要下乡参加或参观土改，而且尽量想办法让他们了解土改情况。当时，张澜年近八旬，还要求深入农村参加土改，毛泽东得知后考虑他年事已高，劝说他不必直接参加土改,并经常批送有关文件给他审阅,听取他的意见。1951年1月8日主政张澜老家四川的中共中央西南局书记邓小平给毛泽东的一份工作报告中谈到1950年冬西南土改中的农村减租退押运动情况:关于退租退押,目前主要还是防止束手束脚、不敢放手发动群众和包办代替、命令主义,以免"煮夹生饭"和"吃回头草"。等到退押浪潮过去,大都退了的时候,及时转入清理,说服群众,分别对待中小地主[20]。由于涉及张澜老家一带的情况,1月22日,毛泽东致函张澜将邓小平的报告送给他:"表方先生:西南局书记邓小平同志给我的报告一件,送上请察阅(可要您的秘书念给您听),可以看出西南工作的一般情况。阅后请予掷还。先生身体好吗?甚为系念。……"[21]张澜读了邓小平报告后,1月24日回信毛泽东。信中说:邓小平同志1月8日报告已详阅。关于退押进行情况,言之甚详,处理亦甚当。西南押租,系预防佃户不能缴纳佃租而为之预押,要到退佃时才退押,实在是一种剥削。今天土地权收归国有,主佃关系已不存在,当然应该退押。报告上说,等到退押浪潮过去,大部分退了的时候,及时转入清理,说服群众分别对待中小地主,对于确实有困难的中小地主,多在"缓、少、不"三字上做文章,对顽固的则交法庭处理。将来能够切实审慎照此做去是很好的[22]。同一天,毛泽东致电邓小平,附上张澜的复信。这既是希望邓小平能借鉴张澜的意见,也是毛泽东对张澜复信的肯定。陈叔通从前清翰林到新中国领导人,一生趋时而不媚时。土改中未见他对土改有异议的记载,但他也想实地体验一下。他在1951年10月9日致函毛泽东要求下乡直接参加土改:"前曾面陈愿参加土改,本月全国委员会(指政协全国委员会——引者注)开会拟于十一月出发","按照原定办法须经所属机关批准,叔通属于人民政府委员会、全国委员会,应请批准。再全国委员会梅龚彬副秘书长亦愿参加,并拟约其同行"。14日毛泽东复函陈叔通:"谢谢您。看土改事,同意您的意见。惟冬季气候是否适于先生身体,请加考虑,春季去似乎好些,那时还有土改。又先生这样高龄,只宜去看土改,不宜去做土改。并且看可以多走一些地方,做则限于一区一乡。还有,不单是土改一事,抗美、镇反、生产、教育、统战等项工作都宜在视察之列,如果精力上顾得及的话。"[23]根据毛泽东的提议,陈叔通曾到过一些地方视察土改,有时还住下来,体验生活,深入了解情况,但他不以此为满足,总是把自己未能直接参加土改视为终身的憾事。

著名侨领司徒美堂非常关注华侨在土改中的利益问题,在1950年6月首届全国政协二次会议上,提出了"关于华侨土地问题的几点意见",指出:"就过去百年的情况看,所谓华侨其实是破了产的贫雇农,逃到海外,靠出卖劳动力,获得微薄的工资,积蓄了一点外汇,返回祖国,买田养老,与封建地主剥削大不相同。""华侨地主中,有的兼有自建乡村洋房,这些东西最好不要分。洋房之来,是来自他本人的血汗所得,与专靠封建剥削的地主洋房不同。"[24]当时,侨乡土改偏差的信件不时从海外从老家粤中飞到在紫禁城下的北池子八十三号的一个四合院里,起初司徒美堂老人很恼火。1951年春,美老南下广东老家视察土改时心情依然十分矛盾。这位有着广阔阅历的老人总的立场是,大凡社会上进行改革,总是有人赞成,有人反对。如果受益的人多,损失的人少,他就支持多数人这一边。对于土改,他看到一些问题,但总体上也持这种态度。当时各地翻身农民纷纷上书向毛泽东致敬,并赠送一些如烟叶、凉薯之类的土产,美老也拜托致公党的黄鼎臣将一点家乡土产专程带到北京中南海。4月14日美老写了一封信给毛泽东,详告粤中侨乡土改情况。4月27日毛泽东通过华南分局书记叶剑英客气而亲切地复电美老:"来信收到,甚慰。鹤山农民同志们送来的礼物也收到了,请先生转告他们,并致谢意。先生在南方暂留一时期很好,希望先生能于六月上旬返京,面聆教益。"[25]美老识大体顾全局,一方面在群众大会上赞扬农村土改的新气象,号召各界人士支持土改。当时美洲报纸谣传他在家乡被清算斗争,并在游街示众后被枪毙装入猪笼,曝尸三日。针对这条在美洲轰动一时的谣言,美老在一次民主人士下乡的欢送会上发表演讲说:"反动派造谣说我被斗争死了,但我却在人民政府的爱护和教育之下,更健康,更加年轻了。我每餐二碗饭,不能缺少,反动派又奈我何?"另一方面敢于对土改的缺点提出严厉的批评。他回到北京后即找到中侨委主任何香凝和副主任廖承志,汇报了根据他自己在视察土改中所发现的有些地方不按中央政策办事而侵犯华侨利益的情况,还严厉地批评了广东侨乡一些地方随便剥夺华侨房屋,提升华侨小土地出租者的阶级成分等错误[26]。广东侨乡土改确有粗糙之处,有的干部连广东话都听不懂也不愿意听,不了解侨乡实际,不分青红皂白,不讲南北方的区别,片面追求扩大所谓胜利果实,混淆政策界限,没收华侨地主房屋。1979年拨乱反正以后,政府终于按政策开始退还华侨房屋,但已难以收回伤害了几十年的侨心。

四

黄炎培是民主人士的典型人物,他在土改问题上与中共及其领导人接触最多,毛泽东对他下的功夫也最大。

第四辑 隔有屏风难相见

早在 1946 年，黄炎培在上海、南京等地就土改问题与周恩来、李维汉等有过争论，对解放区的土改就提出过许多批评，并为此写了一封信给毛泽东，同时抄一份给国民党上海市长吴国桢。国民党得到这封信如获至宝，陶希圣、陈立夫先后登门动员黄炎培将信件公开发表。黄炎培拒绝了他们的要求，后又接到陈立夫的电话："我接到一个材料，说共产党要暗杀你。"黄当然不相信，但为提防国民党借口共产党来暗杀他，就在电话上说："那请你保护。"国民党果真派了一个武装特务来把门，黄要见任何人都要通过这个特务，把黄气病了一场。黄炎培、冷御秋、杨卫玉等人当时对土改的意见主要有两条，一条是怕地主没有出路，另一条是怕地主挨斗争，不赞成发动群众。同时，他们对基层干部有意见，说过"你们那个苏北，党是好的，军队是好的，但坏就坏在政府，下边有很多干部是流氓"的话[27]。

1950 年新区土改开始后，黄炎培收到不少有土地的工商业者和家乡地主的告状信件，看了心情很不安，便将一些信件转送给毛泽东。毛泽东没有对黄炎培进行简单的批评和指责，当然他也知道对像黄这样的民主人士批评和指责是解决不了问题的，于是巧妙地以各种方式用事实使他"开窍"。毛泽东多次亲笔写信给他，把各种土改材料送给他参阅。同年 12 月 29 日毛泽东致函黄炎培："近日土改情报数份送上一阅，请掷还。其中有关于松江区的过左行为的报导。另华东局指示电一件。"[28]1951 年 1 月 6 日毛又致函黄："华东局一月四日给所属党委关于土改的指示电一件，送请察阅，并请掷还。"[29]毛泽东可能认为华东局的电报比较全面体现土改情况，对黄炎培了解土改有帮助：华东千百万群众已经动员起来，中农已卷入运动，富农主动地想靠近我们，不法地主受到严厉镇压，地主阶级完全孤立,甚至天主教徒也大批参加斗争。在部分土改基本结束地区,已开始与参军运动结合起来,许多农民积极分子自觉地带头报名参军。但个别地区也开始生产了"左"倾偏向,主要表现在个别乡村开始出现乱捕、乱打、乱杀的行为。此外,个别地区还有打菩萨、毁教堂十字架等行为,有提升阶级、算老账的趋势。电报要求各级党委在土改全面开展时期,必须集中力量加强领导,注意及时检查工作,及时发现问题,及时纠正运动中的偏向,以保证土改的顺利进行。1月10日毛泽东为黄炎培准备出发到华东参加土改一事致函华东局第一书记饶漱石、苏南区委书记陈丕显:"黄炎培先生收到许多地主向他告状的信,我将华东局去年十二月所发关于纠正肃反工作中缺点的指示及一月四日关于纠正土改工作中缺点的指示送给他看,他比较懂得了一些。黄先生准备于本月内赴苏南各地去巡视,我已嘱他和你们接洽,到时望将全面情况和他谈谈。"[30]原来,毛泽东的心目中黄炎培是"不懂"土改的,因此需要开导他。临行前毛泽东当面告诉他:"苏南已土改地区,可择好者坏者各看一二考察之。"果然黄炎培经过半个月的实地考察立场为之大变。他在上海工商联举行的大会上,兴致勃勃地宣传土改所取得的成就,说新中国人口占百分之八十的农民翻身了,组织起来了,真正扬眉吐气了,表明新中国的确站起来了!回到北京他立刻写了《访察苏南土改报告》送给毛泽东和周恩来。他在报告中首先肯定"苏南的土改基本上是办得好的。好在哪里?农民站起来了。"同时也坦率而诚恳地说:"由于群众在几千年高压专制之下,一旦解放出来,行动往往容易过火,苏南的一些地区,短期曾出现过'乱打乱杀'的现象,所幸的是政府发现后,立刻作了纠正。因此,'有领导的放手发动群众',我们应认定是一句名言。"[31]

黄炎培能过好土改关与毛泽东对他的相信有很大的关系。周恩来说过:"统战工作就是要用道理去说服别人,就要把许多事情告诉他们。毛泽东同志对黄炎培就是如此。黄炎培与江南的封建势力和资产阶级的关系很多。前年征粮和去年收税的时候,他经常写信给毛泽东同志。对土改也是这样,他总是有很多意见。毛泽东同志把华东局关于执行土改政策和镇反政策的电报抄给他看,电报的内容是说明我们土改和镇压反革命的总方向是对的,但个别地方也有偏差,干部幼稚,掌握政策不熟练等。黄炎培看了说,共产党这样相信我,而且共产党的领导干部都承认这些缺点,那我还有什么可说呢?于是他就回了一封信说华东局的领导是正确的。这就教育了民主人士。"[32]

到了1952年,由于经过三年左右的努力,中共没收了官僚资本并归国家所有,肃清了帝国主义在华势力,在大陆上比较彻底地镇压了反革命分子,在三亿多人口的新解放区基本上完成了土地改革,国内的阶级关系发生了历史性变化。强调要不断革命的毛泽东在这年6月6日中央统战部的一个文件上批语,指出:"在打倒地主阶级和官僚资产阶级以后,中国内部的主要矛盾即是工人阶级与民族资产阶级的矛盾,故不应再将民族资产阶级称为中间阶级。"[33]毛泽东的一锤定音,意味着摆在作为民族资产阶级代表的民主人士面前的还有一连串新的生死大关需要过。

注释:

〔1〕中共中央文献研究室编:《毛泽东诗词集》,中央文献出版社1996年版,第18页。

〔2〕杜润生主编:《中国的土地改革》,当代中国出版社1996年版,第265页。

〔3〕〔4〕《刘少奇选集》下卷,人民出版社1985年版,第33、46页。

〔5〕〔27〕李维汉:《回忆与研究》,中共党史资料出版社1986年版,第710~711、709~710页。

〔6〕〔7〕《毛泽东选集》第五卷,人民出版社1977年版,第26~27、27页。

〔8〕李坚真:《关于兴宁、揭阳、龙川土地改革试验工作之回忆》,1986年,存中共广东省委党史研究室。

〔9〕刘问等:《访问李洁之同志谈话记录》,1990年11月24日,存中共广东省委党史研究室。

〔10〕《广东文史资料》第七一辑,广东人民出版社1992年版,第195、197页。

〔11〕中共梅州市委党史研究室编:《爱国民主人士张文》,广东人民出版社1993年版,第54~55页。

〔12〕杨立:《带刺的红玫瑰——古大存沉冤录》,广东党史资料丛刊,1997年印,第93页。

〔13〕〔32〕《周恩来统一战线文选》,人民出版社1984年版,第205~206、206页。

〔14〕宋云彬:《红尘冷眼》,山西人民出版社2002年版,第143页。

〔15〕柳亚子:《磨剑室文录》,上海人民出版社1993年版,第1572页。

〔16〕转引自李维汉:《回忆与研究》,第722~723页。

〔17〕《杨尚昆日记》,中央文献出版社2001年版,第71~72页。

〔18〕汪东林:《梁漱溟问答录》,三联书店(香港)有限公司1988年版,第121~122页。

〔19〕彦奇主编:《中国各民主党派人物传》第二卷,华夏出版社1991年版,第307~308页。

〔20〕〔22〕〔23〕〔29〕〔30〕《建国以来毛泽东文稿》第二册,中央文献出版社1988年版,第50、74~75、474~475、14、20页。

〔21〕〔25〕《毛泽东书信选集》,中央文献出版社1983年版,第402、412页。

〔24〕〔26〕叶祖孚、秦薇主编:《回忆司徒美堂老人》,中国文史出版社1988年版,第

109、172页。

〔28〕《建国以来毛泽东文稿》第一册,中央文献出版社1987年版,第748页。

〔31〕转引自卢之超主编:《毛泽东与民主人士》,华文出版社1993年版,第748页。

〔33〕《建国以来毛泽东文稿》第三册,中央文献出版社1989年版,第458页。

(袁小伦 文,原载《书屋》2002年第8期)

己轻群重复何言?

一

光绪三年(1876年),严复与林永升、刘步蟾、方伯谦、马建忠等成为福州船政学堂第一批出洋留学生。他虽然被派往国外学习军事专业知识,却将相当一部分注意力放在所学专业之外,这一点还与郭嵩焘有直接的关系。

郭嵩焘同年成为清朝第一任驻外公使,他自称"中国与西夷交接二十余年,至今懵然莫知其指要,犹谓国有人乎?京师知者独鄙人耳"[1]。郭嵩焘反对洋务派把"船坚炮利"看成西方强盛的原因,也反对洋务派官僚主张由国家垄断新式工业的做法,主张扶持民间工商业发展。也正因为如此,郭嵩焘在国内少有知音,多受打击。郭嵩焘到英国之

后,广泛考察英国社会,注意到了教育对社会发展的关键作用。他致书沈葆桢,"宜先就通商口岸开设学馆,求为徵实致用之学。此实今时之要务,而未可一日视为缓图者也"[2]。郭在英国看到日本在英国学习各种技艺的有二百多人,而中国只是学习军事,为此深感不安,建议各督抚多选一些青年才俊,根据自己的爱好和才质,分别培养。

光绪四年正月初一(1878年2月2日),严复与同学共到郭嵩焘处祝贺春节。其间,严复给郭嵩焘的印象最深。郭氏在日记中讲到:"严又陵谈最畅","其言多可听者。"二十五岁的严复善于谈吐、善于思考、善于发现问题,与六十岁的郭嵩焘引为忘年交。严复之子严璩在《侯官先生年谱》中写道:"湘阴郭侍郎嵩焘为出使英国大臣,见府君而异之,引为忘年交。每值休沐之日,府君辄至使署,与郭公论述中西学术政制之异同。"[3]郭氏此一时期近一年的日记中,共有三十三处记载有严复的活动。有一次,严复去英国法庭旁听,回来之后"如有所失","尝语湘阴郭先生,谓英国与诸欧之所以富强,公理日伸,其端在此一事。先生深以为然,见谓卓识"[4]。严复因其科学知识丰富和才华出众,深受郭嵩焘喜爱。

郭嵩焘在巴黎期间,正好严复、方伯谦、萨镇冰等也赴巴黎游历,严复先后陪同郭游天文馆、参观巴黎下水道、赴凡尔赛宫参观等等,不时为郭做科学解释。次年的春节晚间聚会,郭嵩焘邀请了严复参加,为唯一的留学生。会上,由英国人罗伯逊致贺年词,郭嵩焘致答词,马格里任翻译。事毕,郭嵩焘问严复,翻译如何,严复说,所译的话多数不正确,而专职译员凤夔久、张听帆竟没有能力辨别出来,这件事情使得郭嵩焘认定,严复的英语水平胜过译员。

郭嵩焘在日记中对严复有如下评定:

问:严宗光宜何用之?

曰:以之管带一船,实为枉其材。

问:何宜?

曰:交涉事务,可以胜任。

问:陈季同酬应明干,能胜任公使否?

曰:是其识解不逮严宗光。[5]

在此基础上,郭嵩焘于光绪五年正月初八日(1879年1月29日)发出公文,其中向南、北洋大臣保荐严复等六人。这件事情,还让曾纪泽极为不满,认为褒奖严复太过,会纵容严复的狂傲之气。

郭嵩焘的所作所为所思所想,为当时权贵所不容,自行离任,奏请因病销差。严复将英国《泰晤士报》关于郭嵩焘离任的长篇报道翻译了出来,赠别于郭氏。这篇评论认为,中国夜郎自大,将向外派遣公使视为最失国体的事件。而郭嵩焘通晓欧洲事体,"郭钦差此行,凡在英、法两京见过者均为惋惜"。郭嵩焘任使对中国和西方都是有益的,"如郭之为人,中国用之,其益不浅,我等亦更欢喜"。评论认为清朝用人不当,"常念中国如渴睡初醒之人,遇事悄悦,不甚分明"。这篇报道全面分析了郭氏离任的背景和政绩,严复借外文报纸表达了自己对郭氏的感谢、理解和同情。

郭嵩焘1891年7月18日去世。严复将郭氏与羊祜、屈原相比,写挽联道:

平生蒙国士之知,而今鹤翅氀毵,激赏深惭羊叔子;

惟公负独醒之累,在昔蛾眉谣诼,离忧岂仅屈灵均。

二

在英国学习二年零三个月之后,1879年,严复二十七岁,由于福州船政学堂缺乏教师,受调提前回国任教。

福州船政学堂创办初始对教官的要求十分严格,沈葆桢、丁日昌、吴赞诚莫不如是。当时之所以调严复提前回国任教,据后来薛福成考察,是因为"严宗光于管驾官应知学问以外,更能探本溯源,以为传授生徒之资,足胜水师学堂教习之任"。

但是,此时的福州船政学堂已经"诸事废弛",积重难返。学生开始丢弃"洋务",转而学画、学歌词,"该学生等毫无管束,遂致抛荒本业,纷纷入教";船厂的提调(厂长)不懂洋务,"日吸洋烟,携姬妾,十数日不到局一次",所造之船多数"不商不兵",不能适用:

船政局所雇洋人,艺亦平常。所造之船,多系旧式,即如康济机器,是其明证。洋匠恐成船太速,不能久食薪俸,往往派华匠造器,宽其限期。如有先期制成者,必以不中式弃之。华匠相率宕延,遂成锢习。管驾以至水手,薪俸太厚。竟有管驾数年,技未必精而已坐拥厚资,难免浮冒侵吞之弊。[6]

基于对严复才干的认可,1879年10月18日,李鸿章致函李凤苞,称刘步蟾、林泰曾能调管大船,严复充学堂教习最为相宜,魏瀚、陈兆翱可胜督造快船。次年4月28日,李鸿章致函福州船政局督办黎兆棠,请饬严复赴天津充天津水师学堂教习;8月12日,严复至天津,被任命为天津水师学堂总教习(教务长)。

严复是中国第一批学习海防的人员,有留学经历,知识超群,善于辞令,具有相当的交际能力,"朝之硕臣,及铮铮以国士自期许者,咸折节争集先生之庐"(王蘧常:《严几道年谱》)。自光绪七年(1881年)开办起,至光绪二十六年(1900年)停办止,天津水师学堂共毕业二百一十名学生,成为北洋舰队的骨干技术力量。这些学生中,很多人"文理通畅,博涉西学",严复功不可没。

陈宝琛在《清故资政大夫海军协领都统严君墓志铭》中说:"君慨夫朝野玩愒,而日本同学归者皆用事图强,径剪琉球,则大戚。常语人,不三十年,蕃属且尽,缳我如老牸牛耳。闻者弗省。文忠亦患其激烈,不之近也。"李鸿章曾示意严复"执贽称弟子",而严复不屑,与李保持一定距离。同时由于中国官场长期形成的派系斗争,李鸿章也未视沈葆桢培养的严复为心腹,不让他参与决策。严复自己讲,"公事一切,仍是有人掣肘,不得自在施行","不预机要,奉职而已",不时有不得志之叹。

应该说,严复与李鸿章的距离感主要产生于根本观点的不同。与郭嵩焘一样,严复不看好限于军事自强的洋务派思想,更反对由国家包办新式工业,这一点与李鸿章后期由"自强"向"求富"思想转变相冲突。

但是,严复与李鸿章关系的阴影,还在于中法战争订立和约一事。1883年中法战争中,中国军队获胜。李鸿章认为,此时与法国签订协约最为有利。清廷接受了李的建议,下令停战。由担任广东税务司的德国人德璀琳撮合双方订约,德璀琳从中欺骗了李鸿章,双方签订了不平等条约。

第四辑 隔有屏风难相见

消息传出,朝野上下要求惩办主张议和的李鸿章。李怀疑严复也参与其中,对严产生了猜忌。严复得到这个消息之后,愤而自疏。严复的弟弟来信劝他,对李鸿章的门路,还是要多走动走动为好。严复听从之后,回信言道,"用吾弟之言,多见此老果然即有好处,大奇大奇!"1889年,严复升任水师学堂会办(副校长),次年升任总办(校长)。但是,严复对李鸿章的趋奉,也就到此为止。严复与李鸿章接触越多,越感到失望,"不预机要"的情况始终没有根本改变,他甚至一度想投奔张之洞。

抑郁无聊之中,严复染上了鸦片,同时设法投资于王绶云在河南开办的一个煤矿。但是,这些做法仍然没有使他的精神得到解脱。长期的"不预机要"使严复认识到,没有科举出身是一个重要因素,"忽尔大动心,男儿宜此若"。

于是他在1885年秋返回福州参与科举考试,不幸落第。1888年、1889年参加顺天府乡试又以失败告终。1893年已经四十一岁的严复再次回福建参加乡试,仍然落榜。灰心之余,严复认为自己早年学习英文是"当年误习旁行书,举世相视如髦蛮",参加科举考试是"谁知不量分,铅刀无一割"。

1895年之后,严复的立场发生巨大变化,对科举考试制度进行了异常严厉的抨击,其中明显带有个人屈辱的宣泄成分,"中国不变法则必亡是已,然则变将何先?曰,莫亟于废八股"。严复以斯宾塞和赫胥黎反对纯文学和纯书本教育的全部理由来猛烈反对科举,反响极大。他甚至对宋明理学、考据学派、今文经学派、王阳明学派等评论道,"一言以蔽之,曰:无用","皆宜且束高阁也"。可以说,1895年之前的严复,虽然对西学有所认识,但明显是一个抑郁不得志的中国读书人,时常觉得自己有所成,却无法"货于帝王家",自负却又时常失意,以致备受科举的折磨,这段经历,可以说是"惨淡"。

三

1894年甲午战争爆发,这场战争也成为严复思想的分水岭。在战争之前,严复就时时有一种想表达自己思想的欲望,用他自己的话说,就是"觉一时胸中有物,格格欲吐"。其实,严复自国外回来之后,一直没有放弃对"有见识"的西方著作的研读。1881年,他得斯宾塞《社会学研究》,深为震撼。严复自己讲,"不佞读此在光绪七八之交,辄叹得未曾有,生平好为独往偏执之论,及此始悟其非","以为其书实兼《大学》《中庸》精义,而出之以翔实,以格致诚正为治平根本矣。每持一义又必使之无过不及之差,于近世新旧两家学者,尤为对病之药"。可以说,斯宾塞在此书中的思想,一直支配了严复以后思想的发展。

甲午战争的失利,使得中国面临空前的社会危机,整个社会面临一种突如其来的紧迫感、压抑感,同时伴随着一种中国会被瓜分的恐惧感。在这种情况下,原来万马齐喑的局面被打破了,"府君大受刺激"(严璩语),"严复这个看来本不是很有公民勇气的人,终于用文章来呐喊了"[7]。这里首先应该想到,甲午海战中牺牲的将领基本上都是严复的同学好友,比如邓世昌、林永升、刘步蟾等人,严复"心惊手颤,书不成字"。他认为,战争的失利的首要原因在李鸿章:

合肥用人实致偾事,韩理事信任一武断独行之袁世凯,则起衅之由

第四辑 隔有屏风难相见

也;信其婿张萱斋浸润招权,此淮军所以有易将之失;欲同邑之专功,所以有卫汝贵之覆众;任其甥张士珩,所以致军火短给,而炮台不足以毙敌。以己一生勋业,徇此四五公者,而使国家亦从以殆,呜呼,岂不过哉!

甲午战争的失败,除使严复认识到李鸿章的不足之处外,还使他对中国社会有了更为深刻的认识,"四千余年之文物声名行将扫地而尽"。1895年至1898年间,严复先后在德国人汉纳根在天津创办的《直报》上发表了《论世变之亟》、《原强》、《救亡决论》、《辟韩》等文章,这几篇文章其实都是写于1895年。在这些文章里,严复分析了时势,探求了中国富强应走的出路,批判科举,批判封建专制,一再强调了一个观点:西方强大的一个根本原因,不在于武器和技术,也不在于经济政治组织制度,而是在于对现实完全不同的体察,因此,应该在思想和价值领域中去寻找西方强盛之源。"不容不以西学为要图。此理不明,丧心而已。救亡之道在此,自强之谋在此"。正是在此时,严复开始"欲致力于译述以警世"。

严复在英国时就已经知道达尔文及其《物种起源》。甲午战败之后,他着手翻译已经熟读的赫胥黎的《天演论》,数月而成。吴汝纶过天津访严复,"读而奇之",主动为之写序,并劝严复将书出版。此书出版之后,风行海内,与梁启超的《变法通议》共同成为维新变法时期的思想指南。

1895年前后的严复是忙碌的。他除了热心于救国救亡、著文高呼之外,还开始参与到维新变法之中,他寄银票百元支持梁启超办《时务报》,并将《天演论》译稿、《原强》修改稿寄给梁启超在《时务报》上转载,引起强烈的社会反响。同时,他还帮助张元济在北京创办了"通艺学堂",提倡新学,培养维新人才。严复除自己到学堂讲学之外,还推荐自己的侄子到学堂任英文教习。严复成为戊戌维新运动中进行民主启蒙宣传最有力的思想家。

但是,我们也不得不承认,终严复一生,他在实际的政治行动方面始终显得有些被动。严复对"保教"的公开冷漠招致了张之洞的反感,张之洞对《辟韩》一文深恶痛绝,甚至指使屠守仁写了一篇《〈辟韩〉驳议》进行驳斥,若非郑孝胥为严复解围,张甚至一度还想加害于严复。同时代的康有为,因为有科举功名的正统出身,与当时一批知识分子构成了一个流派,严复则被视为"没有功名"的人而被轻视排斥于这个圈子之外。可以说,正是这种被排斥压抑的心态导致严复对1898年戊戌维新运动更多的是一种旁观者的态度。

有一个例子可以说明严复对政治改革的根本态度。他的门生熊纯如在二次革命后认为中国将有希望获得最后的统一,他立即纠正说:"自复观之,则甚不敢必,何则?前之现象,以民德为之因,今之民德则犹是也。其因未变,则得果又乌从殊乎?国家欲为根本计划(如赋税统系,教育改良之类),其事前皆须有无限预备之手续,而今之人,则欲一蹴而几,又乌可得?"或许可以这样理解:进化不能强迫,是一个缓慢累积的过程,这是严复的一贯思想。

1896年严复奉命创办天津俄文馆;1897年与王修植、夏曾佑、杭辛斋在天津仿《泰晤士报》而创办《国闻报》,并搜集中外有价值的文章按旬出版《国闻汇编》;同年译亚当·斯密《原富》及斯宾塞《群学肄言》;1898年《天演论》正式出版,1899年译穆勒《群己权界论》,1900年再译其《穆勒名学》。1900年，严复因义和团之乱而脱离海军，避居上海租界闸北长康里。

此后的严复，真正是一名学者了。1900年，严复在上海开名学会讲演名学（逻辑学），这一年参加唐才常组织的一次"保国保种"的会议，被选为"副会长"（容闳为会长）。次年，应张翼之约，赴天津主持开平矿务局；再次年，奉管学大臣张百熙之聘，任编译局总纂。1904年，严复与张翼为开平矿务局事赴伦敦，其间与孙中山相晤，归国途中顺访法国、瑞士、意大利、德国。1906年受安徽巡抚恩铭聘，为安庆高等学堂监督，1909年应学部尚书荣庆之聘，任审定名词馆总纂，三年内积稿甚多，并因此而被赐予文科进士出身。1910年出任资政院议员，特授海军协领都统，旋授海军一等参谋官。在武昌起义后，奉袁世凯之命赴汉口见黎元洪，任谈判代表。1912年受袁世凯之命，出任北京大学校长，并兼任文科学长，出任海军编译处总纂。1915年受聘为宪法起草委员。更值得一提的是，这一年严复将欧战发生以来的战时新闻摘要翻译送袁世凯备览，积年余，至数万言。

四

由此，我们不得不讲一讲严复与袁世凯的关系。严复与袁世凯早已相识，至少有三十年的交往。严复创办《国闻报》时，每周在王修植家里叙谈，袁世凯几乎每次必来。严复后来记述说：

时袁项城甫练兵于小站，值来，复之先一日必至津，至必诣菀生（王修植)为长夜谈。斗室纵横,放言狂论,靡所羁约。时君谓项城,他日必做皇帝,项城言:"我做皇帝必首杀你。"相与鼓掌笑乐。不料易世师而后预言之尽成实录也。[8]

但是,严复对袁世凯也一向存有戒心,他说,"自庚子以后十余年间,袁氏炙手可热之时,数四相邀,而仆则萧然自远",这应该算是知识分子的一个通病,对所有的权力阶层都保持着一种距离感。这种态度终被袁氏知晓,袁一怒之下说出"严某纵圣人复生,吾亦不敢再用之"的话。

在光绪死后,时任摄政王的光绪之弟载沣因私仇而欲杀袁世凯,张之洞认为:"主少国疑,不可轻戮大臣";庆亲王奕劻亦担忧:"杀袁世凯不难,不过北洋军如果造起反来怎么办"。载沣于是采纳张之洞"开缺回籍"之建议,代发上谕曰:"……不意袁世凯现患足疾,步履维艰,难任职任,着即开缺回籍,以示体恤之至意。"袁世凯惊恐不已,一度想赴日本避祸,后经直隶总督杨士骧规劝,才回京接受谕旨,回彰德"养病"去了。他仓皇离京赴河南时,只有严修等三四人到车站相送。

严复此时秉公执议,认为"世凯之才,一时无两","奈何置之闲散"。无疑,在袁世凯政治上最为叵测之时,严复的声援令袁氏深为感动。

1911年10月10日,武昌起义爆发。离开了袁世凯的清王朝捉襟见肘,陆军大臣荫昌统军开往武昌,但荫昌难以指挥这些北洋旧部。内阁总理奕劻向载沣建议重新启用袁世凯。而此时的袁世凯,已经具有了向清廷叫板的足够资格。他复奏道:"旧患足疾,迄今尚未痊愈。……一俟稍可支持,即当立疾就道,借答高厚鸿慈于万一。"清廷借故开缺袁世凯的借口,如今又成了袁世凯应付清廷的借口,令载沣大为恼怒,却也无可奈

第四辑 隔有屏风难相见

何。此后载沣再下旨意,也难以说服袁世凯前往武昌扑灭革命,不得已只好答应袁氏的条款,于1911年11月1日宣布解散皇族内阁,由袁世凯担任内阁总理大臣,重新组阁。袁世凯从根本上控制了清廷的军政大权,开始向南方的革命党人施压。

此时,严复所任职的资政院议员们已经作鸟兽散。严复匆忙之中于10月26日将行李十一箱打包发往天津,11月9日离京赴天津,同时"知津郡此夕最危",友人建议他转赴秦皇岛避难。但是,严复最终没有听从友人建议,而是与自己的三子严琥于11月12日先袁世凯一天重返北京。二十天后,严复被袁世凯任命为北方代表团的代表,参加南北谈判。据冯耿光回忆,"当时规定北方的全国代表二十人,系按全国二十行省、每省一额推定的"。严复作为福建省的代表,被指定为代表团的成员:

> 那天,锡拉胡同袁邸的客厅里济济一堂,在座的除了二十位代表之外,还有些秘书、随员等。其中熟人很多,年纪最长的是陈宝琛(伯潜),他是福建闽侯人,曾任山西巡抚,是新近奉召回京的。不多时,袁就穿着便服出来,见到陈,很客气地说:"这番议和是朝廷的大事,所以请老世叔出来",并希望他"为国宣劳"。陈则谦逊了几句:"近来岁数大了些,身体也不很好,还是请严又陵(复)去,要好得多了。"[9]

这样,严复参加了以唐绍仪为全权大臣的北方议和代表团,于12月9日沿京汉铁路南下,11日抵达汉口,12日与黎元洪见面谈判。严复在给陈宝琛的信中对此时的谈判有所描述,但总的来讲,他对共和政体深表忧虑。议和的代表虽众,起作用的人并不多,严复也并不是关键人物。严复在武汉停留六天之后,随团移居上海,从他的日记中可以看出,他忙于会客及处理自己在商务印书馆的私事,在谈判未有成效的时候,就先期返回北京了。

严复回到北京之后,对唐绍仪多有不满。在《辛亥日记》中记有为袁世凯出的六条谋略:"车驾无论何等,断断不可离京";"须有人为内阁料理报事。禁之不能,则排解辩白";"梁启超不可不罗致到京";"收拾人心之事,此时在皇室行之已晚,在内阁行之未迟";"除阉寺之制是一大事。又,去跪拜";"设法募用德、法洋将"。

此时的严复,从内心深处认定袁氏为国家元首的不二人选。他做诗曰,"美人期不来,鸟啼蜃窗白",将袁世凯比喻为"美人",盼望国家早日安定。

1912年2月15日,南京临时参议院十七省参议员选举袁世凯为中华民国临时大总统,袁氏获"中华民国之第一华盛顿"的美誉。早在2月14日,严复就拜见了袁世凯,随即被任命暂管京师大学堂总监督事务(校长),月薪三百两。京师大学堂是中国的最高学府,自戊戌变法以来就一直由社会名流担任校长一职。

春节后,严复正式上任。但此时的大学堂由于政府将经费大幅用于军事,严复连自己的薪水也不能支付,学校也不能按期开学。他除了整顿校务之外,将主要精力放在了解决学校经费方面,在借得道胜银行七万洋款之后,学校于5月15日正式开学。不过,新的麻烦又不期而至:"《国风日报》不知有何嫌隙,时时反对,做尽谣言。"严复一月三百两的薪水,难以支付社交应酬,有时一月无进,而支出将近千元。学校开学后的第二天,严复在家书中写道:"大学堂已于昨日开学,事甚麻烦,我不愿干,大

约做完这半学期,再行札辞职。"5月下旬,学校开始闹学潮,严复拒绝与学生面谈。6月1日,学生在教育部过夜不归,严复甚为被动。至7月下旬,学校的员工每人能领的薪水只有六十元,"还不足车马费"。严复失望之极,以致想携眷回福建"卖笔墨过日"。支撑到11月,严复终于辞去京师大学堂监督职务,从此结束了在教育界的生涯。这一时期,严复依靠同乡兼校友海军总长刘冠雄得以兼任海军编译处总纂一职,聊以谋生。

五

民国初建,严复认为"项城于国变日受职,各国同日承认,亦几天与人归矣。新组内阁,亦若有励精图治之倾向",他接受袁世凯聘任,担任总统府顾问。但是随后的宋教仁被刺、大借款等事件,使他开始认识到"中央短处在平时矜有使令贪诈之能,于古今成说所谓忠信笃敬诸语,不甚相信,至于今而其弊见矣"。不过,严复对此时的国民党也始终未见好感,他在致熊纯如的信中说:"顾三年以来,国民党势如园中牵牛,缠树弥墙,滋蔓遍地,一旦芟夷,全体遂呈荒象,共和政体名存而已。以愚见言,即此是政界奇险。但愿大总统福寿康宁,则吾侪小人之幸福耳。"

二次革命失败之后,严复于1914年5月开始担任袁世凯政府的参政院参议,成为总统的高级咨询机构成员。7月9日,严复到总统府去领取薪水时得知顾问薪水自6月开始停发,所谓"参政"名存实亡。严复无事可做,于是常跟李质斋等人打麻将,有时甚至通宵达旦。9月底,参政院和清史馆开会,严复均告缺席。

10月2日,参政院再次开会讨论日本侵占山东半岛一事,严复忙于赴宴、打牌、"看家私",再付阙如。10月13日的约法委员会议,也没有参加。严复自动放弃自己的政治参与权。此后,他虽然对欧洲战事特别是日本的二十一条特别关注,但是当时的局势使得严复根本没有的发言权。他在1915年4月被聘为宪法起草委员后说,"宪法起草,亦应故事耳。仰观天时,俯察人事,未必有偌大制作也"。可以说,此时他对所谓的国家政治已经热情散尽,极为冷淡了。

此时的严复,一方面对政治开始疏远冷淡,另一方面也做出了一系列令人看来颇为惋惜的事情。除了一度热衷于打麻将之外,他于1913年8月在陈焕章的鼓动下,与梁启超等人联名上书国会,要求宪法定孔教为国教;同年,他多次发表演说,配合袁世凯提倡"读经";更为严重的是,1915年8月,他在有意无意之中,成为了向袁世凯劝进的"筹安会"六君子之一。

其时的社会大名流主要有三人:章太炎、梁启超、严复。章被袁软禁于北京,拒不合作;几次试探之后,袁也明了梁启超不会支持自己,严复便成为袁氏集团争取的主要目标。杨度在此时起了重要的推动作用,三次登门造访,旁敲侧击,鼓动严复参与"筹安会"。杨度问:"公视今日政治何如前清,共和果足以使中国臻于富强兴盛乎?"

严复说:"此一时殊未易答。……或得如英国国君端拱无为而臻于上理,未可知也。"

杨度说:"唯然。我将与同志诸人拟设一会,名曰筹安,专就吾国是不宜于共和,抑宜于君主,为学理之研究。古德诺引其端,吾等将竟其绪。国中士庶,向惟公之马首是瞻,请公为发起人可乎?"

严复吃惊地说:"适吾所云,不过追维既往,聊备一说。……国家大

第四辑 隔有屏风难相见

事,宁如弈棋,一误岂容再误。"

杨度以研究为旗帜,套出了本质上是学者的严复对国体"未可知也"的判断。此后,杨度以晚宴为名,邀请严复出席筹安会的活动,严复推说有病拒绝;再次来访,亦被婉拒。不得已,杨度派人送来一信,说筹安会的事情,是袁大总统的意思,指定严复为发起人,坚持拒绝恐怕不好,并说已经替严复签名,明天必须见报,来不及听取意见了。

对杨度的信如何处理,严复颇为犹豫。在与弟子商议的过程中,严复认为自己年纪已大,不愿再过逃亡的生活,"盗名不妨听之任之,只是始终不参与其中的活动罢了","吾心可告天地,纵被莽大夫之名,庸何伤?"

第二天,报纸上登出了筹安会的名单,严复名列第三。严复仆人早晨出门,发现门前有荷枪士兵站岗,已经被"保护"起来了。此后严复闭门谢客,深居简出,筹安会的会议,称病缺席。当时报纸称严复为"狗也不狗,走也不走",实为真实写照。

筹安会成立的第七天,梁启超在天津发表《异哉所谓国体问题者》,一时洛阳纸贵,很多人买不到报纸就辗转抄读,甚至要求报馆再版。袁世凯认为,由严复出面撰写驳斥文章最为适宜,于是签署四万元金票,由总统府顾问夏寿田转交严复并阐明意图。严复说:"吾苟能为,固分所应尔。若以货取,其何以昭信天下?非主座见命之意也,容吾徐图之以报命。"婉言拒绝了。此后严复收到二十多封恐吓信,他深为苦恼,但仍然不愿意书写,并说"吾年逾六十,病患相迫,甘求解脱而不得。果能死我,我且百拜之矣"。袁世凯不得已,让孙毓筠写了驳斥梁启超的文章。严复认为,"自是之后,闭门谢客,不愿与闻外事"。袁世凯死后,严复写诗有云:"近代求才杰,如公亦大难。六州悲铸错,末路困筹安。四海犹群盗,弥天戢一棺。人间存信史,好为辨贤奸。……"

六

洪宪帝制结束之后,严复彻底退出政界,倾心于研究道家学说尤其是《庄子》。他评点《庄子》的书稿曾交付上海商务印书馆出版,但尚未出版就毁于1932年的淞沪战火。留传下来的版本是曾克耑根据严复长子严璩所藏的评点本排印或影印的。此时他的一些政见基本上都存留在与友人的通信之中,今天可以看到的有他对"府院之争"、中国政府参加欧战、护法运动、五四运动等问题的见识,虽说不一定都经得起历史的考验,但确有不少真知灼见。他曾借用元好问的一句诗来表达自己对纷争的厌烦和苦恼:"何处青山隔尘土,一庵吾欲送华颠。"

1921年10月27日,严复在福州病逝,临终遗言:"须知中国不可来,旧法可损益,必不可叛。须知人要乐生,以身体健康为第一要义。须勤于所业,知光阴时日机会之不复更来。须勤思,而加条理。须学问,增知能,知做人分量,不易圆满。事遇群己对待之时,须念己轻群重,更切毋造孽。"12月20日,与夫人王氏合葬于闽侯阳崎鳌头山。

在此,我们借用美国汉学家史华兹对严复的一段评论来结束本篇:

严复不是整个中国的代表,他属于一个庞大的、愚昧的社会中的一小部分杰出的文人学士,而在这些文人学士中,他又属于对时势作出开创性反应的佼佼者。……他的著述确实对他同时代的青年人,和对现今已七八十岁的中国知识界、政治界的杰出人物发生过相当大的影响。梁启超深受过他的影响，而其他各类人，如胡适、蔡元培、鲁迅以及毛泽东也都在年轻时受过他的影响。当然，我从来也不认为，假如严复从未落笔著文，类似严复这样的思想就不能通过其他途径产生。[10]

注释：

[1]《郭嵩焘致曾国藩》，载柳诒徵编《陶风楼藏名贤手札》第五册，台北文海出版社1967年版。

[2]郭嵩焘：《致沈幼丹制军》，《养知书屋文集》卷十一。转引自徐立亭著《晚清巨人传：严复》，哈尔滨出版社1996年版，第67页。

[3][4][8]王栻主编：《严复集》，中华书局1986年版，第154、145、356页。

[5]郭嵩焘著，钟叔河、杨坚整理：《伦敦与巴黎日记》，岳麓书社1984年版，第838页。

[6]朱寿朋：《光绪朝东华录》，中华书局1958年版，第937页。

[7][10](美)本杰明·史华兹著，叶凤美译：《寻求富强：严复与西方》，江苏人民出版社1995年版，第37、3页。

[9]冯耿光：《荫昌督师南下与南北议和》，载中国人民政治协商会议全国委员会文史资料研究委员会编《辛亥革命回忆录》第六卷，文史资料出版社1981年版，第356~357页。

（**方建峰** 文，原载《书屋》2006年第3期）

编后记

上世纪八十年代末大学毕业之后，曾在一家大型国有企业工作了十余年，我一直参与了企业改制工作，需不断查阅近代股份制企业的章程以及上市公司的一些史料，当时极为震惊，对近代企业的正规化运作十分讶异，甚至发现现在的企业章程只是近代的白话文之"翻译"，犹如中学功课中的"古译今"，某些方面还不如近代的，特别是上市公司的信息透明原则和惩罚措施。所谓的"公司法"，离开了硬性的规定和惩罚性的条文，仅靠不痛不痒的文字描述和失之于宽的惩罚，这样的"法"自然留有可钻的空子，抑或可以逃避惩罚的空间，法难成法，可以断定。尽管后来的"公司法"几经修订完善，上市公司的章程在"公司法"的规范下有所约束，但信息不公开、惩罚不到位，立法不严密，有法难执行，自然就会导致上市就是圈钱、博弈就是赌博、炒股就是被套的局面,也使企业无视市场信誉和股民权益,肆意妄为,仅有"公司法"或章程之类,能抵何用? 悲观一点地说,现在的资本市场要达到近代的整治水平,恐怕还有一截路要走。

钱穆先生有一种划分,对我们很有借鉴意义,那就是"法术"与"制度"。在他看来,中国的传统治理多"法术"而少"制度",为私利或某一集团利益而制订的法规条约,则是"法术",虽可延续,然留有后遗症,执行尤难,必然失败。以天下为公为宗旨而建立起来的才是"制度",可以续之永远;中国传统治理"制度"并非全是糟粕,很多可以进行"改造",不离其本,却能适用。"良法"美意,贵在法正,应有传统文化的沿淀和历史经验的积累,若仅是照搬西方法律,要么是东西难容,要么就是辞不达义,玩文字游戏,则离"良法"更远。

自清末诏书宪改始到现在,真是几经波折,无数坎坷,单就一部宪法,其制订、完善和执行足够写一本厚厚的历史书。稍懂近代史的人都知道,废除科举和预备立宪加速了清朝的崩溃,其间"君主立宪"只是巩固满清集团利益的"法术"和文人的笔法,到底还是不适合国情,也挽救不了清朝,及至袁世凯当政,妄图"借尸还魂"而称帝,已是穷途末路,自然会倒塌倾圮。倒是孙中山先生继承传统,借鉴西方,创立的"五权宪法",应该说真正了上升到"制度"建设的层面,出乎公心,以"三民主义"统领,据实而发。1920年,孙中山在一次演讲中,曾提及与法学大家王宠惠的一段秩事,说:"1904年我和王宠惠在纽约曾谈到五权宪法,他很赞成。后来他到耶鲁大学专攻法律,反疑惑起来,说这五权分立,各国的法律都没有这样办法,恐怕不行。这也奇怪,中国固有的法制,他倒抛荒。他起初赞成,学了法律反而不赞成,足见他的思想为一方面所锢蔽,能融通、了悟实在难得!"1939年王宠惠本人也在一次演讲中说:"总理在世时,本人对于五权宪法之问题,曾相与反复讨论,至再至三。其时,总理尚未公开为有系统之说明,而在本人方面,当时则有'不了解而了解','了解而不了解'之感想。信乎,知之维艰。"到1946年12月25日,民国时期最为完整的一部宪法——《中华民国宪法》通过,孙中山的五权宪法思想终于在"宪法"中得到完整的体现。同日,王宠惠就宪法要点发表书面谈话,称这部"宪法"是具有特性的民主宪法,并对"宪法"的执行提出了他的希望,他表示:"宪法的顺利运行,不尽在其条文之完善,而更有赖于政府和人民遵行宪法的民主精神,故吾人不仅应检讨宪法之条文,而更应修养守宪之风度。"

确实,作为根本大法的宪法,"更有赖于政府和人民遵行宪法的民主精神"。这么多年的宪政民主讨论,如何又如何,大家还是需"守宪","守宪"即民主。反之,是否可以说"违宪"即不民主呢,甚或专制呢? 从清末到民国这么一段不太长的历史经验来看,"违宪"必然导致法制紊乱,民主困顿,社会动荡,必然会导致人治大于法治,虽有"良法",难致美意,此言应是不虚的。若套用钱穆先生的话来说,"宪法"非"法术",根本不是私利或某一集团的利益之法律维护,而是"制度",是人民共同利益的法律维护,不仅需要人民"守宪",政府更应"守宪"。若明确这一点,那些把宪政民主讨论引入与西方的各种比较,其实是多此一举,各国有各国的历史、文化和国情,宗旨明了,"守宪"的主体、程序、方式明了,过多地去做学术上的攀比、判别,反倒是文人笔法了,找些事来做,有混淆视听的嫌疑。

如果说,现代化就是市场化、法制化,那么法制化的基础就该是"更有赖于政府和人民遵行宪法的民主精神"、"更应修养守宪之风度"。归根

结蒂,现代化就是要民富国强、使国家和人民都有尊严,且人、自然、国家三者和谐永续。真如此,这样可持续地发展下去,必能实现大家期待的愿景。以古鉴今,用近代以来的宪政改革的经验以裨时下,或当有益。故此,将《书屋》之前这类文章予以辑录,成一册,企图"修养""风度"的。

刘文华

2010 年 10 月